ALFONS SCHUHBECK

MEINE KLASSIKER

ALFONS SCHUHBECK

MEINE KLASSIKER

Fotos: Klaus-Maria Einwanger

Vorwort	7
Wie alles anfing	8

Vorspeisen 16

Auftakt mit Kartoffelkäs, mariniertem Lachs, verschiedenen Salaten mit herzhaften Beilagen wie Hendl, Kalbszunge oder Ente; sowie Klassiker mit Kalbskopf, Ochsenbrust, Flusskrebsen und diverse aromatische Sülzen

Suppen 56

Geeistes und Heißes mit Gemüse, Kräutern und Salaten, raffiniert gewürzt; Klassiker aus gekochten Brühen, mit Kartoffeln und Würsteln sowie feine Rahmsuppen mit edlen Einlagen

»Gangerl« – Zwischengerichte 98

Feine Zwischengerichte mit heimischen Flusskrebsen, Spargel, Zucchiniblüten, Kräutern, Gröstel, Pflanzerln, Knödeln, Nudeln sowie diverse Würstel-Klassiker

Fisch und Meeresfrüchte 130

Fischberühmtheiten aus süßen und salzigen Gewässern wie Dorade, Huchen, Lotte, Saibling, Seezunge, Waller und Zander mit feinen Farcen und aromatischen Fonds

Fleischgerichte 178

Von Kalb, Rind, Ochs, Schwein und Lamm; Schnitzel aller Art, Filets, Backerl, Braten, Haxen und Bruststücke und das berühmte Böfflamott, edel verfeinert

Wild- und Geflügelgerichte 238

Zartes und Aromatisches von Reh, Hirsch, Kaninchen, Ente, Gans, Stubenküken, Wachtel und Fasan, edel in Szene gesetzt und fein abgeschmeckt

Nachspeisen – süß und herzhaft 272

Mit dabei: Schuhbecks Bayerische Creme, Kaiserschmarrn, diverse Strudel, Hefegebäck, süße Knödel und Schokoladiges. Herzhaftes mit Bergkäse.

Wichtige Grundrezepte	328
Bayerisches Küchen-Wörterbuch	329
Rezepteregister	330
Küchenpraxisregister	333
Produkteregister	333
Impressum	336

Liebe Leserin, lieber Leser,

Klassiker waren im alten Rom, als es seine Bürger nach ihrem Vermögen einteilte, die Reichsten der Stadt. Später nannten die Römer auch ihre erfolgreichsten Dichter so. In der Renaissance wurde pauschal alle antike Kunst zum Klassiker. Und irgendwann stand der Begriff ganz allgemein für grundlegende, bedeutsam bleibende Leistungen.

Wenn ich das recht bedenke, hätte ich mich eigentlich gegen den Buchtitel wehren müssen und dem Verlag stattdessen vorschlagen sollen: Meine erfolgreichsten Gerichte. Das klingt allerdings auch nicht grade bescheiden.

Ich war aber einverstanden, dass der Verlag die folgenden 100 Rezepte als repräsentativ für meine 30 Jahre als Küchenchef auswählte und sie in diesem Sinne als Klassiker deklarierte. Wie es zu den Gerichten kam und warum sie erfolgreich wurden, wird im Folgenden erklärt.

Eines war mir bei meiner Arbeit immer wichtig: Ich bin nie irgendwelchen Trends und Moden hinterhergelaufen und habe mir auch nie von jemandem vorschreiben lassen, was und wie ich kochen soll. Denn ich war seit meinen Anfängen als Koch von diesem Rezept überzeugt: Meine Küche wird nur erfolgreich sein, wenn sie meiner Wesensart entspricht und in einem Restaurant serviert wird, in dem ich als Gastgeber glaubwürdig bin. Mein Stil war und blieb im Prinzip immer bayerisch im Charakter, neu und zeitgemäß in den Ideen, so leicht, bekömmlich und hochklassig wie möglich in der Zubereitung.

Ich bin meinen Gästen sehr dankbar, dass sie durch ihren anhaltenden Appetit auf meine Gerichte dieses Buch mit möglich machten. Und dieses Gefühl der Dankbarkeit kann für mich ja nur ein Ansporn sein, nicht auf meinen Klassikern auszuruhen, sondern mit offenem Blick in die kulinarische Welt weiterzukochen.

Ich will mich ja um Gottes Willen nicht mit einem völlig unziemlichen Vergleich überheben, aber wenn ich bedenke, was beispielsweise ein richtiger Klassiker wie Goethe in meinem Alter alles noch nicht geschrieben hatte, dann motiviert mich das außerordentlich, weiterhin »richtig Gas zu geben«, wie wir Köche immer so gern sagen. Von Goethe kamen dann noch: die Wahlverwandtschaften, Dichtung und Wahrheit, die Farbenlehre, die Italienische Reise, der Westöstliche Diwan, Wilhelm Meister, Faust II und viele seiner schönsten Gedichte.

Solch ein Vorbild macht mir Mut und in meinem sonnigen Optimismus ermutigt mich Goethe: »Unsere Wünsche sind Vorgefühle der Fähigkeiten, die in uns liegen, Vorboten desjenigen, was wir zu leisten imstande sein werden.« Ich hoffe, dass das auch a bisserl auf mich zutrifft und möchte Ihnen deshalb noch zu vielen neuen Gerichten von mir guten Appetit wünschen.

Ihr

»Wie alles anfing«

Blut- und Leberwurst auf Apfel-Sauerkraut ist das erste Gericht, das Alfons Schuhbeck am 15. Juni 1980 an seinem ersten Arbeitstag als Küchenchef zubereitet. Das mit Apfelstücken aromatisierte Kraut gefällt ihm, die Würste findet er derb statt deftig, zu fettig und zu groß. Sie sind nicht hausgemacht, sondern von einem Großmetzger geliefert. Als er den Teller anrichtet, ist ihm bereits klar, wie er die Wurst und das Kraut »gschmackiger« hinbekommt. Die Hausmannskost soll eine Delikatesse werden. Der ehrgeizige Schuhbeck steht am Herd des »Kurhauses« im oberbayerischen Waging am See. Den Ort, 30 km von Salzburg und 100 von München entfernt, kennt kaum jemand. Den Koch kennen nur wenige. Doch er hat das Rüstzeug für eine glänzende Zukunft und eine jener seltsamen Geschichten hinter sich, wie sie nur das Leben schreibt.

Mit 17 Jahren, als er noch Alfons Karg heißt, als gelernter Fernmeldetechniker bei seinen Eltern in Haslach bei Traunstein lebt und nach Feierabend in der Hobby-Band »Die Scalas« Gitarre spielt, lernt er Sebastian Schuhbeck kennen, den Inhaber des Waginger »Kurhauses«. Die Amateurmusiker dürfen in dessen Saal zum Tanz aufspielen, weil eine Profi-Band ganz kurzfristig ausfällt – ein Auftritt vor dem Riesenpublikum von 800 Leuten. In der Pause schicken die Scalas ihren Gitarristen, der schon damals nicht maulfaul war, zu Schuhbeck, um die Gage abzuholen. Der Twen nimmt all seinen Mut zusammen und fragt: »Herr Schuhbeck, können Sie uns nicht öfter engagieren? Ich brauche nämlich Kohle, weil ich einen Haufen Schulden habe. Ich muss über 5000 Mark für eine Musikanlage abzahlen.« Schuhbeck schimpft: »Bist du verrückt, wie kannst du nur so viele Schulden machen. Ruf mich morgen an.« Der alte Herr redet ihm am nächsten Tag ins Gewissen, findet Gefallen an dem ausgeschlafenen Kerlchen und beginnt, sich für dessen Fähigkeiten und Talente zu interessieren. Bald darauf bietet der ledige und kinderlose Schuhbeck dem unzufriedenen, weil technisch unbegabten Fernmelder an: »Du hörst beim Fernmelde-

amt und mit dem Musikmachen auf und fängst bei mir als Schankkellner an. Wenn Du Dich gut machst, kannst Du eines Tages meinen Betrieb übernehmen.« Der besteht aus dem Kurhaus mit Wirtshaus, Saal, Biergarten und angeschlossenem Campingplatz, dem größten in Oberbayern.

Der schon damals mit Optimismus und Mut gesegnete Alfons will es wagen und redet mit seinen Eltern. Sein Vater, ein Busfahrer, der für seinen Sohn nur bei der Post

Jung, voller Elan und Optimismus – Alfons Schubeck in Waging am See.

PORTRÄT 10

oder Bahn eine sichere berufliche Zukunft sieht, fällt aus allen Wolken. Schließlich darf der Sohn selbst entscheiden. Er fängt an zu kellnern und erfährt, dass die Woche mehr als fünf Arbeitstage und der Tag mehr als acht Arbeitsstunden haben kann. Er macht das ein paar Monate und muss dann als Parkplatzwächter aushelfen. Nach einem halben Jahr darf er auf die Hotelfachschule in Bad Reichenhall und die Kochlaufbahn einschlagen. Er kocht im »Bürgerbräu« in Reichenhall und geht zur Fortbildung nach Salzburg, Genf, Paris und London.

Zwischen den beiden letzten Stationen erleidet sein Mentor Schuhbeck einen Herzanfall, lässt Alfons ans Krankenbett kommen und eröffnet ihm: »Wenn ich heute sterben würde, gehst Du leer aus. Ich muss Dich adoptieren.« Gesagt, getan, Alfons wird Universalerbe.

Wegbereiter der Renaissance der »bayerischen neuen Küche«

Aus London zurück, weiß er, was er will und geht in die letzte Ausbildungsrunde: nach München in die bekannten Restaurants Käfer, Dallmayr, Schwarzwälder, Walterspiel und Aubergine, wo er sich beim genialen Eckart Witzigmann den letzten Feinschliff holt. Mit 30 macht Alfons Schuhbeck die Meisterprüfung und beginnt in Waging. Er kocht so auffallend gut, dass der sieben Dörfer weiter in St. Georgen lebende Journalist, Sach- und Kochbuchautor Ulrich Klever auf ihn aufmerksam wird. Der aus der ZDF-Sendung »Drehscheibe« als einer der ersten Fernsehköche bekannte Klever bittet Schuhbeck, die Gäste seines Sommerfestes zu bekochen. Darunter sind sehr viele Münchner Medienmenschen, denen sich der unbekannte Waginger Koch mit bayerischem Witz und überraschender Weltläufigkeit bekannt macht. Klever hilft mit ein paar zündenden Ideen – und Schuhbeck entfacht ein bis heute loderndes PR-Feuer.

Als Brandherd bereichert er die Kurhaus-Gastronomie um ein elegantes, aber nicht unbayerisches Kurhausstüberl für Gourmetküche. Gleichzeitig installiert er für die Camper ein paar Imbissstände, an denen im ersten Sommer allein über sieben Tonnen Pommes frites gefuttert werden.

1983 setzt er neben Hummersalat, St-Pierre mit Meeralgen oder Bresse-Taube erstmals ein regionales Menü auf die Karte, in dem das Amuse-bouche als »Mogntratzerl«, die Suppe als »Gangerl« oder die Pflaumenvariation als »Allerhand von der Zwetschge« stehen. Saftige »Suizn« (Sülzen), gebratene Fische aus dem Waginger See auf zartlindem Gurkengemüse oder Sauerkrautreiberdatschi, gefüllte Kalbsbrust, leichter, aber angenehm pikanter Krautsalat, herrlich aromatische »Anten« (Enten) mit Brezenknödel sowie knuspriger Semmelrahmstrudel mit Birneneis machen Waging zum Wallfahrtsort all derer, die der kulinarischen Allerweltsmode entfliehen wollen. Die mehr oder weniger altbayrischen Gerichte sind nach den Prinzipien der modernen Küche rezeptiert: entschlackt, leicht und bekömmlich zubereitet, appetitlich angerichtet, aber stets das Gegenteil von Ikebana auf dem Teller. Schuhbeck verwendet so viele Produkte aus der Region und reaktiviert alte Zubereitungsmethoden wie Pökeln, Räuchern und Marinieren. Er beginnt, Bayerns neue Küche zu etablieren und löst, da ihm Köche in anderen Regionen nacheifern, die Renaissance der deutschen Regionalküche aus.

Sein Credo – sich selbst treu bleiben

Ende 1983 lässt der Michelin einen Stern über Waging aufgehen. Das katapultiert Schuhbeck in die Phalanx der bundesweit bekannten Köche. Gleichwohl bleibt er sich selbst treu. Mittags bekommen 1000 bis 2000 Camping-Urlauber Schnitzel, Schweinsbraten und Bratwurst, nachmittags gibt's Kaffee und Kuchen auf der Terrasse des Zweitrestaurants »Nudelschüssel«, in der abends wie im Saal reelle Hausmannskost serviert wird, während im Biergarten auch noch eine Beach-Party steigt.

Das Altbayerische in moderner Leichtigkeit lockt auch die Prominenz. Arnold Schwarzenegger wird sein Freund und Bodybuilding-Trainingspartner, Kaiser Franz Beckenbauer kommt ebenso gern wie der Salzburger-Festspiel-Gast Ted Kennedy. Und der Nato-Generalsekretär Wörner klopft am Montag, dem freien Tag des Kurhausstüberls an und fragt, ob ausnahmsweise für ihn etwas gekocht

Freundschaften sind im Leben wie das Salz in der Suppe.

werden könne. Schwarzenegger und Kennedy öffnen Schuhbeck die Türen des Weißen Hauses in Washington, wo er Präsident Bush sen. und dessen illustre Gäste bekocht. Solche Einladungen, die ihn später auch zum Kanzler Schröder und Kreml-Herrn Putin führen, nimmt der burschikose Bayer locker, denn er kennt keine Hemmungen und spricht Englisch.

Der Ruhm, rasch in aller Munde zu sein, macht den Schmankerl-Kini nicht übermütig, er dreht weiterhin seine Runden durchs Kurhausstüberl, um aus dem Haferl einen Nachschlag Sauce anzubieten – und wirkt dabei wie seine Landsleute und Freunde Thomas Gottschalk und Franz Beckenbauer stets so, als hätten die Bayern den Charme erfunden.

Dass er sich wie kein zweiter deutscher Koch um die Verfeinerung und Popularisierung regionaler Küche verdient macht, zahlt sich aus: Er hat seinen TV-Auftritt bei »Essen wie Gott in Deutschland«, der Gault Millau kürt ihn zum »Koch des Jahres«, der Stern druckt eine 30-teilige Serie über Schuhbecks revitalisierte deutsche Spezialitäten. Die Popularität bringt ihm so viele Fernseh- und Veranstaltungsauftritte, Party- und Werbeaufträge ein, dass er seine Termine nur noch per Hubschrauber schafft. Sein wirtschaftlicher Erfolg beflügelt ihn so, dass er – ungewöhnlich für deutsche Köche – unternehmerisch denken und mehrere Geschäftszweige mit entsprechend vielen Mitarbeitern managen kann. Einiges Rüstzeug dafür bekommt er bei der US-Army mit. Als er in den Anfangsjahren mal Krach mit seinem Adoptivvater hat, schmeißt er in Waging hin und heuert als Kantinenchef in der US-Garnison am Chiemsee an. Nach einem halben Jahr wundert man sich im Oberkommando der Army, dass die Garnison in Oberbayern die einzige nicht defizitäre Kantine hat, und hält das für einen Fehler in der betriebswirtschaftlichen Abrechnung. Als die für völlig korrekt befunden wird, bietet die Army dem Deutschen an, Chef aller ihrer Kantinen zu werden. Er nimmt an und muss, da er im Rang eines Oberst arbeiten

wird, den Schnellkurs für Sprungsbeförderungen in diesen Offiziersrang machen – vornehmlich in Personalführung, Psychologie und Planungsdenken. Danach quittiert er den US-Dienst und kehrt heim nach Waging, wo er mit immer neuen Gerichten seinen Ruhm mehrt.

Schuhbecks Erfolg wird oft beschrieben, aber selten so schön erklärt wie vom früheren Gourmet-Herausgeber Johann Willsberger: Das Piano, wie der Herd großer Küchenchefs in Frankreich verklärend genannt wird, hat weiße und schwarze Tasten. Viele Köche spielen bloß die weißen, genauso viele lediglich die schwarzen, nur die Großen beherrschen beide Farben virtuos. Und unter denen gibt's immer wieder Kochkünstler, die durch eine ganz eigene Klangfarbe auffallen. Zu ihnen zählt Schuhbeck, der so aufspielt, als habe sein Klavier auch weißblaue Tasten.

2003 zieht er – nach langer Abwägung der Standortvor- und Nachteile – aus wirtschaftlichen und privaten Gründen nach München, wo er ungleich größere Entfaltungsmöglichkeiten hat. Die Wonnen von Waging werden nun zum Plaisier am Platzl, direkt neben dem Hofbräuhaus. Sein Restaurant heißt zwar auf Wunsch des Südtiroler Hausherrn »Schuhbecks in den Südtiroler Stuben«, aber der Küchenstil bleibt bayerisch, bereichert um den Blick gen Süden über die Alpen.

Gäste, die von sich sagen können, die ganze kulinarische Welt zu kennen (soweit man das überhaupt kann), sitzen hier glückselig bei Milchferkelscheiben, die auf einer mit Blutwurst bestrichenen dünnen, gebratenen Graubrotscheibe liegen und mit Kalbskopfkrusteln bestreut sind, oder bei butterzarter Kalbshaxe mit geschmorten Kartoffeln – und genießen den gewiss nicht mondänen, aber gleichwohl außergewöhnlichen Charme einer Küche, die dem schlichten, aber ergreifenden Motto folgt: »Es gibt nix Besseres als was Guats.«

Andere Gäste animiert, dass Schuhbeck bei Gottschalk vor 14 Millionen »Wetten dass«-Zuschauern den Namen seines Restaurants bekannt machen darf, dass er beim Bayerischen Rundfunk unüberhörbar und bildschirmfüllend wirkt, dass er Leib- und Magenkoch des FC Bayern München ist, dass er bei »Kerners Köchen« und »Lanz kocht« auftritt, wo er mit Johann Lafer die Minderheitsfraktion der gestandenen Profis anführt, und dass er mittlerweile 31 eigene Bücher aufstapeln kann.
Er betreibt am Platzl neben seinem Restaurant auch noch Kochschule, Partyservice und Catering, führt einen Eissalon, eine Weinhandlung, einen Schokoladen- und

Schubecks Motto:
»Es gibt nichts Besseres
als was Guats.«

Gewürzladen (der sogar eine Filiale in Hamburg hat) und bittet ins Bistro Orlando und dessen Bar. So viel Aktivität wird ihm in manchen Medien gern als emsige Geschäftigkeit angekreidet. Doch der bedurfte es nicht einmal. Der Besitzer des Gebäudekomplexes bot ihm die meisten Locations günstig an, weil er sie gemäß städtischer Vorschriften gastronomisch nützen muss und lieber mit einem Schuhbeck als einem halben Dutzend verschiedener Wirte und Pächter zu tun haben will.

Dass sich der Workaholic Alfons Schuhbeck, der keine Freizeit und keine Ferien kennt, der nicht still sitzen und innehalten kann, der immer ein Handy braucht und ständig eins drauflegt, noch nicht totgearbeitet und an Erfolg eingebüßt hat, liegt an dreierlei: Er ist bodenständig gescheit, denkt vorausschauend und bleibt unerschütterlicher Optimist. Außerdem weiß der Chef von 150 Mitarbeitern als ehemaliger Musiker, dass ein Orchester die Noten auch ohne Dirigenten prima spielen kann, wenn es gut einstudiert ist. Selbstverständlich plant er Neues: Er dringt immer tiefer in die Welt der Gewürze ein und entwickelt seine ganz eigene Küche der Aromen. Sie soll dem modernen Lebensstil entsprechen. Sicher auch was »Guats«: ein Bayer wie es im Buche steht.

Manfred Kohnke

VORSPEISEN

Kartoffelkäs

FÜR 4 PERSONEN | ZUBEREITUNG 45 MIN.

400 g vorwiegend festkochende Kartoffeln
Salz
½ TL ganze Kümmelsamen
1 Zwiebel
2 EL Butter
1 TL Korianderkörner
1 TL ganze Kümmelsamen
1 TL schwarze Pfefferkörner
200 g saure Sahne
4 EL braune Butter
1 Prise mildes Chilipulver
1 Prise Majoran
frisch geriebene Muskatnuss
2 EL Schnittlauchröllchen

1. Die Kartoffeln gründlich waschen und in Salzwasser mit ½ TL Kümmel weich kochen. Das Wasser abgießen, die Kartoffeln möglichst heiß schälen und durch eine Kartoffelpresse drücken.

2. Die Zwiebeln schälen, in kleine Würfel schneiden und in einer Pfanne in der Butter bei geringer Hitze gleichmäßig hell bräunen.

3. Den Koriander, die Kümmelsamen und die Pfefferkörner in einer Gewürzmühle oder einem Mörser fein mahlen.

4. Kartoffeln, Zwiebeln und saure Sahne verrühren und die gebräunte Butter hinzufügen. Mit Salz, Chili, Majoran, Muskatnuss und den gemahlenen Gewürzen würzen. Zum Schluss den Schnittlauch hineinrühren.

Süßsauer marinierte Lachsforelle
mit Muskatkartoffeln

FÜR 4 PERSONEN | ZUBEREITUNG 50 MIN. | MARINIERZEIT 12 STD.

FÜR DIE LACHSFORELLE
2 Zwiebeln
1 Möhre
150 g Knollensellerie
1 EL Puderzucker
750 ml Gemüsebrühe
1 Lorbeerblatt
½ –1 TL Senfkörner
5 Wacholderbeeren
5 Pimentkörner
1 TL schwarze Pfefferkörner
1 Streifen Bio-Zitronenschale
1 Scheibe Ingwer
2 Scheiben Knoblauch
150 ml Rotweinessig
Salz
ca. 2 TL Zucker
500 g Lachsforellenfilets, enthäutet
2–3 EL Butter
1 Prise mildes Chilipulver
1 EL Schnittlauchröllchen

FÜR DIE MUSKATKARTOFFELN
2 Kartoffeln • Salz
1 Lorbeerblatt
1 kleine getrocknete Chilischote
1 EL braune Butter
mildes Chilisalz
frisch geriebene Muskatnuss

Für die Lachsforelle
1. Zwiebeln schälen und in sehr dünne Ringe schneiden. Möhre und Sellerie schälen und in sehr dünne Streifen schneiden.

2. In einem Topf den Puderzucker bei geringer Hitze hell karamellisieren lassen und das Gemüse darin glasig anschwitzen. Die Brühe aufgießen, 1 Lorbeerblatt einlegen und die Senfkörner einstreuen. Wacholder, Piment und Pfefferkörner in einen Einwegteebeutel geben, verschließen, in den Sud legen und das Ganze zum Kochen bringen.

3. Die Marinade 10 Min. knapp unter dem Siedepunkt ziehen lassen. Zitronenschale, Ingwer, Knoblauch und Essig hinzufügen, den Sud mit Salz und Zucker abschmecken, vom Herd nehmen, abkühlen lassen und alle ganzen Gewürze daraus entfernen.

4. Die Lachsforellenfilets in 8 Stücke schneiden, in eine Auflaufform legen, den kalten Sud darauf verteilen und zugedeckt über Nacht im Kühlschrank durchziehen lassen.

Für die Kartoffeln
1. Die Kartoffeln schälen, in ca. 1 cm große Würfel schneiden, in Salzwasser mit 1 Lorbeerblatt und der Chilischote in ca. 10 Min. fast weich kochen, dann im Sud auskühlen lassen.

2. Dann abgießen, mit Küchenpapier trocken tupfen und in der braunen Butter goldbraun anbraten; mit Chilisalz und Muskatnuss würzen.

Fertigstellung
1. Am nächsten Tag die Fischfilets herausnehmen, den Sud abgießen und in einem breiten Topf aufkochen; dabei den aufsteigenden Schaum abnehmen.

2. 200 ml Sud abnehmen, in einen kleinen Topf füllen, die Butter hineinmixen und mit Salz und Chilipulver abschmecken. Die Gemüsestreifen ohne weitere Zutat in einer Pfanne bei geringer Hitze erwärmen.

3. Den Topf mit dem übrigen heißen Sud vom Herd nehmen, die Fischfilets einlegen und bei etwa 80° in etwa 3 Min. saftig durchziehen lassen.

Anrichten
Die Lachsforellenfiletstücke vorsichtig herausnehmen, je 2 in warme tiefe Teller legen, die Gemüsestreifen darauf anrichten, den Buttersud nochmals mit einem Stabmixer aufschäumen, darüberziehen, die Muskatkartoffeln außen herumlegen und mit Schnittlauch bestreuen.

FCB-Fitness-Salat
mit Fischpflanzerl

FÜR 4 PERSONEN | ZUBEREITUNG 1 STD. 10 MIN.

FISCHPFLANZERL
s. S. 147

FÜR DAS FCB-DRESSING
60 ml Gemüsebrühe
2 EL weißer Portwein
1 TL Salz
1 TL Zucker
1 Msp. mildes Chilipulver
½ Knoblauchzehe
1 Scheibe Ingwer
50 g Joghurt
50 g saure Sahne
1 TL scharfer Senf
1–2 EL Rotweinessig
1 TL weißer Balsamico
1 TL Sherry medium dry
50 g Öl
50 g mildes Olivenöl
1 TL Walnussöl

FÜR DEN SALAT
350 g geputzte gemischte Salatblätter (z. B. Romanasalat, Eisbergsalat, Chicorée, Chinakohl, Frisée, Radicchio)
3 Radieschen
1 kleine Möhre
100 g Kirschtomaten
2 EL Pinienkerne
2 Toastbrotscheiben
40 g Butter
Salz
2 EL Gartenkresse zum Anrichten

Für das Dressing
1. Gemüsebrühe mit Portwein, Salz und Zucker in einem kleinen Topf aufkochen lassen, Chilipulver hinzufügen, Knoblauch und Ingwer einlegen, auskühlen lassen und durch ein Sieb abgießen.

2. Die kalte Brühe mit Joghurt, saurer Sahne, Senf, Rotweinessig, weißen Balsamico und Sherry mit einem Pürierstab aufschlagen, dabei alle Ölsorten einlaufen lassen. (Das Dressing hält sich gut verschlossen mehrere Tage im Kühlschrank.)

Für den Salat
1. Alle Salatblätter waschen, trocken schleudern und in kleinere Stücke zupfen. Die Radieschen putzen, waschen und in dünne Scheiben schneiden. Die Möhre schälen und in feine Scheiben hobeln, die Kirschtomaten waschen und halbieren.

2. Die Pinienkerne in einer Pfanne ohne Fettzugabe hell anrösten.

3. Die Toastbrotscheiben entrinden, klein würfeln und in einer Pfanne bei geringer Hitze in der Butter goldbraun braten. In ein Sieb abgießen und auf Küchenpapier abtropfen lassen, leicht salzen.

Anrichten
Die Salatblätter mit Kirschtomaten, Radieschen und Möhren mischen, mit dem Dressing marinieren, auf großen tiefen Tellern anrichten und mit Croûtons, Kresse und Pinienkernen bestreuen. Die Fischpflanzerl anlegen.

Gewürzbackhendl
auf Spargelsalat

FÜR 4 PERSONEN | ZUBEREITUNG 40 MIN.

FÜR DEN SPARGELSALAT
je 300 g weißer und grüner Spargel
1–2 TL Puderzucker
125 ml Gemüsebrühe
2 EL Zitronensaft
2 EL mildes Olivenöl
Salz • schwarzer Pfeffer
1 EL Schnittlauchröllchen

FÜR DEN DIP
150 g Crème fraîche
2 EL Sahne
1 TL abgeriebene
  Bio-Zitronenschale
1 EL Zitronensaft
Salz
1 Prise mildes Chilipulver
1 Prise Zucker

FÜR DAS GEWÜRZBACKHENDL
2 Eier
40 g doppelgriffiges Mehl
1–2 TL scharfer Senf
2 TL klein geschnittene
  Estragonblättchen
1 EL frisch geschnittene Petersilie
2 EL frisch geschnittener Kerbel
etwas Zitronensaft
1 TL abgeriebene
  Bio-Zitronenschale
Salz • schwarzer Pfeffer
1 Prise mildes Chilipulver
frisch geriebene Muskatnuss
4 Geflügelbrüste, enthäutet
150–200 g Weißbrotbrösel
Erdnussöl zum Ausbacken

Für den Spargelsalat
1. Den Spargel schälen; vom grünen Spargel nur das untere Drittel. Die Spargelstangen schräg in ca. ½ cm dicke Stücke schneiden.

2. In einer Pfanne den Puderzucker farblos karamellisieren, den Spargel darin kurz anschwitzen, die Brühe dazugeben und in 6–8 Min. bei geringer Hitze bissfest garen. In eine Schüssel füllen und mit Zitronensaft, Olivenöl, Salz und Pfeffer würzen; den Schnittlauch untermischen.

Für den Dip
Crème fraîche und Sahne glatt verrühren. Zitronenschale und -saft hineinrühren und mit Salz, Chilipulver und Zucker würzen.

Für das Gewürzbackhendl
1. Eier, Mehl und Senf glatt verrühren; dann die Kräuter einrühren. Mit Zitronensaft und -schale, Salz, Pfeffer, Chilipulver und frisch geriebener Muskatnuss würzen.

2. Die Geflügelbrüste schräg in 3–4 Stücke schneiden, salzen, pfeffern und nacheinander zuerst in der Eier-Mehl-Mischung, dann in den Weißbrotbröseln wenden. Die panierten Geflügelstücke in einer Pfanne bei geringer Hitze in reichlich Erdnussöl von beiden Seiten in insgesamt 4–5 Min. goldbraun ausbacken. Auf Küchenpapier abtropfen lassen und leicht salzen.

Anrichten
Den Salat mittig auf Tellern anrichten, den Dip außen herumgießen und die Hendlstücke anlegen.

Lauwarme Kalbszunge
auf Radi-Radieschen-Salat mit Kartoffelwürfeln

FÜR 4 PERSONEN | ZUBEREITUNG 2 STD.

FÜR DIE KALBSZUNGE
Salz
1 kleine Zwiebel
1 Lorbeerblatt
3 Gewürznelken
1 kleine gepökelte Kalbszunge (ca. 800 g; beim Metzger vorbestellen)

FÜR DIE SCHALOTTENVINAIGRETTE
1 Schalotte
100 ml Gemüsebrühe
½–1 TL scharfer Senf
2 EL Rotweinessig
5 EL mildes Olivenöl
Salz • schwarzer Pfeffer
1 Prise Zucker

FÜR DEN SALAT
350 g milder weißer Rettich
1 TL Kümmelsamen
Salz
2–3 Radieschen

NUSSKARTOFFELN S. S. 328

FÜR MEERRETTICHSCHAUM UND WACHTELEIER
100 g saure Sahne
5 EL Milch
1 TL Meerrettich (aus dem Glas)
einige Tropfen Zitronensaft
Salz
1 Prise mildes Chilipulver
4 Wachteleier

ZUM ANRICHTEN
Fleur de Sel
kleine Salatblättchen
etwas frische Meerrettichwurzel

Für die Kalbszunge
In einem Topf Salzwasser zum Kochen bringen. Die Zwiebel schälen, mit dem Lorbeerblatt belegen, den Gewürznelken feststecken und in das Salzwasser legen. Die Kalbszunge einlegen und in ca. 2 Std. knapp unter dem Siedepunkt weich ziehen lassen. In kaltem Wasser abschrecken, enthäuten, in etwa 3 mm dicke Scheiben schneiden. Die Kalbszunge bis zum Anrichten abgedeckt warm halten.

Für die Schalottenvinaigrette
Die Schalotte schälen und sehr fein würfeln. Gemüsebrühe, Senf, Essig und Öl mit einem Pürierstab mixen und mit Salz, Pfeffer und Zucker herzhaft abschmecken. Die Schalottenwürfel einrühren.

Für den Salat
1. Den Rettich schälen und längs vierteln. 3 Stücke quer in 4–5 mm dicke Scheiben schneiden, 1 Stück längs in möglichst dünne Streifen hobeln.

2. Den Kümmel in ein Gewürzsäckchen füllen. Die Rettichstücke mit dem Kümmel in Salzwasser in ca. 3 Min. bissfest garen, abgießen und mit etwa 5 EL der Schalottenvinaigrette vermischen.

3. Die Radieschen putzen, waschen, und in feine Scheiben schneiden. Radieschen und Rettichstreifen separat voneinander salzen, 5 Min. ziehen lassen, das ausgetretene Wasser entfernen und jeweils mit 1–2 EL der Schalottenvinaigrette vermischen.

Für Meerrettichschaum und Wachteleier
1. Saure Sahne mit Milch, Meerrettich und Zitronensaft aufmixen, mit Salz und Chilipulver würzen.

2. Die Wachteleier in ca. 3 Min. kochen, kalt abschrecken und pellen. Bis zum Gebrauch in Salzwasser legen.

Anrichten
Rettich und Radieschen locker auf Vorspeisentellern anrichten. Die Kalbszungenscheiben dazwischen legen und mit Fleur de Sel und Pfeffer würzen. Die Salatblättchen mit der übrigen Schalottenvinaigrette marinieren. Die Kartoffelwürfel darüberstreuen, die Wachteleier halbieren und darauf anrichten. Den Meerrettichschaum aufmixen und um das Gericht ziehen. Etwas frischen Meerrettich darüberhobeln.

Bayerisches Wurzelfleisch
mit Meerrettichsauce, Vogerlsalat und Walnüssen

FÜR 4 PERSONEN | ZUBEREITUNG 40 MIN.

---

1 Handvoll Vogerlsalat (Feldsalat)
1 l Geflügelbrühe
1 EL Zucker
1 EL Salz
5 EL Rotweinessig
1 TL Pimentkörner
1 TL Pfefferkörner
1 TL Korianderkörner
1 kleines Lorbeerblatt
4 angedrückte Wacholderbeeren
1 Möhre
1 weiße Zwiebel
100 g Knollensellerie
50 g Lauch

FÜR DAS WURZELFLEISCH
8 große Schweinemedaillons, ca. 4 cm dick
2 EL Öl
½ Knoblauchzehe
1 Scheibe Ingwer

FÜR DIE MEERRETTICHSAUCE
1–2 EL Sahnemeerrettich (Glas)
40 g kalte Butter
Salz • schwarzer Pfeffer
1 EL Walnusskerne

1. Den Vogerlsalat waschen, verlesen und abtropfen lassen. Geflügelbrühe aufkochen und mit Zucker, Salz und Essig süßsauer würzen. Sämtliche Gewürze in ein Gewürzsäckchen füllen. Das Gemüse schälen, den Lauch putzen, waschen und alles in feine Streifen schneiden.

2. Die Schweinemedaillons in einer Pfanne in 1 EL Öl rundherum kurz anbraten und herausnehmen. Die Gemüsestreifen in einem Topf im restlichen Öl bei geringer Hitze glasig anschwitzen. Mit der Marinade auffüllen, das Gewürzsäckchen mit einlegen und aufkochen lassen. Vom Herd nehmen, das Schweinefilet mit dem Knoblauch und dem Ingwer hineingeben und knapp unter dem Siedepunkt 5–8 Min. saftig durchziehen lassen. Die Schweinemedaillons herausnehmen und warm stellen.

3. 400 ml vom Sud auf einem Sieb abgießen, die Gewürze dabei entfernen. Den Sud mit Sahnemeerrettich und Butter schaumig aufmixen.

4. Etwas aufgeschäumten Sud in tiefe Teller verteilen, die Gemüsestreifen mit einer Schaumkelle aus dem Sud heben, in die Mitte setzen, die Schweinemedaillons quer halbieren und mit der rosa gegarten Innenseite nach oben daraufsetzen. Mit Salz und Pfeffer würzen. Mit Vogerlsalat garnieren und die Walnüsse darüberhobeln.

Kalbsrücken

mit Granatapfel-Kapern-Rosinen-Vinaigrette

FÜR 4 PERSONEN | ZUBEREITUNG 1 STD. 40 MIN.

FÜR DEN KALBSRÜCKEN
500 g Kalbsrücken
1 EL Öl

FÜR DIE GRANATAPFEL-KAPERN-ROSINEN-VINAIGRETTE
1–2 EL süßsauer eingelegter Kürbis
5 EL Geflügelbrühe
1 EL Einlegefond vom Kürbis
1 EL Rosinen
½ Knoblauchzehe
1 EL Granatapfelkerne
1 EL kleine Kapern aus der Lake, abgetropft
2 EL weißer Balsamico
2 EL mildes Olivenöl
Salz
1 Prise mildes Chilipulver
1 Prise Zucker
schwarzer Pfeffer

Für den Kalbsrücken

1. Den Backofen auf 100° vorheizen, in die mittlere Einschubleiste ein Ofengitter und darunter ein Abtropfblech schieben.

2. Den Kalbsrücken in einer heißen Pfanne im Öl rundherum anbraten. Auf das Gitter legen und darin in etwa 1 ½ Std. rosa garen.

Für die Granatapfel-Kapern-Rosinen-Vinaigrette
Die eingelegten Kürbisstücke fein würfeln. Kürbiswürfelchen mit Geflügelbrühe, Kürbisfond, Rosinen, Knoblauchzehe, Granatapfelkernen und Kapern gut vermischen. Mit Balsamico und Olivenöl marinieren und mit Salz, Chilipulver und Zucker würzen.

Anrichten
Den Kalbsrücken lauwarm in dünne Scheiben schneiden und auf angewärmten Tellern anrichten. Mit Salz und Pfeffer würzen und vor dem Servieren die Vinaigrette darüber verteilen.

Gebackener Kalbskopf

mit Blumenkohl-Remoulade und Kräutersalat

FÜR 4 PERSONEN | ZUBEREITUNG 40 MIN.

700 g Kalbskopf, vorbereitet wie auf Seite 34/35 beschrieben

FÜR DIE BLUMENKOHL-REMOULADE
150 g Blumenkohlröschen
Salz
200 g Crème fraîche
2 EL Milch
einige Tropfen Worcestersauce
2 Sardellenfilets
1 TL Kapern
1 hart gekochtes Ei, geschält
1–2 EL Schnittlauchröllchen
schwarzer Pfeffer
1 Prise mildes Chilipulver
1 Msp. abgeriebene
 Bio-Zitronenschale

FÜR DEN KRÄUTERSALAT
200 g Kräuterblätter (Petersilie,
 Staudensellerie, Basilikum,
 Kerbel, Dill)
1 TL Zitronensaft
1 Msp. abgeriebene
 Bio-Zitronenschale
1 EL Olivenöl
Salz • schwarzer Pfeffer
evtl. Zwiebelwürfel

Für die Blumenkohl-Remoulade
1. Die Blumenkohlröschen in sehr kleine Röschen teilen und in Salzwasser fast weich kochen. In kaltem Wasser abschrecken und gut abtropfen lassen.

2. Die Crème fraîche mit Milch und Worcestersauce glatt verrühren. Sardellen, Kapern und Ei klein hacken und mit den Schnittlauchröllchen, in die Crème fraîche rühren

3. Die Remoulade mit Salz, Pfeffer, Chili und Zitronenabrieb abschmecken. Anschließend die Blumenkohlröschen hineinrühren und nochmals abschmecken.

Für den Kräutersalat
1. Die Kräuter waschen, trocken schütteln und die Blättchen fein zupfen.

2. Den Zitronensaft und -abrieb in einer kleinen Schüssel mit dem Olivenöl vermischen und mit Salz und Pfeffer würzen.

3. Die Kräuterblätter damit marinieren; nach Belieben können noch ein paar angeschwitzte Zwiebelwürfel dazugegeben werden.

Anrichten
Die Kalbskopfscheiben auf Tellern anrichten, den Kräutersalat daneben platzieren und mit der Blumenkohl-Vinaigrette umgießen.

Kalbskopf zubereiten

Als die Menschen von einem Tier noch fast alles aßen, statt sich in der Wohlstandsgesellschaft nur die Filetstücke herauszupicken, musste das Kalb auch seinen Kopf hinhalten. Er inspirierte die Köche Frankreichs und Italiens zu gut zwei Dutzend Rezepten – darunter sogar ein sehr edles, das den Kalbskopf mit einer reich getrüffelten Farce füllt. Doch das geriet in Vergessenheit, bis die Gäste wieder nach mehr Abwechslung verlangten, und wir Köche die klassische Vielfalt wieder entdecken durften. Darunter auch den rustikalen Salat und die zart geschmorten Bäckchen vom Kalbskopf.

Und so bereite ich Kalbskopf zu:

FÜR EINE KASTENFORM VON 0,75 L INHALT

KALBSKOPF KOCHEN
Salz
3 EL Weinessig
125 ml Weißwein
700 g Kalbsmaske mit einem Kalbsbackerl, küchenfertig (ca. ½ Kalbsmaske mit einem Backerl, vom Metzger auslösen lassen)
2 Kalbsbäckchen
1 Lorbeerblatt
je 1 TL schwarze Pfefferkörner, Pimentkörner und Wacholderbeeren
½ TL Korianderkörner
1 Thymianzweig
1 Knoblauchzehe, in Scheiben geschnitten
2 Ingwerscheiben

KALBSKOPF MARINIEREN
Salz • schwarzer Pfeffer
1 EL scharfer Senf
1 EL Sahnemeerrettich
1–2 EL milder Weinessig
abgeriebene Schale von ½ Bio-Zitrone
½ TL gemahlener Kümmel
1 TL Majoran
¼ TL Kardamom

ZUM AUSBACKEN
2 Eier
schwarzer Pfeffer
etwas frisch geriebene Muskatnuss
1 TL abgeriebene Bio-Zitronenschale
80 g doppelgriffiges Mehl
150 g Weißbrotbrösel
Öl zum Braten
einige Tropfen Zitronensaft

Kalbskopf kochen

In einem großen Topf 3 l Wasser erhitzen, salzen, Essig und Weißwein hinzufügen. Den Kalbskopf einlegen und knapp unter dem Siedepunkt in etwa 3 Std. weich ziehen lassen. Den anfänglich aufsteigenden Schaum dabei entfernen. Die Kalbsbäckchen nach 1 Std. mit dazugeben. Nach 2 ¼ Std. Lorbeer, Pfeffer, Piment, Wacholder und Koriander zufügen. Am Ende der Garzeit den Thymianzweig, Knoblauchscheiben und Ingwer 5 Min. darin ziehen lassen.

Kalbskopf marinieren

__1.__ Kalbsmaske herausnehmen, etwas auskühlen lassen, weiches Fett entfernen. Backerl sowie Maske in 1–1 ½ cm große Würfel schneiden und in eine große Schüssel geben. Mit Salz, Pfeffer, Senf, Meerrettich, Essig, Zitronenabrieb, Kümmel, Majoran und Kardamom würzen.

__2.__ Eine Kastenkuchenform mit Klarsichtfolie auslegen, den marinierten Kalbskopf hineinfüllen, mit Klarsichtfolie bedecken, das Ganze beschweren und im Kühlschrank am besten über Nacht durchkühlen lassen.

Ausbacken

__1.__ Den marinierten, fest gewordenen Kalbskopf mithilfe der Folie aus der Form stürzen. In 1–1 ½ cm dicke Scheiben schneiden und diese diagonal halbieren. (Step 1)

__2.__ Die Eier in einem tiefen Teller mit einer Gabel verquirlen und mit Pfeffer, geriebener Muskatnuss und Zitronenabrieb würzen. Die Kalbskopfscheiben zuerst in Mehl, dann im verquirlten Ei und in den Weißbrotbröseln wenden. (Step 2)

__3.__ In einer Pfanne bei geringer Hitze mit ca. ½ cm hoch aufgefülltem Öl auf beiden Seiten goldbraun braten und auf Küchenpapier abtropfen lassen. Leicht salzen und mit einigen Tropfen Zitronensaft beträufeln. (Step 3)

Ochsenbrust in der Senfkruste
auf Kürbis-Linsen-Salat

FÜR 4 PERSONEN | ZUBEREITUNG 40 MIN. | MARINIERZEIT 12 STD. | EINWEICHZEIT 2 STD.

FÜR DIE OCHSENBRUST
400 g gekochte Ochsenbrust
100 g Dijonsenf
80 g doppelgriffiges Mehl
3 EL Öl
Salz

FÜR DEN KÜRBIS-LINSEN-SALAT
200 g Berglinsen
1 Zwiebel
50 g durchwachsener Speck
1 EL Öl
1 TL Tomatenmark
1 Lorbeerblatt
400 ml Geflügelbrühe
je 50 g Möhre, Knollensellerie
   und Lauch
1 Prise Majoran
100 g süßsauer eingelegte
   Kürbisstücke
3 EL Balsamico
2 EL Einlegefond vom Kürbis
1 EL Sonnenblumenöl oder
   sehr mildes Olivenöl
2 EL braune Butter
Salz • schwarzer Pfeffer
1 Prise Zucker
1 Prise mildes Chilipulver
1 Scheibe Ingwer
1 Scheibe Knoblauch
1 Streifen
   Bio-Orangenschale
1 kleiner Zimtsplitter

Für die Ochsenbrust
1. Die gekochte, ausgekühlte Ochsenbrust in ca. ½ cm dicke Scheiben schneiden. Jede Scheibe ca. 2 mm dick mit Dijonsenf bestreichen und aufeinanderlegen. Zugedeckt über Nacht im Kühlschrank marinieren.

2. Am nächsten Tag die Scheiben einzeln abnehmen, den Senf glatt streichen und in doppelgriffigem Mehl wenden. In einer Pfanne im Öl bei mittlerer Hitze auf beiden Seiten goldbraun braten, auf Küchenpapier abtropfen lassen und leicht salzen.

Für den Kürbis-Linsen-Salat
1. Die Linsen 2 Std. in kaltem Wasser einweichen. Zwiebel schälen; Zwiebel und Speck klein schneiden und beides in 1 EL Öl glasig anschwitzen. Die Linsen zufügen, das Tomatenmark einrühren und etwas mitschwitzen, Lorbeerblatt einlegen und mit Brühe auffüllen. Etwa 20 Min. köcheln lassen.

2. Möhre und Sellerie schälen, den Lauch putzen, waschen und alle Gemüsesorten sehr klein würfeln. Möhre und Sellerie nach ca. 15 Min. unter die Linsen rühren und mit Majoran würzen. Die Lauchwürfelchen einige Min. vor Ende der Garzeit hinzufügen. Dann den Topf vom Herd nehmen und etwas abkühlen lassen.

3. Die eingelegten Kürbisstücke in ca. ½ cm große Würfel schneiden und zu den Linsen geben.

4. Mit Balsamico, Einlegefond vom Kürbis, Öl, brauner Butter, Salz, Pfeffer, Zucker und Chili abschmecken. Ingwer, Knoblauch und Orangenschale einlegen. Je nach Geschmack kann noch ein kleiner Zimtsplitter dazugegeben werden. Alles unter die Linsen rühren und 5 Min. darin ziehen lassen. Ingwer, Knoblauch, Orangenschale und Zimt vor dem Servieren entfernen.

Anrichten
Den lauwarmen Kürbis-Linsen-Salat auf vorgewärmten Tellern anrichten, die Ochsenbrustscheiben anlegen und mit Kräuterblättchen oder kleinen Salatblättchen garnieren.

Glasierte Entenleber
auf Blaukrautsalat mit karamellisierten Apfelspalten

FÜR 4 PERSONEN | ZUBEREITUNG 45 MIN. | EINWEICHZEIT 2 STD.

FÜR DEN BLAUKRAUTSALAT
600 g Blaukraut
2 EL Flüssigkeit von eingemachten Preiselbeeren
100 ml frisch gepresster Orangensaft
5 EL Rotweinessig
Salz • schwarzer Pfeffer
1 TL Zucker
4 EL mildes Salatöl

FÜR DIE KARAMELLISIERTEN APFELSPALTEN
1 rotbackiger Apfel
1–2 TL Puderzucker
1 EL Butter

FÜR DIE ENTENLEBERN
1 EL Rosinen
5 EL heißes Wasser
1 Scheibe Ingwer
¼ Granatapfel
350 g Entenlebern
1 TL Öl
1 TL Puderzucker
2 EL Sherryessig
50 ml frisch gepresster Orangensaft
1 EL eingelegte Kapern, abgetropft
1 Msp. Majoran
30 g kalte Butter
Salz • schwarzer Pfeffer

Für den Blaukrautsalat
1. Das Blaukraut putzen und in feine Streifen schneiden. Preiselbeerflüssigkeit und Orangensaft untermischen.

2. Den Salat mit Essig, Salz, Pfeffer und Zucker würzen und dann das Öl einrühren. Etwas ziehen lassen und vor dem Servieren abschmecken.

Für die karamellisierten Apfelspalten
Den Apfel waschen, vierteln und in schmale Spalten schneiden. In einer Pfanne bei geringer Hitze den Puderzucker hell karamellisieren, die Apfelspalten darin auf beiden Seiten anbräunen und die Butter hineinschmelzen.

Für die Entenlebern
1. Die Rosinen heiß abwaschen und für mindestens 2 Std. in 5 EL heißem Wasser mit dem Ingwer einweichen. Die Kerne aus dem Granatapfel lösen.

2. Lebern säubern, dabei die Galle sorgfältig entfernen. In einer Pfanne bei mittlerer Hitze im Öl von allen Seiten in 2–3 Min. rosa braten. Aus der Pfanne nehmen und warm halten.

3. Rosinen abtropfen lassen, Flüssigkeit dabei auffangen. Puderzucker in die noch heiße Pfanne stäuben, karamellisieren lassen, mit Sherryessig ablöschen, Orangensaft und das Rosinenwasser dazugeben und die Flüssigkeit leicht einköcheln lassen.

4. Granatapfelkerne, Kapern, Rosinen und Majoran hinzufügen, erwärmen und die Butter hineinschmelzen lassen.

5. Entenlebern zurück in die Pfanne legen, salzen und pfeffern, leicht erwärmen, gut durchschwenken, sodass sie mit der Sauce überzogen bzw. glasiert sind. Mit Salz und Pfeffer abschmecken und sofort servieren.

Anrichten
Den Blaukrautsalat mittig auf Tellern anrichten, die Apfelspalten anlegen und die Entenleberscheiben dazugeben.

Salat von Waldpilzen
mit Rehfilet und Entenleber-Dip

FÜR 4 PERSONEN | ZUBEREITUNG 1 STD. 15 MIN.

FÜR DEN ENTENLEBER-DIP
6 EL roter Portwein
150 g Entenleber
1 EL Butter
1 Prise Majoran
1 Prise Quarte épices
1 Prise mildes Chilipulver
1 EL Cognac
1 TL Apfel- oder Quittengelee
je 1 Streifen Bio-Orangen-
   und Zitronenschale
200 g Sahne
Salz

FÜR DEN WALDPILZSALAT
400 g gemischte Pilze
   (z. B. Pfifferlinge, Steinpilze,
   Semmelstoppelpilze)
1 EL Öl
1 Prise gemahlener Kümmel
1 Msp. abgeriebene
   Bio-Zitronenschale
Salz • schwarzer Pfeffer
1–2 EL frisch geschnittene Petersilie
1 EL Weinessig
½ TL Senf
50 ml Gemüsebrühe
2 EL mildes Olivenöl
1 Prise Zucker

FÜR DAS REHFILET
je 1 TL schwarze Pfefferkörner,
   Pimentkörner und Korianderkörner
8 Rehfilets, küchenfertig
1 TL Öl
3 EL braune Butter
5 angedrückte Wacholderbeeren
2 Scheiben Ingwer
1 Streifen Bio-Orangenschale
mildes Chilisalz

Für den Entenleber-Dip

1. Den Portwein auf ca. 1 EL einköcheln, dann auskühlen lassen. Die Leber säubern und in 2 cm große Stücke schneiden.

2. Die Leber bei geringer Hitze in einer Pfanne in der Butter 1–2 Min. rosa braten. Mit Majoran, Quarte épices und Chili würzen und mit Cognac ablöschen. Apfelgelee und eingekochten Portwein unterrühren, Zitrusschalen einlegen und mit 120 g Sahne aufgießen.

3. Die Pfanne vom Herd nehmen und die Leber salzen. Kurz ziehen lassen und die Zitrusschalen wieder entfernen. Das Ganze in einem Mixer pürieren, durch ein feines Sieb streichen und abkühlen lassen. Die übrigen 80 g Sahne halb steif schlagen und unter die Entenlebermasse rühren. Mit Salz, Quatre épice und Chili abschmecken.

Für den Waldpilzsalat

1. Die Pilze gründlich putzen; die Pfifferlinge kurz waschen und sofort trocken tupfen; gegebenenfalls zerkleinern. In einer Pfanne im Öl etwa 2 Min. anbraten und mit Kümmel, Zitronenabrieb, Salz und Pfeffer würzen und die geschnittene Petersilie hinzufügen.

2. Für das Dressing Essig, Senf, Brühe und Öl verrühren, die Petersilie hinzufügen und mit Salz, Pfeffer und wenig Zucker abschmecken. Die angebratenen Pilze in dem Dressing marinieren.

Für das Rehfilet

1. Den Backofen auf 100° vorheizen, in die untere Einschubleiste ein Abtropfblech und darüber ein Ofengitter schieben. Pfeffer, Piment und Koriander in eine Gewürzmühle füllen.

2. Die Rehfilets in einer Pfanne im Öl bei mittlerer Hitze rundherum anbraten, auf das Gitter in den Ofen legen und in 10 Min. rosa durchziehen lassen. In einer anderen Pfanne bei geringer Hitze die braune Butter mit den Wacholderbeeren, Ingwer und Orangenschale erwärmen und den Gewürzen aus der Gewürzmühle sowie mit Chilisalz würzen.

Anrichten

Den Waldpilzsalat auf vorgewärmte Teller geben, den Entenleber-Dip seitlich zugeben und das Rehfilet anlegen.

Flusskrebse
im Tomaten-Estragon-Gelee

FÜR 4–6 PERSONEN | ZUBEREITUNG 40 MIN. | ABTROPFZEIT CA. 16 STD.

FÜR DAS TOMATEN-ESTRAGON-GELEE

500 g stückige Tomaten
 (aus der Dose)
500 ml fettfreie, kalte Gemüsebrühe
7 Blatt Gelatine
1 Estragonzweig
Salz • schwarzer Pfeffer
1 Prise mildes Chilipulver
1 EL weißer Balsamico
1 TL Zucker
2 TL klein geschnittene
 Estragonblättchen

FÜR DIE FLUSSKREBS-EINLAGE

60 g Möhre
60 g Zucchino
Salz
200 g Krebsfleisch
 (ersatzweise aus der Lake)
1–2 TL mildes Olivenöl
mildes Chilisalz

Für das Tomaten-Estragon-Gelee

1. Die Tomaten mit der Gemüsebrühe mit einem Stabmixer pürieren. Die Masse in ein sauberes Tuch füllen und über Nacht im Kühlschrank abtropfen lassen, dabei den klaren Tomatenfond in einem Gefäß auffangen. Das Tomatenfruchtfleisch anderweitig, z. B. für eine Tomatensauce, verwenden. Vom Tomatenfond 700 ml abmessen.

2. Die Gelatine in etwas kaltem Wasser einweichen. Etwa 125 ml vom Tomatenfond zusammen mit dem Estragonzweig leicht erwärmen. Die Gelatine ausdrücken und darin auflösen.

3. Mit dem übrigen Tomatenfond verrühren und mit Salz, Pfeffer, Chili, Balsamico und Zucker kräftig würzen. Dann durch ein Sieb gießen.

4. Die geschnittenen Estragonblättchen hineinrühren, in eine Auflaufform füllen und im Kühlschrank kalt werden lassen.

Für die Flusskrebs-Einlage

1. Möhre und Zucchino putzen. Die Möhre schälen und mit dem Zucchino sehr klein würfeln. Die Gemüsewürfelchen nacheinander kurz in kochendes Salzwasser geben, in Eiswasser abschrecken, in einem Sieb abtropfen lassen und auf einem Küchentuch trocken tupfen.

2. Das erkaltete Tomatengelee mit einer Gabel umrühren.

3. Das Krebsfleisch trocken tupfen und mit den Gemüsewürfeln vermischen. ⅔ davon in das Tomatengelee rühren und in hübsche Gläser füllen. Das restliche Drittel Krebsfleisch mit Olivenöl und mildem Chilisalz marinieren und auf dem Tomaten-Estragon-Gelee in den Gläsern anrichten.

Tafelspitzsülze

mit Radieserl-Vinaigrette

FÜR CA. 10 PERSONEN | FÜR EINE TERRINENFORM VON 1,5 L | ZUBEREITUNG 2 STD.

Gekochter Tafelspitz,
s. S. 72/73

FÜR DIE SÜLZE
120 g Suppengemüse
2 Lauchzwiebeln
Salz
2–3 Cornichons
900 ml Tafelspitzbrühe
15 Blatt Gelatine
4 EL Weißweinessig
Zucker
1 Prise mildes Chilipulver
frisch geriebene Muskatnuss

FÜR DEN MEERRETTICHRAHM
150 g Sahne
7 Blatt Gelatine
2 EL Sahnemeerrettich
Salz • Pfeffer
1 Prise mildes Chilipulver
1 Prise Zucker
einige Tropfen Zitronensaft

FÜR DIE RADIESERL-VINAIGRETTE
5 Radieserl
½ Bund Schnittlauch
4 EL Tafelspitzbrühe
1 EL Weinessig
2 EL mildes Salatöl
Salz • schwarzer Pfeffer
1 Prise Zucker

Für die Sülze
1. Den Tafelspitz ohne Fettschicht gegen die Faser, am besten auf einer Aufschnittmaschine, in ca. 3 mm dicke Scheiben schneiden.

2. Sellerie, Möhre und Petersilienwurzel möglichst klein würfeln. Die Lauchzwiebeln putzen, waschen, längs vierteln und quer in dünne Stückchen schneiden. Für ½ Min. in kochendes Salzwasser geben, kalt abschrecken, abtropfen lassen und zu den Gemüsewürfeln geben. Die Cornichons klein würfeln und ebenfalls zum Gemüse geben.

3. Die Tafelspitzbrühe leicht erwärmen. Gelatine in kaltem Wasser einweichen, ausdrücken und in der warmen Tafelspitzbrühe auflösen. Mit Essig, Zucker und Salz kräftig abschmecken und mit Chili und Muskatnuss würzen. Den Gelatinesud wie auf Seite 46 beschrieben weiterverarbeiten.

Für den Meerrettichrahm
1. 300 ml Tafelspitzbrühe mit 50 g Sahne erwärmen. 100 g Sahne cremig aufschlagen und kalt stellen. Die Gelatine in kaltem Wasser einweichen, ausdrücken und in der warmen Brühe auflösen.

2. Den Sahnemeerrettich einrühren, mit Salz, Pfeffer, Chilipulver, Zucker und Zitronensaft würzen. Über Eiswasser kalt rühren, die geschlagene Sahne unterheben und nochmals abschmecken.

Für die Radieserl-Vinaigrette
Die Radieschen waschen, putzen und in feine Streifen schneiden. Den Schnittlauch waschen und zu feinen Röllchen schneiden. Brühe mit Essig und Öl vermischen, Radieschenstreifen und Schnittlauchröllchen hineinrühren und mit Salz, Pfeffer und Zucker würzen.

Einsetzen der Sülze, s. S. 47

Anrichten
Je 1 Scheibe Tafelspitzsülze auf Vorspeisentellern anrichten, etwas Radieserl-Vinaigrette außen herumziehen und mit Salatblättchen garnieren.

Sülze zubereiten

In meiner Kochjugend kamen die Sülzen vom Metzger, mit so viel Aspik haltbar gemacht, dass man sich den Fuß brach, wenn sie runterfiel. Wir Köche lernten wieder, aus den Knöcherl leichte Sülzen zu gewinnen, die von selbst gelierten und uns erlaubten, schöne Sülzen aller Art zu kreieren. Wir folgten dem Vorbild des französischen Starkochs Alain Chapel, der die alten Kochtechniken bestens kannte. Dank ihres optischen Reizes und ihrer Leichtigkeit lösten die Sülzen dann die nie so appetitlich aussehenden und fast immer schweren Terrinen in der Gunst der Gäste ab.

Geleemantel zubereiten

1. Den gewürzten entsprechenden Fond zubereiten.

2. Die Gelatine erst in kaltem Wasser einweichen, dann gut ausdrücken und im warmen Fond – auf keinen Fall in kochender Flüssigkeit – auflösen.

3. Entsprechend des Rezeptes wird der Mantel der Sülze wie folgt vorbereitet: Ein flaches Tablett von ca. 20 x 30 cm Seitenlänge mithilfe von etwas Küchenpapier hauchfein auch an den Rändern mit Salatöl einstreichen. Darauf nun absolut faltenfrei ein Stück Frischhaltefolie legen, so kann der Mantel optimal eingelegt werden. Darauf ca. 350 ml des Sülzenstandes gießen und im Kühlschrank fest werden lassen. Das dabei entstehende Gelee sollte nicht dicker als 3 mm sein.

4. Das Gelee mit der Folie nun auf die lange Seite der Form zuschneiden. Jetzt wird die Geleeplatte mithilfe der darunterliegenden Folie vorsichtig vom Tablett genommen und in die vorbereitete Form gelegt, die zwei Enden dabei einfach überhängen lassen. Die Folie liegt unten am Boden auf, sie kann später nach dem Stürzen der Sülze ganz einfach abgezogen werden.

5. Die Sülze einsetzen, wie auf Seite 47 beschrieben. Sie sollte mehrere Stunden im Kühlschrank durchkühlen. Den überhängenden Geleemantel an der Geleeoberfläche abtrennen, sodass die Sülze nun rundherum gleichmäßig in Gelee gehüllt ist. Die Folie dabei jedoch nicht durchtrennen, sie ist zum Stürzen sehr hilfreich.

Einsetzen und Stürzen der Sülze, am Beispiel der Tafelspitzsülze

1. Die Hälfte des Meerrettichrahms in die mit dem Geleemantel ausgelegte Form füllen und vosichtig glatt streichen. Im Kühlschrank rasch fest werden lassen. Den übrigen Meerrettichrahm bei kühler Raumtemperatur flüssig halten.

2. Etwas flüssigen, aber nur leicht lauwarmen Sülzenstand auf die angezogene Rahmschicht gießen (Step 1). Bis ca. 1 cm unter dem Formrand abwechselnd Tafelspitzscheiben und Gemüsewürfel einschichten, dabei immer wieder etwas Sülzenstand angießen, damit alles gut bindet. Im Kühlschrank fest werden lassen und mit dem übrigen Meerrettichrahm auffüllen. Gekühlt fest werden lassen und mit einer max. 3 mm dicken Schicht Sülzenstand abschließen, die auch im Kühlschrank fest werden muss. (Step 2)

3. Die Form auf ein Schneidebrett stürzen und die Sülze nun mithilfe der überhängenden Folie vorsichtig aus der Form ziehen. Die Form dabei gegebenenfalls ein wenig hin- und herbewegen. Die Folie anschließend vorsichtig abziehen. (Step 3)

4. Dann die Sülze am besten mit einem Elektromesser in ca. 1 cm dicke Scheiben schneiden und mit ein wenig flüssigem, aber möglichst kaltem Sülzenstand einpinseln. So vorbereitet kann die Sülze noch kurz im Kühlschrank gelagert werden.

Allerhand vom Saibling

FÜR 4 PERSONEN | ZUBEREITUNG 1 STD. | MARINIERZEIT 4 STD.

FÜR DEN GEBEIZTEN SAIBLING
2 TL Korianderkörner
1 TL schwarze Pfefferkörner
1 EL Wacholderbeeren
je 1 TL Fenchelsamen und Senfkörner
4 Saiblingsfilets, mit Haut, à 80 g
50 g Salz
3 EL Zucker
je 1 EL frisch geschnittene Petersilienblätter und Dillspitzen
je 1 EL abgeriebene Bio-Zitronen- und Orangenschale

FÜR DIE SÜLZE
50 ml Weißwein
350 ml Gemüsebrühe
1 Scheibe Ingwer
1 Lorbeerblatt
½ TL schwarze Pfefferkörner
je 5 Pimentkörner und Wacholderbeeren
6 Blatt Gelatine
1 Knoblauchzehe in Scheiben
1 Streifen Bio-Zitronenschale
2–3 EL Weißweinessig
Salz
1–2 TL Zucker
1 Prise mildes Chilipulver

Für den gebeizten Saibling

1. Koriander- und Pfefferkörner, Wacholderbeeren, Fenchelsamen und Senfkörner in einer beschichteten Pfanne ohne Fett anrösten. Die Gewürzmischung im Blitzhacker oder im Mörser fein mahlen.

2. Die Saiblingfilets waschen und trocken tupfen. Salz, Zucker, die Gewürzmischung, Petersilie, Dill und Zitronen- und Orangenschale in einer kleinen Schüssel vermischen. Die Saiblingsfilets darin wenden und in Frischhaltefolie gewickelt 4 Std. im Kühlschrank marinieren.

3. Dann die Marinade gründlich entfernen, gegebenenfalls die Filets kurz kalt abwaschen und trocken tupfen. Mit einem scharfen schmalen Messer schräg in dünne Scheiben schneiden.

Für die Sülze

1. Den Weißwein in einem Topf bei geringer Hitze auf ⅓ einköcheln lassen, mit der Brühe auffüllen, Ingwer, Lorbeer, Pfefferkörner, Piment und Wacholder einlegen und aufkochen lassen, dann vom Herd nehmen.

2. Die Gelatine in kaltem Wasser einweichen, gut ausdrücken und in der warmen Flüssigkeit auflösen. Knoblauch und Zitronenschale einlegen, die Brühe weiter abkühlen lassen und durch ein Sieb gießen. Mit Essig, Salz, Zucker und Chili kräftig würzen und auf Raumtemperatur abkühlen lassen.

3. 4 Edelstahlringe von 10–12 cm Ø auf ein ebenes, mit Klarsichtfolie belegtes Tablett setzen (s. S. 46f.). Die gebeizten Saiblingsscheiben hübsch darin auslegen und einige Dillspitzen hineinstreuen.

4. Den Sülzenstand auf Eiswasser mit einem Teigschaber kalt rühren, bis er anfängt zu gelieren. Die Saiblingsscheiben damit bedecken und im Kühlschrank fest werden lassen.

FORTSETZUNG

FÜR DAS SAIBLINGSTATAR
400 g Saiblingsfilets,
 mit Haut
2–3 EL mildes Olivenöl
1 EL Zitronensaft
Salz • schwarzer Pfeffer
frisch gemahlener Koriander
1 EL Schnittlauchröllchen

FÜR DEN BUTTERMILCHSCHAUM
100 g Crème fraîche
150 g Buttermilch
2 TL Limettensaft
1 TL abgeriebene
 Bio-Limettenschale
Salz • 1 Prise Zucker
1 Prise mildes Chilipulver

Für das Saiblingstatar
Von den Fischfilets schräg dünne Scheiben abschneiden, sodass dabei nur die Haut übrig bleibt. Das Fischfleisch erst in dünne Streifen, dann in kleine Würfel schneiden und in eine Schüssel geben. Erst mit Olivenöl verrühren, dann den Zitronensaft hinzufügen, mit Salz, Pfeffer sowie etwas Koriander würzen und den Schnittlauch untermischen.

Für den Buttermilchschaum
Die Crème fraîche mit Buttermilch, Limettensaft und Limettenabrieb mixen und mit Salz, Zucker und Chili abschmecken.

Anrichten
Die Ringe mit dem gebeizten Saibling vorsichtig auf die Mitte eines großen Vorspeisentellers setzen. Mit einem kleinen Messer die Sülze vom Ring lösen und die Ringe abnehmen. Das Saiblingstatar nochmals abschmecken, mit zwei Löffeln 4 Nocken daraus formen und je 1 Nocke auf eine Sülze legen. Den Buttermilchschaum aufschlagen und außen herumziehen. Nach Belieben kann die Vorspeise mit Kartoffelchips garniert werden.

Rahmsülze von heimischen Räucherfischen
mit Gurken-Ingwer-Salat

FÜR CA. 8–10 PERSONEN | 1 HALBRUNDE TERRINENFORM VON 1 L | 1 TERRINENFORM VON 0,5 L | ZUBEREITUNG 2 STD.

FÜR DIE SÜLZE
11 Blatt Gelatine
1 Handvoll Räucherfischhaut von Süßwasserfischen
600 ml Gemüsebrühe
1 kleines Lorbeerblatt
½ TL Pfefferkörner
1 Streifen Bio-Zitronenschale
1 Scheibe Ingwer
1 geschälte Knoblauchzehe
Salz
Zucker
1 EL Weißweinessig

FÜR DIE RÄUCHERFISCHEINLAGE
60 g Möhre
60 g Zucchino
Salz
300 g Filets von Süßwasserfischen (Lachsforelle, Forelle, Saibling), enthäutet und entgrätet
1–3 EL Räuchermehl
etwas Olivenöl

Für die Sülze
1. Die Gelatineblätter in etwas kaltem Wasser einweichen. Von der Räucherfischhaut den überschüssigen Tran entfernen.

2. Die Brühe erhitzen, Lorbeerblatt, Pfefferkörner, Zitronenschale, Ingwer und Knoblauch einlegen. Aufkochen, den Topf vom Herd nehmen, die Räucherfischhaut einlegen und 15 Min. ziehen lassen. Anschließend durch ein Sieb abgießen und 300 ml davon abmessen.

3. Die ausgedrückten Gelatineblätter in der warmen Brühe auflösen und mit Salz, Zucker und Essig kräftig abschmecken. Das Gelee bei Zimmertemperatur abkühlen lassen.

Für die Räucherfischeinlage
1. Möhre und Zucchino putzen; Möhre schälen und mit dem Zucchino möglichst klein würfeln. Nacheinander kurz in kochendes Salzwasser geben, kalt abschrecken und auf Küchenpapier abtropfen lassen.

2. Die Fischfilets in Würfel schneiden.

3. Einen Dämpftopf mit Alufolie auslegen, das Räuchermehl daraufstreuen und bei mittlerer Temperatur erhitzen. Den Einsatz des Dämpftopfes mit Olivenöl einstreichen. Dann die Fischwürfel darauf verteilen und in den Dämpftopf einsetzen. Mit einem Deckel verschließen und in ca. 4 Min. saftig räuchern. Den Fisch herausnehmen, leicht salzen und auskühlen lassen.

Fertigstellung
Fisch- und Gemüsewürfel vorsichtig mit dem Gelee bzw. Sülzenstand vermischen. Die Terrinenform mit Klarsichtfolie auslegen, dann die Sülze hineinfüllen und darin glatt vertreichen. Im Kühlschrank fest werden lassen, anschließend mit Hilfe der Folie stürzen.

FORTSETZUNG

FÜR DIE RÄUCHERFISCH-MOUSSE
200 g Sahne
2 Blatt Gelatine
Salz
1 Prise mildes Chilipulver
einige Tropfen Zitronensaft

FÜR DEN GURKEN-INGWER-SALAT
500 g Gärtnergurken (zimmerwarm)
Salz
120 g eingelegter Ingwer samt Einlegesaft
2 EL Weißweinessig
3 EL mildes Olivenöl
je ½ TL abgeriebene Bio-Orangen- und Limettenschale
1 EL frisch geschnittene Dillspitzen
Chilisalz
bunter Pfeffer
1 Prise Zucker

Für die Räucherfischmousse

1. Die Sahne halb steif schlagen und kalt stellen. Die Gelatine in kaltem Wasser einweichen. Den restlichen Räucherfischfond (das sind ca. 250 ml) erwärmen.

2. Die ausgedrückte Gelatine im warmen Fond auflösen. Diese Flüssigkeit in eine Schlagschüssel geben und über Eiswasser kalt rühren. Dann die Sahne unterziehen. Mit Salz, Chili und einigen Tropfen Zitronensaft abschmecken.

Fertigstellung

1. Die Terrinenform mit Folie auslegen, bis zu ¼ mit der Räucherfischmousse füllen, glatt streichen und im Kühlschrank fest werden lassen. Die übrige Räucherfischmousse bei kühler Raumtemperatur flüssig halten.

2. Den Räucherfischkern vorsichtig mit der runden Seite nach unten genau längs der Mitte in die größere Form auf die fest gewordene Räucherfisch-Mousse-Schicht legen. Rand und Oberfläche mit der übrigen Räucherfisch-Mousse auffüllen, mit Klarsichtfolie bedecken und im Kühlschrank mehrere Stunden fest werden lassen.

3. Mit Hilfe der Folie aus der Form stürzen und in Scheiben aufschneiden. Die einzelnen Scheiben mit etwas zurückbehaltenem, flüssigem Sülzenstand für einen schönen Glanz bestreichen.

Für den Gurken-Ingwer-Salat

1. Die Gurken waschen, dünn hobeln und in eine Schüssel geben. Mit Salz bestreuen und etwas ziehen lassen.

2. Ingwerscheiben in kleine Streifen schneiden, mit dem Einlegesaft, Essig und Olivenöl zugeben. Orangen- und Zitronenabrieb und den Dill hineinrühren. Mit Chilisalz, buntem Peffer aus der Pfeffermühle und 1 Prise Zucker würzen. 10 Min. ziehen lassen und gegebenenfalls noch etwas nachwürzen.

Anrichten
Die Sülzescheiben auf Tellern mit dem Gurken-Ingwer-Salat anrichten.

Sülze vom bayerischen Gockel
mit Schnittlauchsauce

FÜR 4 PERSONEN | FÜR EINE TERRINEN- ODER KASTENFORM VON 1,5 L | ZUBEREITUNG 1 STD. 40 MIN.

FÜR DIE PÖKELLAKE
70 g Salz
70 g Pökelsalz
2 Lorbeerblätter
10 Wacholderbeeren
4 Nelken
2 TL Senfkörner
1 Thymianzweig
6–7 Hähnchenkeulen

FÜR DIE SÜLZE
2 Zwiebeln
120 g Knollensellerie
2 Möhren
2 gelbe Möhren
2 Stangen Staudensellerie
1 Lorbeerblatt
3 Wacholderbeeren
1 TL schwarze Pfefferkörner
3 Scheiben Ingwer
½ geschälte Knoblauchzehe
1 Streifen Bio-Zitronenschale
1 Zweig Thymian
1 kleine getrocknete Chilischote
10 Blatt Gelatine
5 EL Champagneressig
Salz
Zucker

Für die Pökellake
2 l Wasser mit den beiden Salzsorten aufkochen. Den Topf vom Herd nehmen, alle Gewürze hineingeben und die Lake auskühlen lassen. Die Hähnchenkeulen einlegen und 2–3 Tage darin kühl gestellt ziehen lassen. Danach die Keulen herausnehmen, waschen und abtropfen lassen.

Für die Sülze
1. Alle Gemüse putzen und schälen. Den Knollensellerie in 1 cm dicke Balken schneiden, die Möhren längs halbieren, die Zwiebeln vierteln, Staudensellerie halbieren.

2. In einem großen Topf 3 l Wasser aufkochen, die Hähnchenkeulen mit den Zwiebeln einlegen, aufkochen und den dabei aufsteigenden Schaum abschöpfen. Das Fleisch in etwa 1 Std. knapp unter dem Siedepunkt weich ziehen lassen. Nach 30 Min. Lorbeer, Wacholder, Pfefferkörner und Ingwer einlegen. Das übrige Gemüse zufügen und alles weich garen.

3. Die Keulen aus dem Sud nehmen, enthäuten und das Fleisch vom Knochen lösen und würfeln. Das Gemüse aus der Brühe nehmen, durch ein Sieb gießen und die Brühe anschließend entfetten.

4. 600 ml der Geflügelbrühe crhitzen, Knoblauch, Zitronenschale, Thymian und Chilischote einlegen, 5 Min. darin ziehen lassen und entfernen. Den Sud vom Herd nehmen.

5. Die Gelatine in kaltem Wasser einweichen, ausdrücken, im warmen Sud auflösen und diesen mit Champagneressig, Salz und Zucker abschmecken.

6. Die Terrinenform vorbereiten (s. S. 46f.). Das Hähnchenfleisch mit dem Gemüse darin im Wechsel einschichten, mit dem lauwarmen Gelatinesud bedecken und mindestens 4 Std. im Kühlschrank, am besten über Nacht, durchkühlen lassen. Den übrigen Gelatinesud beiseitestellen und zum Abglänzen der Sülzenscheibem verwenden.

Anrichten
Die Sülze aufschneiden und mit Schnittlauchsauce (s. S. 151) und Bratkartoffeln (s. S. 221) anrichten.

SUPPEN

Geeiste Gurken-Ingwer-Suppe
mit Brotkrusteln

FÜR 4 PERSONEN | ZUBEREITUNG 25 MIN.

FÜR DIE SUPPE
2 große Salatgurken, à ca. 450–500 g
1 EL eingelegter, abgetropfter Ingwer
½ Knoblauchzehe
250 ml kaltes Wasser
1 EL milder Weinessig
Salz
1 Prise Zucker
1 Prise Chilipulver
50 g Sahne oder Naturjoghurt

FÜR DIE BROTKRUSTELN
2 Scheiben Toastbrot
30 g Butter

ZUM ANRICHTEN
einige Dillzweige

Für die Suppe

1. Die Salatgurken schälen, der Länge nach halbieren, die Kerne mit einem Löffel herauskratzen und die Gurken zerkleinern. Den Ingwer klein schneiden. Die Knoblauchzehe abziehen und fein hacken.

2. Die Gurken mit dem Wasser, Essig und Knoblauch in einem Mixer pürieren, gegebenenfalls noch etwas Wasser nachfüllen. Den Ingwer zugeben. Mit Salz, Zucker und Chili würzen.

3. Aus dem Mixer nehmen, die Sahne hineinrühren und mit Essig und Gewürzen nachwürzen. Im Kühlschrank aufbewahren.

Für die Brotkrusteln
Das Toastbrot entrinden, in ½–1 cm große Würfel schneiden und in einer Pfanne bei geringer Hitze in der Butter goldbraun rösten. Die fertigen Krusteln auf Küchenpapier abtropfen lassen.

Anrichten
Die Suppe nochmals aufrühren, abschmecken, in Suppentassen füllen, mit Croûtons bestreuen und Dillzweigen garnieren.

Geeiste Kartoffel-Buttermilch-Suppe
mit Liebstöckel

FÜR 4 PERSONEN | ZUBEREITUNG 45 MIN.

FÜR DIE SUPPE
2–3 Kartoffeln (ca. 300 g)
2 EL Möhrenwürfel
2 EL Selleriewürfel
800 ml Gemüsebrühe
1 Liebstöckelzweig
1 Lorbeerblatt
1 kleine getrocknete Chilischote
1 Prise Majoran
1 Prise gemahlener Kümmel
250 g Buttermilch
Salz • schwarzer Pfeffer
1 Msp. abgeriebene
 Bio-Zitronenschale

FÜR DIE EINLAGE
1 reife, weiche, rotbackige Birne
4 Liebstöckelblätter zum Garnieren

1. Kartoffeln schälen und in kleine Würfel schneiden. Mit den Möhren- und Selleriewürfeln in die Gemüsebrühe geben und etwa 30 Min. knapp unter dem Siedepunkt weich ziehen lassen.

2. Vom Liebstöckelzweig 4 Blätter für die Garnitur abzupfen und beiseite legen. 10 Min. vor Ende der Garzeit den Liebstöckel zusammen mit dem Lorbeer und Chili einlegen, am Ende der Garzeit die Brühe mit Majoran und Kümmel würzen.

3. Dann den Topf vom Herd nehmen, Liebstöckelzweig, Lorbeer und Chili entfernen und die Suppe lauwarm abkühlen lassen. Die Buttermilch dazugeben und alles mit einem Stabmixer pürieren.

4. Die Suppe mit Salz, Pfeffer und Zitronenabrieb würzen, gegebenenfalls noch weiter auskühlen lassen und nochmals nachwürzen.

5. Die Birne waschen, vierteln, entkernen und in kleine Würfel schneiden.

6. Die Suppe in Tassen verteilen und die Birnenwürfel hineinstreuen. Mit je 1 Liebstöckelblatt garnieren.

Möhren-Ingwer-Suppe
mit karamellisiertem Apfel

FÜR 4 PERSONEN | ZUBEREITUNG 40 MIN.

100 g Frühstücksspeck
1 TL Öl
250 g Möhren
1 große Zwiebel
1 Tomate
2 TL Puderzucker
800 ml Gemüsebrühe
1 längs halbierter Stängel Zitronengras
1 rotbackiger Apfel
1 TL geschälter Ingwer, klein geschnitten
½ Knoblauchzehe, in Scheiben geschnitten
½–1 TL ayurvedischer Hochzeitscurry (ersatzweise: mildes Currypulver)
100 g Sahne
100 g Kokosmilch
40 g Butter
Salz
1 Prise mildes Chilipulver

1. Möhren und Zwiebel schälen, die Tomate vom Stielansatz befreien; alle Gemüsesorten klein schneiden.

2. In einem Topf 1 TL Puderzucker bei geringer Hitze hell karamellisieren, das Gemüse dazugeben und darin anschwitzen. Mit der Gemüsebrühe aufgießen, das Zitronengras einlegen und das Gemüse etwa 20 Min. mehr ziehen als köcheln lassen.

3. Den Apfel waschen, vierteln, entkernen und in Spalten schneiden. 2 Spalten davon schälen, klein schneiden und mit Ingwer, Knoblauch und Curry in die Suppe geben. Das Zitronengras entfernen.

4. Sahne, Kokosmilch und 30 g Butter zur Suppe geben und alles mit dem Stabmixer pürieren. Mit Salz und Chilipulver abschmecken.

5. In einer Pfanne den übrigen Puderzucker bernsteinfarben karamellisieren. Die Apfelspalten einlegen, die restliche Butter hinzufügen und die Spalten darin von beiden Seiten hell anbraten.

6. Die Suppe mit einem Stabmixer aufschäumen und mit den Apfelspalten in warmen Tellern anrichten.

Bärlauch-Kräuter-Suppe

FÜR 4 PERSONEN | ZUBEREITUNG 45 MIN.

50 g Petersilie
1 Handvoll Kerbel
50 g Blattspinat
1 Zwiebel
1 kleinere Kartoffel (ca. 100 g)
1 l Geflügelbrühe
200 g Sahne
1 Streifen Bio-Zitronenschale
100 g Bärlauch
50 g kalte Butter
1 Spritzer Zitronensaft
 Salz
1 Prise mildes Chilipulver
frisch geriebene Muskatnuss

1. Den Frühstücksspeck klein würfeln. In einer Pfanne bei geringer Hitze im Öl knusprig braten, dann auf Küchenpapier abtropfen lassen und beiseite stellen.

2. Kräuter- und Spinatblätter putzen, von den Stielen zupfen, waschen und abtropfen lassen. Petersilien-, Spinat und Kerbelblätter knapp 1 Min. in kochendes Wasser tauchen, kalt abschrecken und abtropfen lassen. Mit den Händen das Wasser gut aus den Kräutern ausdrücken und diese anschließend klein schneiden.

3. Zwiebel und Kartoffel schälen, klein würfeln und in der Geflügelbrühe ca. 25 Min. mehr ziehen als köcheln lassen. Anschließend die Sahne hinzufügen und in einem Stabmixer pürieren. Die Zitronenschale einlegen, ein paar Min. darin ziehen lassen und wieder entfernen.

4. Kurz vor dem Servieren die Bärlauchblätter klein schneiden und mit der blanchierten Kräuter-Spinat-Mischung in die Suppe geben. 1–2 Min. ziehen lassen, die Butter dazugeben und alles mit dem Stabmixer zu einer sämigen Suppe pürieren. Mit einem Spritzer Zitronensaft, Salz, Chili und Muskat abschmecken und in vorgewärmten Suppentellern mit den Speckwürfeln bestreut anrichten.

Mein Tipp **Die Suppe sollte möglichst frisch serviert werden, damit sie ihre kräftige grüne Farbe behält.**

Rahmsuppe von Blattspinat

mit gerösteten Kokosflocken

FÜR 4 PERSONEN | ZUBEREITUNG 45 MIN.

300 g Blattspinat
Salz
1 Zwiebel
1 kleinere Kartoffel (ca. 70 g)
30 g kalte Butter
800 ml Geflügelbrühe
½ Stängel Zitronengras, längs halbiert
4 TL Kokoschips
100 g Sahne
100 g Kokosmilch
1 Streifen Bio-Zitronenschale
1 Knoblauchzehe, in Scheiben geschnitten
1 Prise mildes Chilipulver
frisch geriebene Muskatnuss

1. Die Spinatblätter verlesen, gründlich waschen und abtropfen lassen. 1 Handvoll kleine Spinatblätter zum Anrichten beiseitelegen. Den übrigen Spinat für 1 Min. in wenig kochendes Salzwasser geben, in kaltem Wasser abschrecken, kräftig ausdrücken und klein hacken.

2. Zwiebel und Kartoffel schälen, klein würfeln und in 1 EL Butter bei geringer Hitze glasig anschwitzen. Mit Geflügelbrühe auffüllen, das Zitronengras einlegen und ca. 25 Min. mehr ziehen als köcheln lassen. Das Zitronengras anschließend entfernen.

3. Inzwischen Kokoschips in einer Pfanne ohne Fettzugabe hell anrösten.

4. Sobald die Kartoffel weich ist, die Sahne mit der Kokosmilch zur Suppe geben und in einem Stabmixer pürieren.

5. Die Zitronenschale einlegen, einige Min. darin ziehen lassen und wieder entfernen. Erst kurz vor dem Servieren Spinat und Knoblauch mit der übrigen Butter hineinmixen. Mit Salz, Chili und Muskat abschmecken. Kurz vor dem Servieren noch einmal aufmixen. Die zurückbehaltenen Spinatblätter hineinrühren und die Suppe in vorgewärmten Suppentellern anrichten.

Kopfsalatsuppe

mit Erbsen und Minze

FÜR 4 PERSONEN | ZUBEREITUNG 20 MIN.

3 dunkelgrüne, äußere Kopfsalatblätter
2–3 innere Kopfsalatblätter
800 ml Gemüsebrühe
300 g aufgetaute Tiefkühlerbsen
200 g Sahne
Salz
1 Prise Zucker
1 Prise mildes Chilipulver
1 Minzezweig
frisch geriebene Muskatnuss

1. Die Kopfsalatblätter putzen, waschen und abtropfen lassen.

2. Die Brühe erhitzen, die Erbsen hinzufügen und 3–5 Min. darin ziehen lassen. Die Kopfsalatblätter mit der Sahne in die Suppe geben und alles in einem Mixer fein pürieren. Mit Salz, Zucker und Chili abschmecken.

Anrichten

1. Die hellen Innenblätter des Kopfsalates in feine Streifen schneiden. Den Minzezweig waschen, die Blätter abzupfen und in feine Streifen schneiden.

2. Kopfsalatstreifen und Minzestreifen mischen, in warmen Suppentellern verteilen, einen Hauch Muskatnuss darüberreiben. Die Suppe nochmals aufmixen und darauf verteilen.

Mein Tipp Als Einlage passen verschiedene Varianten wie Schinkenwürfel, pochierte oder gebratene Geflügelbrustwürfel oder auch im Ganzen gebratene Hendlbrust, pochierte Lachswürfel, Fleischpflanzerl, pochierte Garnelen, Eisbeinfleisch oder gesurtes Spanferkelhaxerlfleisch.

Bayerische Festtagssuppe
mit Safran-Grießnockerl, Brätstrudel und Kalbsleberpflanzerl

FÜR 4–8 PERSONEN | ZUBEREITUNG 2 STD.

1,5 l gute Fleischbrühe, s. S. 72f.

SAFRAN-GRIESS-NOCKERL (CA. 16 STÜCK)
175 ml Gemüsebrühe
½ Döschen Safranfäden, zerrieben oder fein gehackt (0,05 g)
175 ml Milch
120 g Hartweizengrieß
Salz • schwarzer Pfeffer
frisch geriebene Muskatnuss
½ TL abgeriebene Bio-Orangenschale
1 Eigelb • 1 Ei
1 Lorbeerblatt

1. Die Gemüsebrühe erhitzen, vom Herd nehmen, den Safran einstreuen und 10 Min. ziehen lassen. Die Milch hinzufügen, aufkochen lassen, den Grieß unter Rühren hineinrieseln lassen und einige Min. unter weiterem Rühren dicklich einköcheln lassen. Mit Salz, Pfeffer, Muskatnuss und Orangenabrieb würzen, vom Herd nehmen und etwas abkühlen lassen. Eigelb und Ei verquirlen und in die Grießmasse rühren.

2. Mit zwei nassen Esslöffeln ca. 16 Grießnockerl abstechen und in Salzwasser mit einem Lorbeerblatt in etwa 10 Min. durchgaren.

BRÄTSTRUDEL
(FÜR 4 STRUDEL)
35 g Mehl
1 Prise Salz
frisch geriebene Muskatnuss
100 ml Milch
1 Ei
1–2 EL flüssige, warme Butter
Butter zum Ausbacken
140 g Kalbsbrät
3 EL Sahne
1 TL scharfer Senf
Salz • schwarzer Pfeffer
1 Msp. abgeriebene
   Bio-Zitronenschale
1 EL frisch geschnittene Petersilie

1. Das Mehl mit 1 Prise Salz und etwas Muskatnuss in eine Schüssel geben. Mit gut der Hälfte der Milch glatt rühren, die übrige Milch mit dem Ei hineinrühren und zuletzt die flüssige warme Butter hinzufügen. Den Teig am besten 20 Min. ruhen lassen.

2. Bei geringer Hitze in einer kleinen Pfanne in Butter zu hell gebräunten dünnen Pfannkuchen backen und auskühlen lassen.

3. Das Kalbsbrät mit der Sahne glatt rühren. Mit Senf, Salz, Pfeffer, Muskatnuss und Zitronenschale würzen und die Petersilie untermischen.

4. Die Pfannkuchen damit dünn bestreichen und einrollen. Jede Pfannkuchenrolle zuerst in 1 Blatt Klarsichtfolie, danach in 1 Blatt Alufolie wickeln, die Enden wie ein Bonbon eindrehen und im köchelnden Wasser knapp unter dem Siedepunkt (ca. 90°) 10–15 Min. ziehen lassen. Aus der Folie wickeln und in Scheiben schneiden.

Mein Tipp Übrige Brätstrudel halten sich im Kühlschrank 1–2 Tage und können auch eingefroren werden.

**GEBRATENE
KALBSLEBERPFLANZERL
(FÜR CA. 16 PFLANZERL)**
½ Zwiebel
1 EL Öl
250 g Toastbrot, entrindet
1 Ei
1 Eigelb
1 TL scharfer Senf
300 g geputzte Kalbsleber,
   gewürfelt oder durch die grobe
   Scheibe des Fleischwolfs gedreht
½–1 TL Majoran
Salz • schwarzer Pfeffer
frisch geriebene Muskatnuss
½–1 TL abgeriebene
   Bio-Zitronenschale
1 EL glatte Petersilie
Öl zum Anbraten

1. Die Zwiebel schälen, in feine Würfel schneiden und in einer Pfanne bei geringer Hitze im Öl glasig anschwitzen.

2. Das Toastbrot in ½–1 cm große Würfel schneiden. In einer Schüssel Ei und Eigelb mit dem Senf und der Leber verrühren. Mit Weißbrot und Zwiebel mischen, mit Majoran, Salz, Pfeffer, Muskatnuss und Zitronenabrieb würzen und die Petersilie dazugeben.

3. Mit feuchten Händen kleine Pflanzerl daraus formen, in einer Pfanne im Öl bei mittlerer Hitze auf beiden Seiten anbraten, auf Küchenpapier kurz abtropfen lassen und in der heißen Suppe 5 Min. durchziehen lassen.

Tafelspitzsupperl

Brühe klingt im Deutschen genauso wenig wie Bouillon im Französischen nach großer Küche, deshalb sprach diese lieber vornehm von consommé clarifié (geklärte Brühe) oder consommé double. Bevor Brühen eine Grundlage jeder geschmackvollen Küche wurden, trank man sie schon in der Antike als höchst gesunden Aperitif. Deshalb kann ich mir ein Menü ohne gute Suppe eigentlich nicht vorstellen.

So bereite ich Tafelspitzsupperl vor:

FÜR 3 L | ZUBEREITUNG 30 MIN. | GARZEIT 3 STD.

FÜR TAFELSPITZBRÜHE UND TAFELSPITZ
1 kg Tafelspitz
1 EL Öl
Salz
3 Zwiebeln mit brauner Schale
1 Tomate
120 g Knollensellerie
1 Möhre
1 Petersilienwurzel
½ Stange Lauch
1–2 Lorbeerblätter
1 TL schwarze Pfefferkörner
5 Wacholderbeeren
½ TL gelbe Senfkörner
½ TL Korianderkörner
3 TL Pimentkörner
2 Scheiben Ingwer
1 Knoblauchzehe, in Scheiben geschnitten

ZUM ANRICHTEN
frisch geriebene Muskatnuss
8 EL klein gewürfeltes Suppengemüse
1–2 EL frisch geschnittene Petersilie
   oder Schnittlauch

Bereitet man die Suppe für die Tafelspitzsülze (s. S. 45) zu, sollte man die Gewürzmengen deutlich erhöhen (siehe Stepbild 2).

Zubereitung

1. Den Tafelspitz in einem Topf im Öl bei mittlerer Hitze rundherum anbraten (Step 1). Mit 3 l Wasser auffüllen, bis das Fleisch gut bedeckt ist, aufkochen und leicht salzen. Bei geringer Hitze knapp unter dem Siedepunkt 3 Std. mehr ziehen als köcheln lassen, bis das Fleisch weich ist.

2. 2 Zwiebeln schälen und vierteln, die Tomate waschen, entstrunken und vierteln. 1 Zwiebel ungeschält halbieren und die Schnittfläche in einer unbeschichteten Pfanne ohne Fettzugabe dunkel bräunen. Sellerie, Möhre und Petersilienwurzel putzen und schälen. Das Gemüse nach 2 Std. in die Suppe geben.

3. Den Lauch putzen, waschen und Lorbeer, Pfefferkörner, Wacholderbeeren, Senfkörner, Korianderkörner, Pimentkörner, Ingwer und Knoblauch nach weiteren 30 Min. dazugeben (Step 2).

4. Das weich gekochte Fleisch mit einer Fleischgabel aus der Brühe heben. Das Gemüse mit einer Schaumkelle herausnehmen (Step 3). Möhre, Petersilienwurzel und Sellerie für die Suppeneinlage klein schneiden; Zwiebeln, Lauch und Tomate entfernen. Die Brühe durch ein feines, mit einem Passiertuch ausgelegtes Sieb abgießen. Danach die Brühe entfetten.

5. Die Fettschicht des gekochten Tafelspitzes entfernen. Das Fleisch kann für Fleischsalat, eine Tafelspitzsülze (s. S. 45) und Ähnliches verwertet werden. Möchte man eine Suppe, dann das Gemüse und etwas Fleisch wieder in die Suppe einlegen und erwärmen.

Anrichten

Etwas Muskatnuss in die warmen Suppenteller reiben, die erwärmten Gemüsewürfel darin verteilen, die verschiedenen Einlagen hineingeben und die heiße Suppe daraufgießen. Mit frischer Petersilie oder Schnittlauch bestreut servieren.

Gelierte Rote-Bete-Chili-Suppe
mit Meerrettichschaum

FÜR 4 PERSONEN | ZUBEREITUNG 1 STD. 20 MIN. | KÜHLZEIT 3 STD.

FÜR DIE SUPPE
1 Rote Bete, ca. 200 g
Salz
1 Prise Kümmelsamen
1 kleine getrocknete Chilischote
1 Apfel
750 ml entfettete Geflügelbrühe
3 Scheiben Ingwer
1 Knoblauchzehe,
  in Scheiben geschnitten
1 Streifen Bio-Zitronenschale
4 Blatt Gelatine
schwarzer Pfeffer
1 Prise gemahlener Kümmel
1 Prise milde Chiliflocken
Zucker
1–2 EL Rotweinessig

FÜR DEN MEERRETTICHSCHAUM
200 g Sahne
1 EL Sahnemeerrettich
Salz
1 Prise Zucker
je 1 Msp. abgeriebene 1 Bio-
  Zitronen- und Orangenschale

Für die Suppe
1. Die Rote Bete in reichlich Salzwasser mit den Kümmelsamen und der Chilischote in gut 1 Std. weich kochen. Dann schälen, erst in Scheiben und dann in kleine Würfel schneiden.

2. Den Apfel schälen, entkernen und in ½ cm kleine Würfel schneiden.

3. 250 ml der Geflügelbrühe aufkochen. Apfelwürfel, Ingwer, Knoblauch und Zitronenschale dazugeben, alles aufkochen lassen, dann den Topf vom Herd nehmen. Die Suppe einige Min. ziehen lassen und anschließend sämtliche Gewürze entfernen.

4. Die Gelatine in kaltem Wasser einweichen, ausdrücken und in der warmen Brühe auflösen.

5. Die restliche Geflügelbrühe mit den Rote-Bete-Würfeln untermischen. Mit Salz, Pfeffer, gemahlenem Kümmel, Chiliflocken, Zucker und Rotweinessig kräftig abschmecken. Nach dem Abkühlen im Kühlschrank durchkühlen lassen, bis die Brühe suppig geliert, dabei gelegentlich umrühren.

Für den Meerrettichschaum
Die Sahne sämig schlagen. Den Meerrettich einrühren und mit Salz, 1 kleinen Prise Zucker und etwas Zitronen- und Orangenabrieb würzen.

Anrichten
Die gelierte Rote-Bete-Suppe in Gläser füllen und die Meerrettichsahne darauf verteilen.

Süßsauer marinierte Rostbratwürstel

FÜR 4 PERSONEN | ZUBEREITUNG 30 MIN.

2 Zwiebeln
500 g Nürnberger Rostbratwürstel
1 EL Puderzucker
1 l Geflügelbrühe
1 kleines Lorbeerblatt
3 Wacholderbeeren
5 Pimentkörner
1 TL schwarze Pfefferkörner
4 EL Rotweinessig
1 EL Zucker
1 Prise mildes Chilipulver
Salz
½ Knoblauchzehe
1 Streifen Bio-Zitronenschale
1 Scheibe Ingwer
40 g kalte Butter
2 EL Schnittlauchröllchen

1. Die Zwiebeln schälen und in ½ cm große Würfel schneiden. Die Rostbratwürstel in ½–1 cm dicke Scheiben schneiden.

2. In einem Topf bei mittlerer Hitze den Puderzucker hell karamellisieren, die Zwiebeln hinzufügen und darin glasig anschwitzen.

3. Mit Brühe auffüllen, das Lorbeerblatt hinzufügen, Wacholder, Piment und schwarzen Pfeffer in ein Gewürzsäckchen binden und ebenfalls einlegen. Die Zwiebeln gut 10 Min. knapp unter dem Siedepunkt ziehen lassen, bis sie fast weich sind.

4. Die Suppe mit Essig, etwas Zucker, Chili und etwas Salz abschmecken. Die Wurstscheiben mit Knoblauch, Zitronenschale und Ingwer einlegen, darin etwa 3 Min. ziehen lassen und anschließend das Gewürzsäckchen mit Knoblauch, Zitronenschale und Ingwer herausnehmen.

5. Den Sud durch ein Sieb gießen, die Butter hineinmixen, mit Zucker, Salz und Essig gegebenenfalls nachschmecken. Den aufgebutterten Fond zu den Rostbratwürsteln zurückgeben, mit Schnittlauch bestreuen und servieren.

Mein Tipp Gewürzsäckchen verwendet man dann, wenn viele ganze Gewürze nach dem Garen wieder aus dem Gericht entfernt werden sollen. Am besten eignen sich dafür Einwegteebeutel, die mit einer Klammer verschlossen werden, oder Tee-Eier.

Knoblauch-Mandel-Suppe
mit Safran

FÜR 4 PERSONEN | ZUBEREITUNG 20 MIN.

FÜR DIE SUPPE
800 ml Geflügelbrühe
½ Päckchen Safranfäden (0,05 g)
200 g Sahne
2 Knoblauchzehen, in Scheiben geschnitten
1 TL fein geriebener Ingwer
1 Msp. Vanillemark
1 Prise Kurkuma
Salz • schwarzer Pfeffer
1 Prise mildes Chilipulver
1 EL Speisestärke
2 EL helles Mandelmus (Reformhaus)
20 g kalte Butter
2 EL Mandelblättchen

FÜR DIE CROÛTONS
50 g Weißbrot
2 EL mildes Olivenöl
1 Prise Salz
1 Stück harte Zimtrinde

Für die Suppe

1. Die Geflügelbrühe mit dem Safran erhitzen und einige Min. ziehen lassen. Sahne, Knoblauch, Ingwer und Vanille dazugeben und mit Kurkuma, Salz, Pfeffer und dem Chilipulver würzen. Nochmals erhitzen und mit einem Stabmixer aufschlagen.

2. Die Speisestärke mit ein wenig kaltem Wasser glatt rühren, die leicht köchelnde Suppe damit sämig binden und 1–2 Min. weiterköcheln lassen.

3. Das Mandelmus hineinrühren, die Butter einmixen und salzen.

4. Die Mandelblättchen ohne Fettzugabe in einer Pfanne goldbraun rösten.

Für die Croûtons

Das Weißbrot in Würfel schneiden und im Olivenöl goldbraun anbraten. Zuletzt mit wenig Salz würzen und etwas Zimt fein darüberreiben.

Anrichten

Die Suppe nochmals aufmixen, in vorgewärmte Suppentellern verteilen und mit Mandelblättchen und Croûtons bestreut servieren.

Meerrettichsuppe mit Wurzelgemüse
und Rostbratwürsteln

FÜR 4 PERSONEN | ZUBEREITUNG 50 MIN.

1 Zwiebel
100 g Knollensellerie
je ½ gelbe und orangefarbene
 Möhre
50 g Lauch
70 ml Weißwein
600 ml Gemüsebrühe
1 Lorbeerblatt
1 EL Pfefferkörner
½ EL Korianderkörner
½ TL Pimentkörner
½ TL Wacholderbeeren
 (angedrückt)
40 g kalte Butter
120 g Sahne
2 EL Sahnemeerrettich
 (aus dem Glas)
Salz
1 Prise mildes Chilipulver
1 Prise Zucker
1 EL Öl
12 Nürnberger Rostbratwürstel

1. Die Zwiebel schälen. Sellerie und Möhre putzen und schälen und alles in lange, feine Streifen schneiden. Den Lauch putzen und waschen, zunächst in 6–8 cm lange Stücke, dann ebenfalls in feine Streifen schneiden.

2. Die Zwiebel-, Sellerie- und Möhrenstreifen in einem Topf bei geringer Hitze ohne Fett kurz andünsten und mit dem Wein ablöschen. Den Wein einköcheln lassen, dann die Brühe angießen. Lorbeer einlegen. 1 TL Pfeffer-, ½ TL Koriander- und die Pimentkörner sowie die Wacholderbeeren in ein Gewürzsäckchen füllen, das Säckchen verschließen und ebenfalls hinzufügen. Die Suppe erhitzen und knapp unter dem Siedepunkt ca. 20 Min. zugedeckt ziehen lassen. Dann das Gewürzsäckchen mit dem Lorbeerblatt entfernen.

3. Die Hälfte der Gemüsestreifen mit dem Schaumlöffel herausheben und mit den Lauchstreifen in einer Pfanne bei geringer Hitze in der Hälfte der Butter andünsten. Die restlichen Pfeffer- und Korianderkörner in die Gewürzmühle füllen und das Gemüse damit würzen.

4. Die Sahne mit dem Sahnemeerrettich zur Suppe geben. Die Suppe mit dem restlichen Gemüse mit einem Stabmixer aufschäumen und die restliche kalte Butter untermixen. Mit Salz, Chilipulver und Zucker abschmecken.

5. Das Öl in einer Pfanne erhitzen und die Rostbratwürstel darin rundum braten. Die Gemüsestreifen in vorgewärmte tiefe Teller geben, die Suppe rundherum verteilen und die Würstel darauf anrichten.

Abgschmolzene Brotsuppe
mit gewürfelter Kalbsleber

FÜR 4 PERSONEN | ZUBEREITUNG 50 MIN.

FÜR DIE BROTSUPPE
500 g Zwiebeln
30 g Butter
50 ml weißer Portwein
100 ml Weißwein
1 l klare Rindersuppe
1 Lorbeerblatt
1 Streifen Bio-Zitronenschale
1 Scheibe Knoblauch
1 Prise Majoran
Salz
mildes Chilipulver

FÜR DIE KALBSLEBER
4–8 sehr dünne Scheiben Bauernbrot (ca. 140 g), vom Vortag
40 g Butter
Salz
200 g Kalbsleber
1–2 TL braune Butter
schwarzer Pfeffer
frisch geriebene Muskatnuss
1–2 EL glatte Petersilie, grob gehackt

Für die Brotsuppe

1. Zwiebeln schälen, halbieren und in möglichst dünne Streifen schneiden.

2. Zwiebelstreifen in einem breiten, hohen Topf bei mittlerer Hitze in der Butter langsam bräunen. Mit Portwein und Weißwein ablöschen, einkochen lassen und mit Rindersuppe aufgießen. Lorbeer, Zitronenschale und Knoblauch einlegen und die Suppe bei geringer Hitze 6–8 Min. knapp unter dem Siedepunkt ziehen lassen. Mit Majoran, Salz und Chili herzhaft abschmecken. Die ganzen Gewürze wieder entfernen.

Für die Kalbsleber

1. Inzwischen die Brotscheiben in 4–5 cm große Vierecke schneiden und in einer Pfanne bei geringer Hitze in der Butter von beiden Seiten kross braten. Auf Küchenpapier abtropfen lassen und leicht salzen.

2. Die Leber putzen und in 1 cm große Würfel schneiden. In einer Pfanne in der braunen Butter bei geringer Hitze rundherum etwa 1 Min. anbraten. Die Pfanne vom Herd nehmen und die Leber in der Nachhitze der Pfanne rosa durchziehen lassen. Mit Salz und Pfeffer würzen.

3. In die warmen Suppenteller etwas frische Muskatnuss reiben, die Suppe darauf verteilen, die gebratenen Kalbsleberwürfel hineinlegen, mit Petersilie bestreuen und den Bauernbrotscheiben servieren.

4. Je nach Geschmack kann man die Bauernbrotscheiben zuerst in den Suppenteller legen und dann mit der heißen Suppe begießen oder die Brotscheiben erst ganz am Schluss auf die Suppe legen, damit sie schön kross bleiben.

Kartoffelsuppe
mit gebratenen Pfifferlingen

FÜR 4 PERSONEN | ZUBEREITUNG 40 MIN.

FÜR DIE KARTOFFELSUPPE
3 Kartoffeln (ca. 400 g)
1 kleine Zwiebel
80 g Knollensellerie
1 kleinere Möhre (ca. 60 g)
2–3 Wacholderbeeren
2–3 Pimentkörner
1 Gewürznelke
1 Prise Majoran
1 Prise Kümmel
800 ml Gemüsebrühe
1 Knoblauchzehe in Scheiben
1 Lorbeerblatt
150 g Sahne
20 g kalte Butter
Salz • schwarzer Pfeffer
1 Prise milde Chiliflocken
frisch geriebene Muskatnuss
1 Msp. abgeriebene
  Bio-Zitronenschale

FÜR DIE PFIFFERLINGE
100 g Frühstücksspeck
1 TL Öl
100 g kleine Pfifferlinge
1 TL braune Butter
Salz • schwarzer Pfeffer
1 Prise gemahlener Kümmel
1 Msp. abgeriebene
  Bio-Zitronenschale
1 EL frisch geschnittene Petersilie

Für die Kartoffelsuppe
1. Die Kartoffeln schälen und in ca. ½ cm große Würfel schneiden. Zwiebel, Knollensellerie und Möhre schälen und in ca. ½ cm große Würfel schneiden.

2. Wacholderbeeren, Piment, Nelke, Majoran und Kümmel in ein Gewürzsäckchen binden.

3. Die Kartoffelwürfel abgießen und mit den anderen Gemüsewürfeln, der Brühe, dem Gewürzsäckchen, Knoblauch und Lorbeer in einen Topf geben und alles darin in ca. 25 Min. weich kochen.

4. Anschließend Gewürzsäckchen und Lorbeerblatt entfernen. ⅓ der Gemüsewürfel mit einer Schaumkelle herausheben und für Suppeneinlage warm stellen.

5. Die Sahne mit der Butter in die Suppe geben und alles in einem Stabmixer pürieren. Mit Salz, Pfeffer, Chiliflocken, frisch geriebener Muskatnuss und Zitronenabrieb würzen.

Für die Pfifferlinge
1. Den Speck in kleine Würfel schneiden, im Öl knusprig braten und auf Küchenpapier abtropfen lassen. Die Pfifferlinge kurz waschen und abtropfen lassen. Mit einem kleinen Messer putzen.

2. Die Pfifferlinge in einer Pfanne in der braunen Butter 1–2 Min. anbraten und mit Salz, Pfeffer, einer kleinen Prise Kümmel und ein wenig Zitronenschale würzen und die Petersilie dazugeben.

Anrichten
Die Gemüsewürfel mit den Pfifferlingen vermischen, in warmen Suppentellern anrichten, die Suppe nochmals aufmixen und darauf verteilen. Mit den Speckwürfeln bestreuen.

Kastaniensuppe mit Portwein
und Schokolade

FÜR 4 PERSONEN | ZUBEREITUNG 50 MIN.

FÜR DIE KASTANIENSUPPE
1 TL Puderzucker
50 ml roter Portwein
800 ml Geflügelfond
350 g vorgekochte, geschälte Esskastanien/Maronen (Gemüseabteilung im Supermarkt)
200 g Sahne
½ TL gehackte Zartbitterkuvertüre
¼ Vanilleschote, ausgekratzt
1 Msp. abgeriebene Bio-Orangenschale
30 g Butter
Salz
mildes Chilisalz

FÜR DIE EINLAGE
80 g vorgegarte, geschälte Maronen
80 g kleine weiße Champignons
4 Rosenkohlköpfchen
Salz
1 EL braune Butter
mildes Chilisalz

FÜR DIE CROÛTONS
1 Scheibe Schwarzbrot
1 EL Butter

Für die Kastaniensuppe

1. Den Puderzucker in einem Topf bei mittlerer Temperatur bernsteinfarben karamellisieren lassen. Mit Portwein ablöschen und auf ⅓ einköcheln.

2. Geflügelfond mit Esskastanien in einem Topf aufkochen, die Sahne dazugeben und mit einem Stabmixer zu einer sämigen Suppe pürieren.

3. Den eingekochten Portwein mit der gehackten Kuvertüre zur Suppe geben. Das Vanilleschotenstück für 1–2 Min. einlegen, Orangenschale dazugeben, die Butter hinzufügen und nochmals aufmixen. Mit Salz und Chili abschmecken. Vor dem Anrichten nochmals aufmixen.

Für die Einlage

1. Die Maronen vierteln, die Champignons putzen und halbieren. Vom Rosenkohl die äußeren Blätter entfernen und die einzelnen Blätter ablösen. In Salzwasser in etwa 2 Min. bissfest kochen, in kaltem Wasser abschrecken und auf einem Sieb abtropfen lassen.

2. Die Champignons in einer Pfanne bei mittlerer Temperatur in der braunen Butter kurz anbraten, Maronen und Rosenkohlblätter dazugeben, darin erwärmen und mit Chilisalz würzen.

Für die Croûtons

Das Schwarzbrot in kleine Würfel schneiden und in einer Pfanne in der Butter bei geringer Hitze goldbraun anbraten.

Anrichten

Die Einlage in die Mitte von vorgewärmten Suppentellern setzen, die Suppe nochmals aufmixen und hineingießen und mit den Croûtons bestreut servieren.

Wild-Consommé

FÜR 4 PERSONEN | ZUBEREITUNG 30 MIN. | GARZEIT 2 STD.

ca. 500 g Hirschfleisch (Wade), oder Hälfte Rind- und Hirschfleisch
1 größere Zwiebel
1 Möhre
50 g Knollensellerie, geschält
3 Eiweiße
2,5 l eiskalte Geflügelbrühe
250 g Eiswürfel
1 Lorbeerblatt
5 Wacholderbeeren, angedrückt
5 Pimentkörner
1 kleine getrocknete Chilischote
1 Scheibe frischer Ingwer
1 Scheibe Knoblauch
1 Thymianzweig
1 Streifen Bio-Zitronenschale
Salz
etwas Sherry
frisch geriebene Muskatnuss

1. Das Hirschfleisch in grobe Stücke schneiden. Das Gemüse schälen und mit dem Fleisch durch die grobe Scheibe vom Fleischwolf drehen.

2. Die Fleisch-Gemüse-Mischung mit dem Eiweiß vermischen, bis es gebunden ist. Die gesamte Mischung in einen Suppentopf geben, mit der kalten Geflügelbrühe begießen und darin gut verrühren. Dann die Eiswürfel zufügen.

3. Bei geringer Hitze langsam bis kurz unter den Siedepunkt erhitzen. Dabei gelegentlich mit einem flachen Holzspatel umrühren, damit der Kläransatz nicht am Topfboden ansetzt. Während des Erhitzens steigt das Fleisch-Eiweiß-Gemisch an die Oberfläche. Dann nicht mehr umrühren, damit die Suppe klar wird.

4. Die Brühe bei geringer Hitze 2 Std. knapp unter dem Siedepunkt ziehen lassen – nicht kochen, sonst trübt die Brühe ein! Zur besseren Kontrolle in den oben schwimmenden Fleischkuchen mit einem Löffel 1–2 kleinere Öffnungen einstechen. Austretendes Fett von der Oberfläche zwischendurch mehrmals mit dem Löffel abnehmen.

5. Nach 1 ½ Std. Lorbeer, Wacholder, Piment und Chilischote durch die Öffnung an der Oberfläche in die Brühe geben und mitziehen lassen.

6. Nach Garzeitende die Consommé vorsichtig durch ein sehr feines Sieb abschöpfen. Auf keinen Fall schütten oder beim Abschöpfen rühren!

7. Ingwer, Knoblauch, Thymian und Zitronenschale einige Min. in der Brühe ziehen lassen und danach entfernen. Mit Salz und etwas Sherry abschmecken und nach Geschmack salzen. Die Consommé zum Servieren erhitzen, aber nicht kochen lassen, damit sie klar bleibt. 1 Prise frisch geriebene Muskatnuss in jede Suppentasse geben und die Consommé aufgießen.

Mein Tipp **Als Einlage passen Brätnockerl oder Brätstrudel und kleine blanchierte Gemüsewürfel.**

Schuhbecks Fischeintopf
mit a bisserl Curry

FÜR 4 PERSONEN | ZUBEREITUNG 40 MIN.

2 kleine Möhren
1 kleiner Zucchino
1 Stange Staudensellerie
Salz
400 g gemischte Fischfilets, enthäutet und entgrätet (Zander, Waller, Saibling)
800 ml Fischfond
200 g Kokosmilch
1 längs halbiertes Zitronengras
½ Knoblauchzehe, in Scheiben geschnitten
1 Scheibe Ingwer, geschält und klein geschnitten
2–3 TL mildes Currypulver
1 Prise mildes Chilipulver
1–2 TL Speisestärke
40 g kalte Butter
80 g ausgelöstes Krebsfleisch (ersatzweise Garnelen)
4 Basilikumspitzen

1. Die Möhren schälen. Vom Zucchino die Enden entfernen und den Zucchino in dünne Scheiben schneiden. Den Sellerie waschen und auch in dünne Scheiben schneiden. Alles kurz in kochendes Salzwasser geben, in kaltem Wasser abschrecken und auf einem Sieb abtropfen lassen.

2. Die Fischfilets in mundgerechte Stücke schneiden.

3. Den Fischfond mit Kokosmilch, Zitronengras, Knoblauch, Ingwer und Curry erhitzen. Mit etwas Chili würzen, einige Min. ziehen lassen und das Zitronengras entfernen. Die Speisestärke mit etwas kaltem Wasser glatt rühren, in die köchelnde Suppe rühren und 1–2 Min. leise köcheln lassen. Die Hitze wieder bis knapp unter den Siedepunkt reduzieren, die Butter hinzufügen, das Ganze mit dem Stabmixer schaumig aufschlagen und salzen.

4. In einem Topf Salzwasser aufkochen lassen. Die Fischfilets in ca. 2 cm große Stücke schneiden. Den Topf vom Herd ziehen, die Fischstücke mit dem Krebsfleisch einlegen, in 1–2 Min. darin glasig durchziehen lassen.

5. Inzwischen das blanchierte Gemüse in einer Pfanne ohne weitere Zugabe sanft erhitzen. Die Fischstücke und das Krebsfleisch mit einer Schaumkelle herausnehmen, gut abtropfen lassen und mit dem Gemüse in warmen Suppentellern anrichten. Die Suppe mit einem Stabmixer nochmals aufschäumen und darauf verteilen. Mit je 1 Basilikumspitze garnieren.

Kohlrabisuppe mit Saibling

FÜR 4 PERSONEN | ZUBEREITUNG 35 MIN.

FÜR DIE KOHLRABISUPPE
600 g Kohlrabi
Salz
800 ml Gemüsebrühe
200 g Sahne
2 EL kalte Butter
1 Prise mildes Chilipulver
1 TL zerkleinerte Macisblüte und Korianderkörner in eine Gewürzmühle füllen

FÜR DEN SAIBLING
4 Saiblingsfilets mit Haut, à 80 g
2 EL doppelgriffiges Mehl
1 EL braune Butter
mildes Chilisalz

ZUM ANRICHTEN
1 EL frisch geschnittene Petersilie

Für die Kohlrabisuppe

1. Den Kohlrabi putzen, schälen, holzige Teile entfernen und in ca. 1 cm große Würfel schneiden. Junge Kohlrabiblätter zurückbehalten, in Salzwasser einige Min. fast weich kochen, kalt abschrecken, abtropfen lassen und in Streifen schneiden.

2. Die Kohlrabiwürfel in der Gemüsebrühe knapp unter dem Siedepunkt in etwa 20 Min. weich ziehen lassen. ¼ der Kohlrabiwürfel mit einer Schaumkelle aus der Brühe nehmen und als Einlage aufbewahren.

3. Die Sahne in die Suppe rühren, Butter hinzufügen und mit dem Stabmixer pürieren. Mit Salz, Chili und den Gewürzen aus der Mühle abschmecken.

Für den Saibling

1. Die Saiblingsfilets auf der Hautseite mit doppelgriffigem Mehl bestäuben. In einer vorgeheizten Pfanne mit der Hautseite nach unten in der braunen Butter ca. 2 Min. anbraten.

2. Die Pfanne vom Herd nehmen, den Fisch wenden und in der Nachhitze saftig durchziehen lassen. Auf Küchenpapier abtropfen lassen und mit Chilisalz würzen.

Anrichten

Kohlrabiwürfel mit Kohlrabiblätterstreifen in etwas Suppe kurz erwärmen und in vorgewärmten Suppentellern verteilen. Die Suppe mit einem Stabmixer wieder aufschäumen, auf der Einlage verteilen, je ein Saiblingsfilet mit der Hautseite nach oben daraufsetzen und mit Petersilie bestreuen.

Rahmsuppe von bayerischen Flusskrebsen
mit Zandernockerl

FÜR 4 PERSONEN | ZUBEREITUNG 2 STD.

FÜR DIE FLUSSKREBSE
20 Flusskrebse mit Karkassen
½ TL Kümmelsamen
Salz

FÜR DIE RAHMSUPPE
1 Stange Staudensellerie
1–2 Zwiebeln
½ Möhre
2 Tomaten
1–2 TL Puderzucker
1 EL Tomatenmark
4 cl Cognac
6 cl Noilly Prat
100 ml Weißwein
1 l Gemüsebrühe
1 Lorbeerblatt
10 g getrocknete Champignons
1 Scheibe Ingwer
½ Knoblauchzehe
je 1 Streifen Bio-Zitronen- und Orangenschale
100 g Sahne
1 EL Butter
Salz
1 Prise mildes Chilipulver

ZUM ANRICHTEN
⅓ Salatgurke
Kerbelblätter

ZANDERNOCKERL
s. S. 142

Für die Flusskrebse
Die Krebse mit dem Kümmel für 1–2 Min. in kochendes Salzwasser geben und in kaltem Wasser abschrecken. Die Krebsschwänze und -scheren vom Körper trennen. Schwänze schälen und den Darm entfernen. Scheren knacken und das Fleisch herauslösen. Das Fleisch zugedeckt kalt stellen.

Für die Rahmsuppe
1. Den Backofen auf 130° Umluft vorheizen. Die Krebskarkassen gründlich waschen und abtropfen lassen. Auf ein Backblech geben, in etwa 40 Min. im Ofen trocknen und anschließend zerkleinern.

2. Inzwischen das Gemüse putzen, schälen, waschen und zerkleinern.

3. In einem Topf den Puderzucker hell karamellisieren, das Tomatenmark einrühren, etwas anbräunen, mit Cognac, Noilly Prat und Weißwein ablöschen und sämig einköcheln lassen.

4. Das Gemüse mit den Krebskarkassen hineinrühren, die Brühe zugießen und das Lorbeerblatt und die getrockneten Champignons hineingeben. 30–40 Min. knapp unter dem Siedepunkt ziehen lassen. Zum Schluss Ingwer, Knoblauch, Zitronen- und Orangenschale hineingeben, einige Min. ziehen lassen und anschließend auf einem Sieb abtropfen.

5. Die Sahne dazugeben, die Butter hineinmixen und mit Salz und Chili abschmecken.

Anrichten
1. Aus der geschälten Gurke mit einem kleinen Kugelausstecher kleine Gemüseperlen ausstechen, in Salzwasser bissfest kochen, in kaltem Wasser abschrecken und auf einem Sieb abtropfen lassen.

2. Das Krebsfleisch mit den Gurkenkugeln in einem kleinen Töpfchen in wenig Suppe erwärmen, in warmen tiefen Suppentellern anrichten und die Zandernockerl (Rezept Seite 142) hineinlegen. Die Suppe mit einem Stabmixer aufschäumen und darauf verteilen. Mit Kerbel garnieren.

Linsensuppe mit Räucheraal

FÜR 4 PERSONEN | ZUBEREITUNG 45 MIN. | GARZEIT 45–50 MIN.

FÜR DIE LINSENSUPPE
1 Zwiebel
1 EL Öl
300 g Berglinsen (kleine grüne Linsen)
1 EL Tomatenmark
120 ml kräftiger Rotwein
1½ l Geflügelbrühe
je 60 g Möhre, Lauch und Knollensellerie
½–1 TL Majoran
½ Knoblauchzehe
2 Scheiben Ingwer
1 kleiner Splitter Zimt
1 kleiner Streifen Bio-Orangenschale
Salz
1 Prise mildes Chilipulver
1 EL braune Butter
1 EL frisch geschnittene Petersilie

FÜR DEN RÄUCHERAAL
250 g Räucheraal
Petersilienblättchen zum Garnieren

Für die Linsensuppe
1. Die Zwiebel schälen, in kleine Würfel schneiden und in einem Topf im Öl bei geringer Hitze anbraten. Die Linsen dazugeben, das Tomatenmark hineinrühren, mit Rotwein ablöschen, sämig einköcheln lassen, mit der Brühe auffüllen und etwa 45–50 Min. ziehen lassen.

2. Das Gemüse schälen, putzen und in sehr kleine Würfel schneiden und dazugeben. Mit Majoran würzen und in 5 Min. fertig garen.

3. In den Eintopf Knoblauch, Ingwer, einen Zimtsplitter und den Streifen Orangenschale einlegen. Mit Salz, Chili und etwas brauner Butter abschmecken. Die ganzen Gewürze anschließend daraus entfernen und die Petersilie hineinrühren.

Für den Räucheraal
Den Aal enthäuten, entgräten und in kleinere Stücke schneiden. Auf einen Teller legen und bei 70° im vorgeheizten Backofen 10–15 Min. anwärmen.

Anrichten
Die Suppe in warmen Tellern verteilen und die Aalstücke darauf anrichten. Mit Petersilienblättchen garnieren.

Mein Tipp Ich verwende am liebsten die kleinen Linsensorten, wie etwa Berglinsen. Sie bleiben schöner in Form und sind durch den größeren Schalenanteil geschmackvoller.

GANGERL – ZWISCHENGERICHTE

Flusskrebse mit Estragonbuchteln
auf Rahmkraut

FÜR 4 PERSONEN | ZUBEREITUNG 1 STD. 30 MIN.

FLUSSKREBSE
s. S. 43

FÜR DAS RAHMKRAUT
1 große Zwiebel
1 EL Öl
800 g Sauerkraut (aus Dose oder Glas)
100 ml Weißwein
400 ml Gemüsebrühe
1 dicke Scheibe durchwachsener Speck (100 g)
5 schwarze Pfefferkörner
2 Wacholderbeeren
1 Lorbeerblatt
1 EL Apfelmus
1 Prise mildes Chilipulver
1 Prise Zucker

FÜR DIE ESTRAGONBUCHTELN
180 ml Milch
25 g Hefe
400 g Mehl
3 Eigelbe
1 Prise Zucker
1 Prise Salz
1 TL abgeriebene Bio-Zitronenschale
2 EL frisch geschnittener Estragon
75 g weiche Butter
etwas Mehl zum Ausrollen
30 g Butter für die Form

Für die Flusskrebse
Die Krebse zubereiten. Für die Sauce nur 500 ml Brühe verwenden und zum Schluss mit 1 TL in kaltem Wasser glatt verrührter Speisestärke sämig binden. Kräftig abschmecken und bei Bedarf mit mehr Butter binden.

Für das Rahmkraut
1. Die Zwiebel schälen, klein würfeln und im heißen Öl in einem Topf glasig anschwitzen. Das Sauerkraut dazugeben, kurz anschwitzen, mit Weißwein ablöschen und die Flüssigkeit fast völlig einköcheln lassen.

2. Dann die Brühe dazugießen, die Speckscheibe einlegen und das Kraut etwa 45 Min. bei geringer Hitze schmoren. Pfeffer, den leicht angedrückten Wacholder und Lorbeerblatt in einen Einwegteebeutel füllen. Nach 30 Min. Apfelmus und die Gewürze im Teebeutel dazugeben.

3. Nach Garzeitende die Gewürze entfernen, 80 ml Flusskrebssauce dazugeben und mit Chili, Zucker und gegebenenfalls Salz abschmecken.

Für die Estragonbuchteln
1. Die Milch auf ca. 30° erwärmen, die Hefe darin auflösen und mit Mehl, Eigelben, Zucker, Salz, Zitronenabrieb und Estragon verkneten. Die Butter zugeben und zu einem geschmeidigen Teig kneten. Den Teig in einer Schüssel mit Folie bedecken und ca. 30 Min. in der Wärme gehen lassen.

2. Dann den Teig kurz durchkneten, mit etwas Mehl zu einer dicken Rolle von etwa 4 cm Ø formen, in Scheiben schneiden und diese zu ca. 20 Kugeln formen. Die Buchteln in einen gebutterten Bräter oder eine Auflaufform von etwa 20 x 30 cm Größe setzen und darin nochmals 20–25 Min. zugedeckt an einem warmen Ort gehen lassen.

3. Den Ofen auf 180° vorheizen. Die Buchteln vorsichtig mit flüssiger Butter bepinseln. Auf dem untersten Einschub in etwa 20 Min. goldbraun backen.

Anrichten
Das Rahmkraut in tiefen Tellern anrichten und 5 Buchteln daraufsetzen. Die Sauce mit einem Stabmixer kurz aufschäumen, um die Buchteln ziehen und das in wenig Sauce erwärmte Krebsfleisch außen herum verteilen.

Weißer und grüner Spargel
mit Morcheln und Sherry

FÜR 4 PERSONEN | ZUBEREITUNG 45 MIN.

FÜR SPARGEL UND MORCHELN
je 250 g weißer und grüner Spargel
400 g frische Morcheln
1 Schalotte
Salz
Zucker
3 EL braune Butter
1 EL halbtrockener Sherry
1 EL kalte Butter

FÜR DIE SAUCE
250 ml Gemüsebrühe
70 g Sahne
½–1 TL Speisestärke
1 EL kalte Butter
1 Streifen Bio-Zitronenschale
mildes Chilisalz
frisch geriebene Muskatnuss
einige Tropfen Zitronensaft

Für Spargel und Morcheln

1. Den weißen Spargel schälen, die holzigen Enden entfernen und mit den Schalen für die Sauce aufbewahren. Den grünen Spargel im unteren Drittel schälen, die holzigen Enden entfernen. Den Spargel schräg in ca. 5 cm lange Stücke schneiden. Die Morcheln mehrmals gründlich waschen und gut abtropfen lassen. Die Schalotte schälen und fein würfeln.

2. In einem breiten Topf Wasser aufkochen, mit Salz und Zucker kräftig würzen, den Spargel darin je nach Dicke 6–8 Min. noch leicht bissfest kochen. Abgießen, in einer Pfanne bei geringer Hitze in 2 EL brauner Butter wenden und mit Chilisalz würzen.

3. Inzwischen die Schalotte in einer Pfanne bei geringer Hitze in etwas brauner Butter glasig anschwitzen, die Morcheln dazugeben, mit Sherry ablöschen, etwas einköcheln lassen, die Butter hineinschmelzen lassen und mit Chilisalz würzen.

Für die Sauce

Die Brühe mit den Spargelschalen einmal aufkochen, vom Herd nehmen und 20 Min. ziehen lassen. In ein Sieb abgießen, die Sahne dazugeben und erhitzen. Die Speisestärke in etwas kaltem Wasser anrühren und die köchelnde Sauce damit leicht sämig binden. Die Butter hineinmixen, die Zitronenschale kurz darin ziehen lassen, wieder entfernen und mit Chilisalz, ein wenig frisch geriebener Muskatnuss und ein paar Tropfen Zitronensaft würzen.

Anrichten

Spargel und Morcheln in vorgewärmten Tellern anrichten und mit der Sauce umgießen

Gefüllte Zucchiniblüte mit Brezenknödel,
auf Kräuterpilzen

FÜR 4 PERSONEN | ZUBEREITUNG 50 MIN.

FÜR DEN AUSBACKTEIG
100 g Mehl • 25 g Speisestärke
120 ml eiskaltes Wasser
75 ml eiskalter Weißwein
1 EL Olivenöl
je 1 TL getrocknetes Bohnenkraut,
   Majoran, Rosmarin, Oregano
   und Thymian

FÜR FÜLLUNG UND BLÜTEN
100 g Frühstücksspeck
1–2 TL Öl • 1 Zwiebel
175 g Laugenstangen
1 Ei • 1 Eigelb
175 ml Milch
1 Prise Majoran
frisch geriebene Muskatnuss
½–1 EL frisch geschnittene Petersilie
je 1 TL Fenchelsamen, Korianderkörner und Kümmelsamen
Salz
8 Zucchiniblüten mit
   kleinen Zucchini
Öl zum Frittieren

FÜR DIE KRÄUTERPILZE
200 g feste Steinpilze
200 g kleinere Pfifferlinge
1 Zwiebel • 2 EL braune Butter
Salz • schwarzer Pfeffer
1 Prise gemahlener Kümmel
½ TL abgeriebene
   Bio-Zitronenschale
2 EL frisch geschnittener Kerbel,
   Petersilie und Basilikum
100 ml Geflügelbrühe • 50 g Sahne

Für den Ausbackteig
Mehl mit Speisestärke mischen und mit dem eiskalten Wasser, Weißwein und Olivenöl glatt rühren. Dann die Kräuter untermischen.

Für Füllung und Blüten
1. Den Speck klein würfeln, im Öl bei mittlerer Hitze knusprig braten und abtropfen lassen. Die Zwiebel schälen, klein würfeln, ca. 2 Min. in kochendes Wasser geben, und in einem Sieb abtropfen lassen.

2. Von den Laugen(Brezen)stangen das Salz entfernen und klein würfeln. Ei und Eigelb mit der Milch verrühren und mit Zwiebel, Speck, Majoran, Muskatnuss und Petersilie über die Brezenwürfel gießen. Vermischen, dabei nicht drücken.

3. Fenchel, Koriander und Kümmel mischen, in eine Gewürzmühle füllen und die Knödelmasse damit würzen. Mit Salz abschmecken.

4. Von den Zucchiniblüten den Blütenstempel entfernen. Die Knödelmasse in einen Spritzbeutel füllen, die Blüten mit der Brezen-Speck-Masse füllen und die Enden vorsichtig verschließen.

Für die Kräuterpilze
1. Die Pilze putzen. Steinpilze in nicht zu dünne Scheiben schneiden, Pfifferlinge halbieren oder ganz lassen. Zwiebel schälen und fein würfeln.

2. Die Pilze in einer Pfanne in 1 EL braune Butter kurz anbraten und mit Salz, Pfeffer, Kümmel und Zitronenschale würzen.

3. Die Zwiebel in der restlichen braunen Butter glasig anschwitzen. Brühe und Sahne einrühren und erhitzen. Die angebratenen Pilze mit den Kräutern untermischen. Gegebenenfalls kurz nachwürzen.

Fertigstellung
Einen großen Topf halb mit Öl füllen und auf 160° erhitzen. Die gefüllten Zucchiniblüten durch den Teig ziehen (nicht in den Teig tauchen!) und in 6–8 Min. knusprig backen. Auf Küchenpapier abtropfen lassen.

Anrichten
Die Kräuterpilze in warmen tiefen Tellern anrichten und die Zucchiniblüten darauflegen. Nach Belieben eine Zucchiniblüte dazu längs halbieren.

Schnecken-Kaninchen-Pasteten
in Knoblauch-Kräuter-Sauce

FÜR 4 PERSONEN | ZUBEREITUNG 1 STD. 10 MIN.

FÜR DIE BLÄTTERTEIGPASTETEN
500 g Blätterteig (Kühlregal)
Mehl zum Ausrollen
1 Eigelb
1 EL Sahne

FÜR DAS RAGOUT
2 Kaninchenrückenfilets,
 küchenfertig, à 100 g
2 EL braune Butter
Salz
50 g Champignons
2 Schalotten
50 ml Weißwein
250 ml Geflügelbrühe
80 g Sahne
1 Lorbeerblatt
1 TL Speisestärke
1 Scheibe Ingwer
1 kleinere Knoblauchzehe
¼ ausgekratzte Vanilleschote
1 Msp. abgeriebene
 Bio-Zitronenschale
2 EL frisch geschnittene Kräuter
 (z. B. Petersilie, Basilikum, Kerbel,
 ein wenig Estragon und Dill)
180 g Weinbergschnecken
 (aus Glas oder Dose; abgetropft)
schwarzer Pfeffer
1 Prise Chilisalz
einige Tropfen Zitronensaft

Für die Blätterteigpasteten

1. Den Backofen auf 210° vorheizen. Den Blätterteig auf der bemehlten Arbeitsfläche etwa 3 mm dünn ausrollen. Mit einem gezackten Ausstecher 12 Kreise von etwa 10 cm Ø ausstechen. Ein Backblech mit Backpapier auslegen. 4 Teigkreise daraufsetzen und mit kaltem Wasser bestreichen.

2. Aus den restlichen 8 Teigkreisen mit einem kleineren Ausstecher jeweils aus der Mitte Kreise von 5 cm Ø ausstechen und beiseitelegen. 4 der Teigringe auf die großen Teigkreise legen. Leicht mit Wasser bestreichen und die anderen 4 Ringe direkt darauflegen, sodass jeweils 2 Ringe aufeinanderliegen. Den Teigboden in der Mitte mit einer Gabel einstechen. Die beiseitegelegten kleineren Teigkreise danebenlegen und ebenfalls einstechen. Sie dienen beim Anrichten als Deckel.

3. Eigelb und Sahne verquirlen und die Teigkreise oben damit bestreichen. Pastetchen im Ofen (Mitte) in 10–15 Min. goldbraun backen.

Für das Ragout

1. Die Kaninchenrücken längs halbieren und in ca. 1 cm breite Stücke schneiden. In einer Pfanne in 1 EL brauner Butter 1–2 Min. anbraten und salzen.

2. Die Champignons putzen, trocken abreiben und vierteln. Die Schalotten schälen und fein würfeln.

3. In einem Topf 1 EL braune Butter erhitzen und die Schalotten darin bei geringer Hitze glasig dünsten. Den Wein dazugießen und fast vollständig einköcheln lassen. Brühe und Sahne dazugeben und das Lorbeerblatt einlegen. Die Speisestärke mit wenig kaltem Wasser glatt rühren und nach und nach unter die köchelnde Sauce rühren, bis sie leicht sämig bindet.

4. Die Champignons in die Sauce geben. Ingwer, Knoblauch, Vanilleschote und Zitronenschale zufügen und die Kräuter einrühren.

5. Schnecken und Kaninchenrücken-Stücke in der Sauce erhitzen. Mit Salz, Pfeffer, Chilisalz und Zitronensaft abschmecken. Zum Schluss die ganzen Gewürze wieder entfernen.

Fertigstellung und Anrichten
Die Pastetchen im Ofen bei 70° einige Min. leicht anwärmen und auf Teller setzen. Das Ragout darin verteilen und die Teigdeckel daraufsetzen.

Kartoffel-Knoblauch-Gröstel
mit Kalbssauce

FÜR 4 PERSONEN | ZUBEREITUNG 55 MIN.

FÜR DIE KALBSSAUCE
150 ml Braune Sauce (s. S. 188)
½ TL Speisestärke
3 Knoblauchscheiben
1 Ingwerscheibe
1 Streifen Bio-Zitronenschale
1 Petersilienstängel
1 kleiner Thymianzweig
1 EL kalte Butter
Salz • schwarzer Pfeffer

FÜR DAS GRÖSTL
600 g festkochende Kartoffeln
Salz
1 TL Kümmelsamen
600 g frischer, ganz junger Knoblauch
3 EL Öl
1 Prise ganzer Kümmel
1 Prise Majoran
schwarzer Pfeffer
1 EL Schnittlauchröllchen

Für die Kalbssauce
Die braune Sauce erhitzen und mit etwas in kaltem Wasser angerührter Speisestärke leicht sämig binden. Knoblauch, Ingwer, Zitronenschale, Petersilienstängel und Thymianzweig einlegen. Einige Min. darin ziehen lassen und die Gewürze wieder entfernen. Die Butter einrühren und mit Salz und Pfeffer würzen.

Für das Gröstl
1. Kartoffeln in Salz-Kümmel-Wasser weich kochen. Schälen, abkühlen lassen und in Scheiben schneiden.

2. Den Stiel vom jungen Knoblauch abschneiden, die äußere Schale entfernen und die ganze Knolle in dünne Scheiben schneiden.

3. In einer Pfanne 2 EL Öl erhitzen, die Kartoffelscheiben darin hell anbraten. Mit Kümmel, Majoran, Salz und Pfeffer würzen.

4. In einer anderen Pfanne den jungen Knoblauch in 1 EL Öl anbraten, leicht salzen und zu den Kartoffeln geben.

Anrichten
Das Kartoffel-Knoblauch-Gröstel auf vorgewärmten Tellern anrichten. Die Kalbssauce über das Gröstel ziehen und mit Schnittlauch bestreuen.

Mein Tipp Für dieses Gericht ist die Qualität des Knoblauchs entscheidend. Er darf keinerlei holzige Teile aufweisen, muss also durchweg zart sein. Einen solchen Knoblauch erhält man eigentlich nur im Frühjahr.

Kalbfleischpflanzerl
auf Kartoffel-Kräuter-Salat

FÜR 4 PERSONEN | ZUBEREITUNG 1 STD.

FÜR DEN KARTOFFELSALAT
100 g gemischte Kräuter (Petersilie, Kerbel, Bärlauch, Basilikum)
Salz
1 kg vorwiegend festkochende Kartoffeln
1 TL Kümmelsamen
1 kleine Zwiebel
1 EL Öl
350 ml Geflügelbrühe
3 EL Rotweinessig
1–2 TL scharfer Senf
1 Prise mildes Chilipulver
1 Prise Zucker
schwarzer Pfeffer
3 EL braune Butter

FÜR DIE KALBFLEISCHPFLANZERL
80 g Toastbrot
100 ml Milch
½ Zwiebel
1 EL Öl
2 Eier
Salz • schwarzer Pfeffer
frisch geriebene Muskatnuss
1 TL milde Chiliflocken
2 TL scharfer Senf
Abrieb von ½ Bio-Zitronenschale
½ TL Bio-Orangenschalenabrieb
je 250 g Kalbs- und Schweinehackfleisch
1 TL getrockneter Majoran
1 EL frisch geschnittene Petersilie
100 g Weißbrotbrösel
Öl zum Anbraten

Für den Kartoffelsalat
1. Die Kräuterblätter von den Stielen zupfen, kurz in kochendes Salzwasser tauchen, kalt abschrecken, das Wasser ausdrücken und klein schneiden.

2. Die Kartoffeln waschen und in Salz-Kümmel-Wasser weich kochen. Abgießen, möglichst heiß schälen, in dünne Scheiben schneiden, in eine Schüssel geben und noch heiß weiter verarbeiten.

3. Die Zwiebel schälen, in kleine Würfel schneiden und in einer Pfanne im heißen Öl bei geringer Hitze glasig anschwitzen.

4. Die Brühe erhitzen. Essig und Senf einrühren, mit Salz, Chili, Zucker und Pfeffer würzen. Eine Handvoll Kartoffeln mit den Kräutern mit einem Stabmixer pürieren. Das Püree nach und nach unter die Kartoffelscheiben mischen, bis die Flüssigkeit vollständig gebunden ist. Anschließend die braune Butter mit den Zwiebelwürfeln unterziehen.

Für die Kalbfleischpflanzerl
1. Das Toastbrot würfeln und mit der Milch übergießen. Die Zwiebel schälen, würfeln und in einer Pfanne bei geringer Hitze im heißen Öl glasig anschwitzen. Eier mit Salz, Pfeffer, frisch gemahlener Muskatnuss, Chiliflocken, Senf, Zitronen- und Orangenabrieb verquirlen.

2. Beide Hackfleischsorten mit dem eingeweichten Brot, den verquirlten Eiern, Majoran, Zwiebelwürfeln und Petersilie mischen.

3. Mit feuchten Händen kleine Fleischpflanzerl daraus formen. Diese in Weißbrotbröseln wenden und in einer Pfanne bei mittlerer Hitze im Öl von beiden Seiten goldbraun braten. Auf Küchenpapier abtropfen lassen.

Schnitzel vom Kalbshirn auf Rahmspinat
mit gerösteten Steinpilzen

FÜR 4 PERSONEN | ZUBEREITUNG 1 STD.

FÜR DIE SCHNITZEL
Salz • 1 Lorbeerblatt
je ½ TL Piment- und schwarze Pfefferkörner
1 Streifen Bio-Zitronenschale
600 g Kalbshirn, küchenfertig; ersatzweise Kalbsfilet
2 Eier • ½ TL abgeriebene Bio-Zitronenschale
mildes Chilisalz
80 g doppelgriffiges Mehl
2–3 EL braune Butter

FÜR DIE STEINPILZE
250 g feste Steinpilze
1 EL Öl
Salz • schwarzer Pfeffer
1 EL Butter • 1 EL Petersilie

FÜR DEN RAHMSPINAT
800 g Blattspinat
ca. 150 ml Gemüsebrühe
200 g Sahne • ¼ Vanilleschote
½ Knoblauchzehe, fein gerieben
½ TL Ingwer, fein gerieben
1 Spritzer Zitronensaft
1 Msp. abgeriebene Bio-Zitronenschale
frisch geriebene Muskatnuss
je 1 EL kalte und braune Butter
Salz
2 EL Chilipulver

FÜR DIE GARNITUR
2 Möhren • ½–1 TL Puderzucker
60 ml Gemüsebrühe
1 Scheibe Ingwer
1 Streifen Bio-Zitronenschale
¼ Vanilleschote
1 EL kalte Butter
mildes Chilisalz

Für die Schnitzel
1. In einem Topf Salzwasser mit Lorbeer, Piment, Pfeffer und Zitronenschale einmal aufkochen. Den Topf vom Herd ziehen und 5 Min. abkühlen lassen. Das Kalbshirn in das heiße Gewürzwasser einlegen und ca. 15 Min. darin ziehen lassen. Mit einer Schaumkelle vorsichtig herausheben und mit einem scharfen Messer in 1 cm dicke Scheiben schneiden.

2. Eier und Zitronenabrieb verquirlen. Die Kalbshirnscheiben oder die rohen, dünn geklopften Kalbsfiletscheiben mit Chilisalz würzen. Zuerst in Mehl, dann im Ei wenden und in einer beschichteten Pfanne in der braunen Butter bei geringer Hitze auf beiden Seiten anbräunen.

Für die Steinpilze
Die Steinpilze putzen, nicht waschen und in knapp ½ cm dicke Scheiben schneiden. In einer großen Pfanne im Öl bei mittlerer Hitze etwa 2 Min. anbraten. Mit Salz und Pfeffer würzen, Butter und Petersilie dazugeben.

Für den Rahmspinat
1. Den Spinat waschen und verlesen. Gut abtropfen lassen.

2. Die Brühe in eine heiße tiefe Pfanne gießen. Etwa die Hälfte vom Spinat in der Brühe kurz zusammenfallen lassen. Die Sahne dazugießen und kurz aufköcheln lassen. Das Ganze in einen Rührbecher geben, mit dem Stabmixer pürieren und wieder in die Pfanne gießen.

3. Die restlichen Spinatblätter unterziehen. Vanilleschote einlegen, Knoblauch, Ingwer und Zitronensaft hinzufügen. Mit Zitronenabrieb und Muskat würzen. Butter und braune Butter hinzufügen und mit Salz und Chili würzen.

Für die Garnitur
Die Möhren schälen und schräg in ½ cm dicke Scheiben schneiden. In einem kleinen Topf den Puderzucker hell karamellisieren. Die Möhren darin anschwitzen, Brühe angießen, Ingwer, Zitronenschale und Vanille einlegen. Zugedeckt in gut 10 Min. fast weich dünsten. Die Gewürze entfernen, die Butter hineinrühren und mit mildem Chilisalz würzen.

Anrichten
Den Rahmspinat auf warmen Tellern anrichten. Die Steinpilze und Möhren anlegen und die Schnitzel daraufsetzen.

Gefüllte Ganserl-Leberknödel
auf Birnenblaukraut

FÜR 4 PERSONEN | ZUBEREITUNG 30 MIN.

FÜR DIE GANSERL-LEBERKNÖDEL
½ Zwiebel
1 Msp. fein gehackte Bio-Zitronenschale
1 EL Öl
250 g Toastbrot, entrindet
1 Ei
1 Eigelb
1 TL scharfer Senf
125 ml Milch
150 g geputzte und pürierte Gänseleber
1 Msp. gehackter Knoblauch
1 Prise Majoran
1 EL glatte Petersilie
Salz • schwarzer Pfeffer
frisch geriebene Muskatnuss

FÜR DIE FÜLLUNG
12 Wachteleier • Salz
doppelgriffiges Mehl zum Wenden
Weißbrotbrösel
Öl zum Frittieren

FÜR DAS BIRNENBLAUKRAUT
s. S. 259, Gewürzblaukraut

Für die Ganserl-Leberknödel
1. Die Zwiebel schälen, fein würfeln und mit der Zitronenschale in einer Pfanne bei geringer Hitze im heißen Öl glasig anschwitzen.

2. Das Toastbrot in ca. 1 cm große Würfel schneiden. Ei und Eigelb mit dem Senf verrühren. Die Milch erhitzen, die Eiermischung unterrühren und über das Brot gießen. Locker durchmischen.

3. Dann die pürierte Geflügelleber mit der angeschwitzten Zwiebel, Knoblauch, Majoran und Petersilie dazugeben und die Masse mit Salz, Pfeffer und frisch geriebener Muskatnuss würzen.

Für die Füllung
1. Die Wachteleier etwa 3 Min. kochen, abschrecken und schälen. Bis zum Gebrauch in Salzwasser legen.

2. Die Wachteleier im Mehl wenden, mit der Knödelmasse umhüllen, mit feuchten Händen zu Knödeln drehen und in Weißbrotbröseln wenden.

3. Das Öl auf 160° erhitzen und die Knödel darin in 2–3 Min. schwimmend ausbacken. Auf Küchenpapier abtropfen lassen.

Für das Birnenblaukraut
Das Birnenblaukraut wie auf Seite 259 (Gewürzblaukraut) beschrieben zubereiten. Dafür 1 reife Birne schälen, vierteln, entkernen und in Spalten schneiden. 10 Min. vor Ende der Garzeit mit ins Gewürzblaukraut geben.

Anrichten
Das Birnenblaukraut portionsweise auf angewärmten Tellern verteilen und die Ganserl-Leberknödel daraufsetzen.

Getrüffeltes Nudelgangerl
aus dem Parmesanlaib

FÜR 4 PERSONEN | ZUBEREITUNG 1 STD.

FÜR DIE NUDELN
400 g feine Linguine
Salz
1 kleine getrocknete Chilischote
2 Scheiben Ingwer
2 EL mildes Olivenöl

FÜR DEN TRÜFFELSUD
600 ml Geflügelbrühe
½ Knoblauchzehe in Scheiben
1 Scheibe Ingwer
einige Tropfen schwarzes Trüffelöl
50 g kalte Butter
Salz
1 Prise mildes Currypulver

FÜR DEN KÄSE
1 ganzer Parmesanlaib
ca. 2 cl Grappa

FÜR DIE GARNITUR
8 kleine Kirschtomaten
100 g Zucchini
Salz
½ Knoblauchzehe in Scheiben
1 kleiner Zweig Rosmarin
1 EL mildes Olivenöl
schwarzer Pfeffer

FERTIGSTELLUNG
schwarzer Pfeffer
Scheiben von eingelegten schwarzen Trüffeln

Für die Nudeln
Die Linguine in reichlich kochendem Salzwasser mit Chili und Ingwer sehr bissfest kochen, dabei gelegentlich umrühren. In ein Sieb abgießen, abtropfen lassen und auf einer sauberen Arbeitsfläche oder einem Backblech ausbreiten. Kurz ausdampfen lassen und mit dem Olivenöl vermengen.

Für den Trüffelsud
Die Geflügelbrühe aufkochen, Knoblauch und Ingwer einige Min. darin ziehen lassen und wieder entfernen. Etwas Trüffelöl hineingeben, die Butter einmixen und mit Salz und Currypulver abschmecken.

Für den Käse
Vom Käselaib den Deckel abschneiden und in der Mitte mit einer Gabel eine Mulde aushöhlen. Den ausgekratzten Käse aufbewahren. Den Käselaib mit Grappa einstreichen, ein angefeuchtetes Küchentuch hineinlegen, in Folie wickeln und kühl stellen.

Für die Garnitur
1. Die Kirschtomaten waschen und halbieren. Die Zucchini waschen und in kleine Würfel schneiden. In Salzwasser 1–2 Min. kochen, in kaltem Wasser abschrecken und auf einem Sieb abtropfen lassen.

2. Zucchini und Tomaten mit Knoblauch und Rosmarin in einer Pfanne bei mittlerer Temperatur im Olivenöl erhitzen. Mit Salz und Pfeffer würzen.

Fertigstellung und Anrichten
1. Für den Schaum etwa 250 ml vom Trüffelsud in einen kleinen Topf geben. Den restlichen Sud in eine tiefe Pfanne geben und die Nudeln darin erhitzen, bis die Flüssigkeit von ihnen aufgesogen ist.

2. Die Nudeln mit etwas Brühe in den Käselaib geben, etwas Parmesan hineinstreuen und zuletzt mit Pfeffer verfeinern. Linguine in warmen Pastatellern verteilen. Den Sud im kleinen Topf mit einem Stabmixer aufschäumen, auf den Nudeln verteilen, Tomaten-Zucchini-Mischung auf die Mitte setzen und mit fein gehobelten Trüffelscheiben dekorieren.

Mein Tipp Die Anrichtmethode im Parmesanlaib passt ausgezeichnet für große Einladungen. Für den Hausgebrauch richten Sie die Nudeln auf Tellern an und bestreuen sie einfach nur mit Parmesan.

Rote-Bete-Ravioli
mit Mohnbutter

FÜR 4 PERSONEN | ZUBEREITUNG 2 STD.

FÜR DIE RAVIOLI-FÜLLUNG
Rote Bete, ca. 350 g
Salz
½ TL ganze Kümmelsamen
½ Zwiebel
½–1 EL Öl
1 Prise mildes Chilipulver

FÜR DEN NUDELTEIG
140 g Mehl
60 g Weizengrieß
2 kleine Eier
1–2 EL Olivenöl
Salz
Mehl zum Ausrollen

FÜR DIE MOHNBUTTER
2 EL Mohn
40 g braune Butter
4 EL Gemüsebrühe
mildes Chilisalz

FERTIGSTELLUNG
etwas Mehl zum Bestäuben
1 Ei
Grieß zum Bestreuen

Für die Ravioli-Füllung
Die Rote Bete in Salz-Kümmel-Wasser in ca. 1 Std. weich kochen, etwas abkühlen lassen, schälen und in 3–4 mm große Würfel schneiden. Die Zwiebel schälen, klein würfeln und im Öl glasig anschwitzen. Die Rote-Bete-Würfel dazugeben und mit Salz und Chili würzen.

Für den Nudelteig
Alle Zutaten mithilfe einer Küchenmaschine zu einem festen, glatten Teig verkneten. In Frischhaltefolie gewickelt etwa 30 Min. ruhen lassen.

Für die Mohnbutter
Den Mohn in etwa 250 ml Wasser etwa 10 Min. kochen; dann auf einem Sieb abtropfen lassen. Butter und Brühe in einer tiefen Pfanne erhitzen, den Mohn hinzufügen und mit Chilisalz würzen.

Fertigstellung
1. Den Teig in dünne, etwa 10 cm breite und lange Bahnen ausrollen, dabei mit etwas Mehl bestäuben. Jedes Teigrechteck sofort mit Klarsichtfolie bedecken, damit es geschmeidig bleibt. Das Ei verquirlen.

2. Die Teigrechtecke nacheinander zuerst mit verquirltem Ei bepinseln, auf die untere und obere Hälfte mit etwas Abstand zueinander je etwa 1 TL Fülle aufsetzen, die zweite Teighälfte darüberlegen und um die Füllung herum leicht aneinanderdrücken. Mit einem gezackten Ravioliausstecher 30–40 runde Ravioli von 5–6 cm Ø ausstechen und bis zur Weiterverarbeitung auf mit etwas Grieß bestreute Tabletts legen.

3. Die Ravioli in leicht köchelndem Salzwasser etwa 5 Min. ziehen lassen, anschließend mit einer Schaumkelle herausheben und in der Mohnbutter wenden. In vorgewärmten Pastatellern anrichten.

Schlutzkrapfen

FÜR 4 PERSONEN | ZUBEREITUNG 1 STD. | RUHEZEIT 30 MIN.

FÜR DEN NUDELTEIG
100 g Roggenmehl
100 g Weizenmehl
2 große Eier
1 EL Olivenöl
1 Prise Salz

FÜR DIE FÜLLUNG
350 g Wurzelspinat
Salz
½ Zwiebel
1 EL braune Butter
150 g Ricotta
40 g geriebener Parmesan
½ TL getrocknetes Bohnenkraut
1 Prise mildes Chilipulver
1 Msp. abgeriebene Bio-Zitronenschale
frisch geriebene Muskatnuss

FÜR DIE SCHLUTZKRAPFEN
Mehl zum Ausrollen
1 verquirltes Ei
Grieß zum Ausstreuen
1 Knoblauchzehe
100 g gebräunte Butter
½ Vanilleschote
Chilisalz
Salz
2 getrocknete Chilischoten
2 Lorbeerblätter
1 EL Schnittlauchröllchen
1 EL geriebener Parmesan
schwarzer Pfeffer

Für den Nudelteig
Alle Zutaten mithilfe einer Küchenmaschine zu einem glatten Nudelteig verkneten, in Frischhaltefolie wickeln und 30 Min. ruhen lassen.

Für die Füllung
1. Die Spinatblätter verlesen, gründlich waschen und abtropfen lassen. Kurz in kochendes Salzwasser geben, kalt abschrecken, mit den Händen ausdrücken und klein hacken.

2. Die Zwiebel schälen, klein würfeln und in einer Pfanne in 1 EL brauner Butter bei geringer Hitze glasig anschwitzen.

3. Spinat, Zwiebel, Ricotta, Parmesan und Bohnenkraut verrühren und mit Salz, Chili, Zitronenschale und Muskatnuss abschmecken.

Für die Schlutzkrapfen
1. Den Nudelteig mithilfe einer Nudelmaschine oder einem Nudelholz auf einer bemehlten Arbeitsfläche zu dünnen, etwa 6 cm breiten Teigbahnen ausrollen und diese mit etwas Mehl bestäuben. Den Teig längs halbieren und mit etwas verquirltem Ei dünn bestreichen.

2. Mit einem Teelöffel im Abstand von 3–4 cm etwas Füllung auf die Mitte jeweils einer Teigbahn setzen. Die längs halbierten Teigbahnen über die Fülle legen. Die oberen Teigplatten mit den Fingern um die Füllung andrücken, mit einem runden Ausstecher (5 cm Ø) ca. 60 halbmondförmige Tascherl ausstechen und die Ränder ohne Luftblasen verschließen. Bis zum Kochen auf mit Grieß bestreuten Tabletts aufbewahren.

3. Den Knoblauch schälen und in Scheiben schneiden. Braune Butter mit Knoblauchscheiben und Vanille erwärmen und mit Chilisalz würzen.

4. In einem Topf reichlich Wasser aufkochen, salzen, Chilischoten und Lorbeerblätter einlegen. Die Schlutzkrapfen im kochenden Salzwasser in 2 Min. bissfest garen und mit einer Schaumkelle herausheben. In der braunen gewürzten Butter schwenken und mit Chilisalz würzen.

Anrichten
Die Schlutzkrapfen auf vorgewärmten Tellern anrichten, mit Schnittlauch und Parmesan bestreuen und frischen schwarzen Pfeffer darübermahlen.

Würstel aller Art

Eines meiner Lieblingsgerichte: Bratwürstel mit einem guten Senf

Wenn's um die Wurst geht, kann uns Deutschen niemand was vormachen. Wir können schließlich mit etwa 3000 Sorten dienen, sagt der große »Larousse«, das Lexikon der Gourmets. Andere Nachschlagewerke kommen nur auf 1500, was ja auch genug wären. Eine normale Metzgerei bietet im Schnitt 50 an. Die vier, die mich am meisten interessieren, sind garantiert dabei: Bratwürste, Blut- und Leberwürste und unsere bayerischen Weißwürste, die ja mittlerweile überall erhältlich sind.

Bei Blutwurst zucken viele Menschen zusammen – und das schon ewig. Bereits im frühesten Mittelalter hatte die Kirche was dagegen, und der byzantinische Kaiser Leo VI. verfügte vor 1100 Jahren: »Wer Blut zu Speisen verarbeitet, werde hart gegeißelt, zum Zeichen der Ehrlosigkeit bis auf die Haut geschoren und auf ewig aus dem Lande verbannt.« Da war das Problem aber schon 1000 Jahre alt, denn die erste Erwähnung der Wurst findet man beim griechischen Dichter Aristophanes und der lässt in seiner Komödie »Die Ritter« ausgerechnet einen Blutwursthändler auftreten.

Was sonst noch alles in die Wurst kam, ist auch komödienreif. Das älteste niederdeutsche Kochbuch empfiehlt Hechtrogenwurst, im 17. Jahrhundert gab es Hühnerwürste, die unter ande-

Weißwürste

Blutwürste

Leberwürste

rem mit Moschus und Ambra eher parfümiert als gewürzt waren. In früheren Fastenzeiten aß man Fisch- und Krebswürste, und Vegetariern schmeckte »Buttewurst« aus gehacktem Brot, Wacholder, gestoßenem Kümmel, Ingwer und Muskat. Und als um 1500 herum in Deutschland zu den bis dahin dominierenden Schweinswürsten auch kälberne kamen, würzte man die mit Zimt und färbte sie mit Safran.

Mittlerweile regeln längst Gesetze, Verordnungen und Leitsätze die Herstellung und erlauben für traditionell gemachte Wurst nur Fleisch, Speck, Gewürze, Salz, Trinkwasser sowie spezielle Lebensmittel wie Ei, Milch und Käse, Pilze, Paprika und Pistazien. Doch immer noch sind Ausnahmen zulässig, die man nur in ihrer Region versteht. Wer würde schon außerhalb Niedersachsens Hafergrütze in den Pinkel tun oder außerhalb der Pfalz Kartoffeln in einen Saumagen füllen?

Ich hatte übrigens auch mal Probleme mit der Blutwurst und zwar gleich an meinem ersten Arbeitstag als Küchenchef. Aber nicht wegen des Inhalts, sondern weil sie der Metzger so groß wie Bratwürste lieferte. Das fand ich unappetitlich auf dem Apfel-Sauerkraut. Als ich die Blut- und Leberwürste bald darauf etwa in der Größe von Nürnberger Bratwürsten anbot, wurden sie sofort ein Renner und, was mich besonders freute, auch von Frauen gemocht.

Gebackene Weißwurstradel
mit Linsengemüse

FÜR 4 PERSONEN | ZUBEREITUNG 1 STD. | EINWEICHZEIT 2 STD.

FÜR DAS LINSENGEMÜSE
150 g Berglinsen
  (kleine grüne Linsen)
½ Zwiebel
je 30 g Möhre, Lauch und
  Knollensellerie
1 EL Öl
1 EL Tomatenmark
80 ml kräftiger Rotwein
500 ml Geflügelbrühe
1 Lorbeerblatt
1 Stück Bio-Orangen-
  und Zitronenschale
1 Stück Zimtstange
2 Scheiben Knoblauch
1 Scheibe Ingwer
1 EL kalte Butter
1 EL braune Butter
Salz
1 Prise Majoran
1 Prise mildes Chilipulver
½–1 EL milder Balsamico

FÜR DIE WEISSWURSTRADEL
6 Weißwürste
2 Eier
Salz • schwarzer Pfeffer
1 Spritzer Zitronensaft
100 g doppelgriffiges Mehl
100 g Weißbrotbrösel
Öl zum Braten

Für das Linsengemüse

1. Die Linsen 2 Std. in Wasser einweichen; danach abtropfen lassen.

2. Alle Gemüse putzen, klein würfeln und Möhre und Sellerie in einem Topf im Öl bei geringer Hitze glasig anschwitzen. Das Tomatenmark einrühren und leicht anbraten. Die eingeweichten Linsen dazugeben, mit Rotwein ablöschen und etwas einköcheln lassen. Die Brühe auffüllen und 45–50 Min. eher ziehen als köcheln lassen. Nach 30 Min. das Lorbeerblatt einlegen.

3. Gegen Ende der Garzeit den Lauch mit den Zitrusschalen, Zimt, Knoblauch und Ingwer dazugeben. Einige Min. ziehen lassen und zum Schluss entfernen. Butter und braune Butter hineinrühren und mit Salz, Majoran, Chilipulver und Balsamico abschmecken.

Für die Weißwurstradel

1. Die Weißwürste enthäuten und schräg in 5 cm dicke Scheiben schneiden.

2. Die Eier in einem tiefen Teller verquirlen und mit Salz, Pfeffer und Zitronensaft würzen. Mehl und Weißbrotbrösel jeweils in tiefen Tellern verteilen.

3. Die Weißwurstscheiben nacheinander erst in Mehl, dann im Ei und zuletzt in den Weißbrotbröseln wenden.

4. In einer Pfanne bei mittlerer Temperatur fingerhoch Öl erhitzen. Die Weißwurstscheiben erst auf einer Seite, dann auf der anderen Seite goldbraun braten, herausnehmen und auf Küchenpapier abtropfen lassen.

Anrichten
Das Linsengemüse auf vorgewärmten Tellern anrichten und die Weißwurstradel daneben anlegen.

Blut- und Leberwürstel
auf Bayerisch Kraut

FÜR 4 PERSONEN | ZUBEREITUNG 50 MIN.

FÜR DAS BAYERISCH KRAUT
1 Zwiebel
1 kg junger Weißkohl
2 TL Puderzucker
1 Scheibe Bauchspeck, ca. 100 g
50 ml naturtrüber Apfelsaft
80 ml trockener Weißwein
ca. 100 ml Gemüsebrühe
1 Prise gemahlener Kümmel
getrockneter Majoran
1–2 EL frisch geschnittene Petersilie
etwas abgeriebene
   Bio-Zitronenschale
1 EL braune Butter
Salz
1 Prise mildes Chilipulver

FÜR DIE WÜRSTEL
Salz
1 Lorbeerblatt
½ Knoblauchzehe
1 kleine getrocknete Chilischote
je 4 Paar kleine Blut- und
   Leberwürstchen (in Größe von
   Nürnberger Rostbratwürsteln)

Für das Bayerisch Kraut

1. Die Zwiebel schälen und in Rauten schneiden. Den Weißkohl putzen und die äußeren Blätter entfernen. Den Kohl in die einzelnen Blätter zerteilen, die Blattrippen herausschneiden und die Blätter in Rauten schneiden.

2. Puderzucker in einem Topf hell karamellisieren. Die Zwiebelrauten darin andünsten, den Speck dazugeben und anbraten. Das Weißkraut hinzufügen und ebenfalls etwas mitdünsten. Mit dem Apfelsaft und dem Weißwein ablöschen und etwas einköcheln lassen.

3. Die Brühe angießen, das Kraut mit je 1 Prise Kümmel und Majoran würzen und zugedeckt etwa 10 Min. dünsten.

4. Den Speck entfernen. Petersilie, Zitronenschale und die braune Butter unterrühren. Das Bayerisch Kraut mit Salz und Chili würzen.

Für die Würstel

In einem Topf Salzwasser mit dem Lorbeer, dem Knoblauch und der Chilischote erhitzen. Die Blut- und Leberwürstel einlegen, erhitzen und dabei nicht kochen lassen. Zusammen mit dem Kraut servieren.

Gebackene Blutwurstradel
auf Endivien-Apfel-Salat

FÜR 4 PERSONEN | ZUBEREITUNG 35 MIN.

FÜR DEN ENDIVIEN-APFEL-SALAT
75 ml Gemüsebrühe
½–1 TL scharfer Senf
1–2 EL Rotweinessig
4 EL mildes Olivenöl
Salz • schwarzer Pfeffer
1 Prise Zucker
1 Schalotte
1–2 EL geschnittener Kerbel
½ Apfel
200 g innere Blätter von Endiviensalat

FÜR DIE BLUTWURSTRADEL
4 Blutwürste, à ca. 100 g
100 g scharfer Senf
100 g doppelgriffiges Mehl
2–3 EL Öl

Für den Endivien-Apfel-Salat

1. Brühe mit Senf, Essig und Öl mit einem Stabmixer aufschlagen und mit Salz, Pfeffer und Zucker herzhaft würzen.

2. Die Schalotte schälen, fein würfeln, 2 Min. in kochendes Wasser geben und dann abtropfen lassen. Die Schalottenwürfel mit den Kerbelblättchen in die Vinaigrette rühren.

3. Den Apfel schälen, entkernen, in breite Spalten schneiden und diese fein in die Marinade hobeln.

4. Salatblätter gründlich waschen, abtropfen lassen und klein zupfen.

Für die Blutwurstradel

1. Die Blutwürste häuten und schräg in gut 1 cm dicke Scheiben schneiden. Mit dem scharfen Senf rundherum einstreichen und in Mehl wenden.

2. Die Blutwurstradel in einer Pfanne im Öl bei geringer Hitze auf beiden Seiten anbraten. Auf Küchenpapier abtropfen lassen.

Anrichten

Den Endiviensalat in der Marinade wenden, auf leicht vorgewärmten Tellern verteilen und die Blutwurstradel darauflegen.

FISCH UND MEERESFRÜCHTE

Lauwarm geräucherter Waller
auf eingelegtem Kürbis mit Brezenchips

FÜR 4 PERSONEN | ZUBEREITUNG 1 STD.

FÜR DEN KÜRBIS
300 g Muskatkürbis
85 g Zucker
100 ml Weißweinessig
½ TL Salz
1 Scheibe Ingwer
1 Gewürznelke
1 kleines Lorbeerblatt
1 Wacholderbeere
½ TL Senfkörner
¼ TL schwarze Pfefferkörner
40 g kalte Butterstückchen
1 Prise mildes Chilipulver

FÜR DEN WALLER
2 EL nicht aromatisiertes Räuchermehl vom Buchenholz (im Anglerbedarf erhältlich)
etwas Öl zum Bepinseln des Einsatzes
8 Wallerfilets, à ca. 60 g
Salz • schwarzer Pfeffer
Chilipulver

FÜR DIE BREZENCHIPS
1 Laugenstange, altbacken
3 EL braune Butter

Für den Kürbis
1. Den Kürbis schälen und die Kerne entfernen. Das Fruchtfleisch in ½ cm dicke Scheiben und diese in kleinere Stücke von 2–3 cm schneiden.

2. In einem Topf bei mittlerer Hitze den Zucker hell karamellisieren. 250 ml Wasser hinzufügen und die Kürbiswürfel mit Essig, Salz, Ingwer, Nelke, Lorbeer, Wacholder, Senf- und Pfefferkörnern hineingeben. 2–3 Min. köcheln lassen, in 1 großes Einmachglas (500 ml) füllen, sofort verschließen und auskühlen lassen. (Der eingelegte Kürbis hält sich gekühlt mehrere Monate.)

Für den Waller
1. Einen flachen Topf mit Alufolie auslegen und 1–2 EL Räuchermehl darauf verteilen (siehe Vorgang, Seite 51). Ein passendes Dämpfgitter oder einen Asia-Dämpfkorb daraufsetzen und auf dem Herd bei milder Temperatur aufheizen, bis leichter Rauch aufsteigt. Den Dämpfeinsatz leicht mit Öl bestreichen.

2. Den Waller mit Salz und Pfeffer würzen und auf den Dämpfeinsatz legen. Zugedeckt in etwa 12 Min., je nach Dicke des Fisches, darin gar räuchern.

Für die Brezenchips
Die Laugenstange in dünne Scheiben schneiden und in einer Pfanne in brauner Butter kross braten. Auf Küchenpapier abtropfen lassen.

Anrichten
1. Die Kürbisstücke in etwas Einlegefond erhitzen, abtropfen lassen, auf vorgewärmten, tiefen Tellern anrichten.

2. Den Kürbissud mit einem Stabmixer nochmals aufschäumen und auf dem Kürbis verteilen. Die geräucherten Wallerstücke darauf anrichten und mit den Brezenchips bestreut servieren.

Waller in der Senfkruste
mit Meerrettich-Birnen-Wirsing

FÜR 4 PERSONEN | ZUBEREITUNG 50 MIN.

FÜR DIE GRATINIERMASSE
125 g weiche Butter
40 g Weißbrotbrösel
1 klein gehackte Knoblauchzehe
1 EL geschnittener Rosmarin
1 EL geschnittene Petersilie
1 TL frisch geriebener Parmesan
Salz • schwarzer Pfeffer

FÜR DEN WALLER
500 g Wallerfilets
Salz • schwarzer Pfeffer
Olivenöl
2 EL scharfer Senf

FÜR DEN WIRSING
½ Wirsingkopf
Salz
1 reife, feste Birne
2 Schalotten
1 EL braune Butter
100 g Sahne
1–2 EL Sahnemeerrettich (aus dem Glas)
1 Prise mildes Chilipulver
frisch geriebene Muskatnuss

Für die Gratiniermasse
Die Butter schaumig rühren. Weißbrotbrösel, Knoblauch, Kräuter und Parmesan daruntermischen. Salzen und pfeffern. Mit Hilfe von Pergamentpapier zu einer 3 cm dicken Rolle formen und kalt stellen.

Für den Waller
1. Die Wallerfilets in 4 Portionen schneiden und in einer Pfanne in Öl bei mittlerer Hitze leicht von beiden Seiten anbraten, salzen und pfeffern.

2. Die Filets in eine feuerfeste Form legen und ihre obere Seite dünn mit dem Senf bestreichen. Die Gratiniermasse in dünne Scheiben schneiden und dachziegelartig darauf legen. Unter dem vorgeheizten Grill, bei mittlerer Einschubleiste 3–4 Min. gratinieren lassen.

Für den Wirsing
1. Den Wirsing putzen, in die einzelnen Blätter zerteilen, entstrunken und in Rauten von ca. 3 cm schneiden. 3–4 Min. in kochendes Salzwasser geben, kalt abschrecken, abtropfen lassen und das übrige Wasser ausdrücken.

2. Die Birne schälen, vierteln, entkernen und in Scheiben schneiden. Die Schalotten schälen und klein würfeln.

3. Die Schalotten bei mittlerer Hitze in der braunen Butter glasig anschwitzen und den Wirsing hinzufügen. Die Birnenstücke dazugeben, die Sahne dazugießen, 2–3 Min. ziehen lassen und mit Sahnemeerrettich, Chilipulver, geriebener Muskatnuss und Salz abschmecken.

Anrichten
Den gratinierten Waller mit Wirsing auf vorgewärmten Tellern anrichten.

Huchenfilet auf Roter Bete
mit mariniertem Blattspinat und Meerrettichsauce

FÜR 4 PERSONEN | ZUBEREITUNG 1 STD.

FÜR DIE MEERRETTICHSAUCE
80 g festkochende Kartoffel
300 ml Gemüsebrühe
80 g Sahne
20 g kalte Butter
1 EL Sahnemeerrettich (Glas)
½ TL scharfer Senf
Salz • schwarzer Pfeffer
1 Prise Zucker
1 Prise mildes Chilipulver
einige Tropfen Zitronensaft

FÜR DIE ROTE BETE
2 kleinere Knollen Rote Bete, à 120 g
1 Prise gemahlener Kümmel
Salz
1 TL braune Butter
schwarzer Pfeffer
1 Thymianzweig
1 Streifen Bio-Zitronenschale
2 Scheiben Ingwer
½ Knoblauchzehe

FÜR DEN SPINAT
1 Handvoll junge Spinatblätter
1 TL frischer Zitronensaft
1 EL Olivenöl
1 Msp. scharfer Senf
Salz • schwarzer Pfeffer
1 Prise Zucker

FÜR DEN HUCHEN
4 Huchenfilets, à 120 g
Butter für das Blech
1 EL braune Butter
mildes Chilisalz

Für die Meerrettichsauce

1. Die Kartoffel schälen, waschen, in 1 cm große Würfel schneiden und in der heißen Gemüsebrühe weich garen.

2. Sahne, Butter, Sahnemeerrettich und Senf hineingeben und alles mit dem Stabmixer pürieren. Mit Salz, Pfeffer, Zucker, Chilipulver und einigen Tropfen Zitronensaft würzen.

Für die Rote Bete

Die Roten Beten in Salzwasser mit Kümmel in ca. 40 Min. weich kochen, anschließend schälen und in Spalten schneiden. Die braune Butter mit sämtlichen Gewürzen erhitzen und die Rote-Bete-Spalten darin von allen Seiten erhitzen.

Für den Spinat

Die Spinatblätter putzen, verlesen, waschen und abtropfen lassen. Zitronensaft, Olivenöl und Senf verrühren und mit Salz, Pfeffer und Zucker würzen.

Für den Huchen

1. Den Backofen auf 80° vorheizen.

2. Die Huchenfilets auf ein gebuttertes Backblech setzen, mit Klarsichtfolie bedecken und im Ofen in 15–20 Min. saftig durchziehen lassen.

3. Die Huchenfilets mit brauner Butter einpinseln und mit Chilisalz würzen.

Anrichten

1. Die Rote-Bete-Spalten auf vorgewärmten Tellern anrichten. Den Blattspinat in der Marinade wenden und daraufgeben.

2. Die Sauce mit einem Stabmixer kurz aufschäumen und über den Spinat träufeln; je 1 Huchenfilet daraufsetzen.

Kross gebratener Zander
auf Fenchel-Birnen-Gemüse

FÜR 4 PERSONEN | ZUBEREITUNG 50 MIN.

FÜR DAS FENCHEL-BIRNEN-GEMÜSE
2 kleinere Fenchelknollen
1 reife, feste rotbackige Birne
2 Möhren
1–2 TL Öl
125 ml Gemüsebrühe
½ ausgekratzte Vanilleschote
½ Knoblauchzehe
1–2 EL Butter
Salz • schwarzer Pfeffer
1 Prise mildes Chilipulver
1–2 TL Puderzucker

FÜR DEN ZANDER
500 g Zanderfilet, mit Haut
4 EL doppelgriffiges Mehl
1 EL Öl
mildes Chilisalz

Für das Fenchel-Birnen-Gemüse

1. Den Fenchel putzen. Die Knollenschichten einzeln abtrennen, waschen und in 2–3 cm große Scheiben schneiden. Die Birne waschen, vierteln, entkernen und in Spalten schneiden. Die Möhren schälen und schräg in 2–3 mm dicke Scheiben schneiden.

2. Fenchel und Möhren bei geringer Hitze in einem Topf im Öl anschwitzen. Die Brühe angießen, Vanilleschote und Knoblauchzehe dazugeben und zugedeckt bei sanfter Hitze in etwa 8 Min. garen. Dann die Butter dazugeben und mit Salz, Pfeffer und Chilipulver abschmecken.

3. In einer Pfanne bei geringer Hitze den Puderzucker hell karamellisieren, die Birnenspalten darin auf beiden Seiten anbraten und unter das Fenchelgemüse mischen. Knoblauchzehe und Vanilleschote entfernen.

Für den Zander

1. Die Zanderfilets in 8 gleich große Stücke schneiden. Mit der Hautseite in doppelgriffiges Mehl tauchen.

2. Die Fischstücke in einer Pfanne bei mittlerer Hitze im heißen Öl mit der Hautseite nach unten einlegen, 3–4 Min. kross anbraten. Den Fisch wenden, die Pfanne vom Herd nehmen und in der Nachhitze der Pfanne glasig durchziehen lassen. Auf Küchenpapier abtropfen und mit Chilisalz würzen.

Anrichten
Das Fenchel-Birnen-Gemüse mit dem Sud auf warmen Tellern anrichten und die Zanderfilets danebensetzen.

Gebratener Lachs-Zander-Strudel
mit Honig-Senf-Dill-Sauce und Portulaksalat

FÜR 4 PERSONEN | ZUBEREITUNG 55 MIN.

FÜR DIE HONIG-SENF-DILL-SAUCE
200 g Crème fraîche
1–2 EL Milch
1 TL Honig
1 TL scharfer Senf
1 EL frisch geschnittener Dill
Salz
1 Prise mildes Chilipulver

FÜR DEN PORTULAKSALAT
1 Handvoll Portulak
1 TL Zitronensaft
1 EL Olivenöl
Salz • schwarzer Pfeffer
1 Prise Zucker

FÜR DEN STRUDEL
200 g eiskaltes Lachsfilet
Salz
200 g eiskalte Sahne
½–1 TL scharfer Senf
1 Prise mildes Chilipulver
frisch geriebene Muskatnuss
4 fertige Strudelteigblätter, 12 x 12 cm Seitenlänge
4 Zanderfilets, à ca. 100 g
schwarzer Pfeffer
2 EL Öl

Für die Honig-Senf-Dill-Sauce
Crème fraîche, Milch, Honig, Senf und Dill gut miteinander verrühren und mit Salz und Chilipulver würzen.

Für den Portulaksalat
Die Salatblättchen verlesen, waschen und abtropfen lassen. Zitronensaft mit Olivenöl vermischen und mit Salz, Pfeffer und Zucker würzen.

Für den Strudel
1. Für die Farce das Lachsfilet in Würfel schneiden, salzen und mit der Sahne für 5 Min. in das Gefrierfach stellen.

2. Dann die Fischstücke in eine Küchenmaschine geben, Senf, Chili und Muskatnuss hinzufügen und etwas anmixen, bis eine Bindung entsteht.

3. Nach und nach die Sahne zufügen, dabei darauf achten, dass sie immer vollständig vom Fischfleisch aufgenommen wurde, bevor weitere Sahne zugefügt wird. Die Farce ist fertig, sobald sie glatt und glänzend ist.

4. Die Strudelblätter auf ein Küchentuch legen und jeweils in der Mitte in Zanderfiletgröße mit Farce bestreichen. Die Zanderfilets salzen und pfeffern und auf die Farce legen. Die Oberflächen ebenfalls mit Fischfarce bestreichen. Die Strudelteigenden darüber mittig zusammenschlagen, den Teig an den offenen Seiten zusammendrücken und bis auf 1 cm abschneiden.

5. In einer Pfanne bei geringer Hitze das Öl erhitzen und den Lachs-Zander-Strudel mit der Naht nach unten hineinlegen. Von beiden Seiten in insgesamt 8–10 Min. hell anbraten. Die Pfanne vom Herd nehmen und den Strudel darin noch etwas nachziehen lassen.

Anrichten
Die Strudelteigpäckchen halbieren und mit Sauce auf lauwarmen Tellern anrichten. Den Salat in der Marinade wenden und darüberstreuen.

Farcezubereitung

Im allgemeinen Sprachgebrauch ist eine Farce ja nichts Seriöses, sondern eine Posse, ein übermütiger Streich, zumindest aber ein Schwank.

Bei uns in der Küche sind die Farcen etwas Feines und sollen veredelnd wirken. Und deshalb bieten wir Köche ihnen auch eine unglaublich große Bühne. Wir füllen Fleisch- und Geflügelkeulen, gekochte Eier, Fisch, Brüste von Kälbern und Vögeln, Wild, Tomaten, Zwiebeln, Ravioli, Rouladen, Brühwürste, Pasteten und Weinblätter mit ihnen. Wir brauchen sie für Ballotinen und Galantinen, Pasteten und Terrinen. Wir streichen sie auf Canapés und Croûtons, belegen Teigböden mit ihnen und formen sie zu Klößchen oder Bordüren.

Wer also die Farce als Füllsel eindeutscht, degradiert sie und das hat sie nicht verdient. Denn sie macht ja nichts fülliger, sondern raffinierter. Um diesen Effekt zu erreichen, werden wir Köche immer fantasievoller: Die Farcen kommen uns dabei sehr entgegen. Sie können nämlich aus nahezu allem bestehen und gemixt werden, was sich zerkleinern und pikant würzen lässt. Und man kann ja auch alles Mögliche zur Farce kombinieren.

Füllten die Rezepte für Farcen, die zu den ältesten Elementen der großen Küche gehören, in den klassischen Kochbüchern einige Seiten, ließe sich seit der freien Entfaltung aller kreativen Kräfte in der modernen Küche leicht ein ganzes Buch mit Anregungen für Farcen füllen. Das überlieferte Farcen-Rezept für Galantinen, Pasteten und Terrinen enthielt die lapidare Anweisung: 25 bis 30 Gramm Gewürzsalz und anderthalb Deziliter Cognac oder Armagnac pro Kilo – da fallen doch heute jedem Koch Dutzende Varianten ein.

Bei deren Anwendung sind freilich immer noch traditionelle Regeln zu beachten: Magere Farcen auf Gemüsebasis brauchen etwas Fettes, um die weiche Konsistenz zu erreichen. Farcen für Gebratenes müssen so fett sein, dass das Farcierte nicht trocken wird, was z. B. für Geflügel gilt.

Und so bereite ich eine Farce zu:

FÜR 4 PERSONEN

FÜR DIE ZANDERNOCKERL
100 g Zanderfilet
Salz • schwarzer Pfeffer
100 g kalte Sahne
½ TL Dijonsenf
1 Msp. abgeriebene
  Bio-Zitronenschale
1 Prise mildes Chilipulver
frisch geriebene Muskatnuss

Für die Zandernockerl

1. Das Zanderfilet in Würfel schneiden, mit Salz und Pfeffer würzen und – wie die Sahne auch – ca. 5 Min. in das Tiefkühlfach stellen.

2. Die Fischfilets in eine Küchenmaschine geben, Senf, Zitronenabrieb, Chilipulver und geriebene Muskatnuss dazugeben. Den Fisch kurz pürieren, bis eine Bindung entsteht. Anschließend die Sahne in 3 Portionen hineinmixen, bis die Farce glatt und glänzend ist. In eine Schüssel füllen, nochmals abschmecken und bis zum Gebrauch kalt stellen.

3. In einem Topf reichlich Wasser zum Kochen bringen und gut salzen. Die Hitze nun so weit reduzieren, dass sie sich knapp unter dem Siedepunkt hält. Aus der Farce mit zwei nassen Teelöffeln kleine Nockerl formen und 10 Min. im Salzwasser ziehen lassen. Mit einer Schaumkelle herausheben und auf Küchenpapier abtropfen lassen.

Alpenlachs auf Kopfsalatsauce
mit Spargel

FÜR 4 PERSONEN | ZUBEREITUNG 1 STD.

FÜR DIE KOPFSALATSAUCE
80 g Kopfsalatblätter
1 EL Mandelblättchen
1 Bund glatte Petersilie oder 80 g Spinatblätter
Salz
1 Blatt Minze
½ geschälte Knoblauchzehe
1 Msp. abgeriebene Bio-Orangenschale
ein paar Tropfen Zitronensaft
60 ml Olivenöl
60 g braune Butter
1 EL Frischkäse
1 Prise mildes Chilipulver

FÜR DAS SPARGELGEMÜSE
250 g weißer Spargel
250 g grüner Spargel
1 TL Puderzucker
80 ml Gemüsebrühe
2 Scheiben Ingwer
½ Knoblauchzehe in Scheiben
1 Streifen Bio-Zitronenschale
Salz
1 Prise mildes Chilipulver

FÜR DEN LACHS
4 Alpenlachsfilets, à 120 g (ersatzweise Lachsfilet)
Butter für das Blech
1 EL braune Butter
mildes Chilisalz

Für die Kopfsalatsauce
1. Die Salatblätter gründlich waschen und trocken schleudern. Die Mandeln in einer Pfanne ohne Fettzugabe bei geringer Hitze hell bräunen und auskühlen lassen.

2. Die Petersilien- oder Spinatblätter von den Stielen zupfen, für 1–2 Min. in kochendes Salzwasser geben, kalt abschrecken und dann mit den Händen das Wasser ausdrücken.

3. Die Salatblätter mit der blanchierten Petersilie und dem Minzeblatt klein schneiden und mit Knoblauch, Orangenabrieb, Mandeln, Zitronensaft, Olivenöl und brauner Butter in ein Mixgerät geben. Grobkörnig pürieren, den Frischkäse kurz hineinmixen und mit Salz und Chili abschmecken.

Für das Spargelgemüse
1. Den weißen Spargel schälen, den grünen Spargel nur im unteren Drittel schälen und die holzigen Enden entfernen. Die Spargelstangen längs halbieren und schräg in 5 cm lange Stücke schneiden.

2. In einer Pfanne bei mittlerer Hitze den Puderzucker hell karamellisieren. Den Spargel darin kurz anschwitzen, die Brühe dazugießen und zugedeckt bei geringer Hitze in 8–10 Min. fast weich garen – falls nötig noch etwas Brühe nachgießen. Ingwer, Knoblauch und Zitronenschale einlegen, einige Min. darin ziehen lassen, wieder herausnehmen und die Sauce mit Salz und Chili abschmecken.

Für den Lachs
1. Den Backofen auf 80° vorheizen.

2. Die Lachsfilets auf ein gebuttertes Backblech setzen. Mit Klarsichtfolie bedecken und im vorgeheizten Backofen in 15–20 Min. saftig durchgaren. Mit der braunen Butter einpinseln und mit Chilisalz würzen.

Anrichten
Das Spargelgemüse auf vorgewärmten Tellern anrichten, den Lachs daraufsetzen und die Sauce außen herumziehen.

Fischpflanzerl mit Curry
auf Schmorgurken

FÜR 4 PERSONEN | ZUBEREITUNG ZEIT 1 STD.

FÜR DIE FISCHPFLANZERL
75 g entrindetes Weißbrot
75 ml Milch
½ Bund Frühlingszwiebeln
250 g Lachsfilet
250 g Zanderfilet
1 Eigelb
Salz • schwarzer Pfeffer
1 TL mildes Currypulver
1 TL frisch gehackter Ingwer
1 gehackte Knoblauchzehe
1 TL abgeriebene Bio-Zitronenschale
1 Spritzer Zitronensaft
Weißbrotbrösel zum Wenden
4 EL Öl

FÜR DIE SCHMORGURKEN
2 Gärtnergurken
70 ml Gemüsebrühe
mildes Chilisalz
1 EL Olivenöl
1 EL Butter
1 EL frisch geschnittene Dillspitzen

Für die Fischpflanzerl
1. Das Weißbrot in kleine Würfel schneiden und in Milch einweichen. Die Frühlingszwiebeln putzen, waschen und in Ringe schneiden.

2. Die Fischfilets durch einen Fleischwolf drehen. Die Masse mit Eigelb, eingeweichtem Weißbrot und Frühlingszwiebeln mischen. Mit Salz, Pfeffer, Curry, Ingwer, Knoblauch, Zitronenabrieb und Zitronensaft würzen.

3. Die Masse mit nassen Händen zu Pflanzerln formen, in Weißbrotbröseln wenden, in einer Pfanne in Öl bei geringer Hitze auf beiden Seiten goldbraun braten und auf Küchenpapier abtropfen lassen.

Für die Schmorgurken
1. Den Backofen auf 180° vorheizen. In die Gurkenschale längs 5 Streifen ritzen. Die Gurken in ca. 7 mm dicke Scheiben schneiden.

2. Die Gurkenscheiben auf ein Backblech geben, die Brühe angießen, mit Chilisalz bestreuen, das Olivenöl daraufträufeln und 8–10 Min. im Backofen schmoren. Herausnehmen, den Schmorsaft in einen kleinen Topf füllen, etwas einköcheln lassen, die Gurkenscheiben dazugeben und die Butter mit dem Dill hinzufügen.

Anrichten
Die Schmorgurken auf Tellern verteilen, mit dem Sud beträufeln und die Pflanzerl darauflegen.

Kross gebratener Saibling
auf Petersilien-Kohlrabi

FÜR 4 PERSONEN | ZUBEREITUNG 50 MIN.

FÜR DEN PETERSILIEN-KOHLRABI
2 große Kohlrabi
150 ml Gemüsebrühe
50 g Sahne
1 Msp. abgeriebene Bio-Zitronenschale
1–2 EL frisch geschnittene Petersilie
1 EL kalte Butter
mildes Chilisalz
frisch geriebene Muskatnuss
1 EL braune Butter

FÜR DEN SAIBLING
6 Saiblingsfilets mit Haut, à ca. 100 g
4 EL doppelgriffiges Mehl
3 EL braune Butter
etwas Zitronensaft

Für den Petersilien-Kohlrabi
1. Die Kohlrabis schälen, die holzigen Teile entfernen und die kleineren grünen Blätter aufbewahren. Die Kohlrabis in etwa ½ cm dicke Scheiben und diese in Ecken (Segmente) schneiden. Die Kohlrabiblätter in feine Streifen schneiden.

2. Die Kohlrabis in einem Topf mit der Brühe bei geringer Hitze zugedeckt etwa 20 Min. weich dünsten. Den Sud abgießen, ⅕ der Kohlrabis zum Sud geben, Sahne, Zitronenabrieb und Petersilie zufügen und mit der Butter pürieren. Mit Chilisalz und Muskatnuss würzen und nochmals erwärmen. Das Kohlrabigrün zu den Kohlrabistücken geben, die braune Butter dazugeben und mit Chilisalz und Muskat abschmecken.

Für den Saibling
1. Die Saiblingsfilets halbieren, und mit der Hautseite mit dem Mehl panieren.

2. Die Saiblingsfilets in einer Pfanne bei mittlerer Hitze in 1–2 EL brauner Butter auf der Hautseite knapp 2 Min. anbraten. Die Pfanne vom Herd nehmen, die Fische wenden und darin in einer weiteren Min. glasig durchziehen lassen. Die übrige braune Butter dazugeben, den Zitronensaft hineinträufeln und mit Chilisalz würzen.

Anrichten
Die Kohlrabisauce auf warmen Tellern verteilen, die Kohlrabistücke darauf anrichten und die Saiblingsfilets darauf platzieren.

Gewürzforellenstrudel mit Schnittlauchsauce
und Endivien-Portulak-Salat

FÜR 4 PERSONEN | ZUBEREITUNG 2 STD.

FÜR DEN GEWÜRZFORELLENSTRUDEL
150 g eiskaltes Forellenfilet
150 g eiskalte Sahne
½–1 TL scharfer Senf
1 Prise Chilisalz mit Vanille
½ TL mildes Currypulver
½ TL Kümmel
je 1 TL Korianderkörner,
  schwarzer Pfeffer, Senfkörner
8 Strudelteigblätter, ca. 14 x 14 cm
flüssige braune Butter
120 g Lachsfilet
2 EL Öl

FÜR DIE SCHNITTLAUCHSAUCE
150 g Crème fraîche
1 EL Milche
1 TL scharfer Senf
1 EL Zitronensaft
1 Msp abgeriebene
  Bio-Zitronenschale
1 EL Schnittlauchröllchen
Salz
frisch geriebene Muskatnuss
1 Prise mildes Chilipulver

FÜR DEN KRÄUTERSALAT
2 kleinere Blätter Endiviensalat
1 Handvoll Portulakblätter
1 TL Zitronensaft
1 EL Olivenöl
mildes Chilisalz
1 Prise Zucker

Für den Gewürzforellenstrudel

1. Das Forellenfilet in Würfel schneiden und mit Sahne für 5 Min. in das Gefrierfach legen. Die Fischstücke in eine Küchenmaschine geben (s. S. 143), Senf, Chilisalz und Curry hinzufügen und etwas anmixen, bis eine Bindung entsteht. Nach und nach die Sahne dazugießen, dabei darauf achten, dass die Sahne erst vollständig vom Fischfleisch aufgenommen wird, bevor neue zugefügt wird. Die Farce ist fertig, sobald sie glatt und glänzend ist.

2. Die Gewürze mischen und in eine Gewürzmühle füllen.

3. Ein Strudelteigblatt auf die Arbeitsfläche legen, mit brauner Butter bepinseln und mit der Gewürzmühle würzen. 45 Grad gedreht ein 2. Teigblatt daraufsetzen und ebenfalls mit Butter bepinseln. Die Strudelteigblätter in eine Muffinform legen, die Enden überhängen lassen und etwas Farce hineingeben. Alle Strudelblätter auf diese Weise füllen.

4. Das Lachsfilet in rechteckige Würfel schneiden (je ca. 30 g) und auf die Farce legen. Die Oberfläche mit der restlichen Fischfarce bestreichen.

5. Die Strudelpäckchen 12–14 Min. im vorgeheizten Ofen bei 170° backen. Anschließend aus den Muffinform herauslösen.

Für die Schnittlauchsauce
Die Crème fraîche mit Milch, Senf, Zitronensaft und -abrieb, Schnittlauch verrühren und mit Salz, Muskatnuss und Chili würzen.

Für den Kräutersalat

1. Den Endiviensalat waschen, abtropfen lassen und in feine Streifen schneiden. Die Portulakblätter verlesen, waschen und trocken schleudern.

2. Endiviensalat und Portulakblätter vermischen. Kurz vor dem Servieren mit Zitronensaft und Olivenöl marinieren und mit Chilisalz und Zucker würzen. In die Öffnung des Strudels setzen.

Anrichten
Die Schnittlauchsauce auf Teller geben, den Strudel darauflegen und den Kräutersalat in der Öffnung des Strudels anrichten.

Soufflierter Hecht und Saibling
auf Schalottenspinat mit Zitronensauce

FÜR 4 PERSONEN | ZUBEREITUNG 50 MIN.

FÜR DIE ZITRONENSAUCE
100 g kleine festkochende Kartoffeln
350 ml Gemüsebrühe
1 Lorbeerblatt
1 getrocknete rote, Chilischote
1 Msp. abgeriebene
 Bio-Zitronenschale
2 EL braune Butter
80 g Sahne
Salz
einige Tropfen Zitronensaft

FÜR DIE HECHTFARCE
je 2 EL fein gewürfelte Möhren
 und Zucchini • Salz
100 g gekühltes Hechtfilet, enthäutet
 (ersatzweise: Zanderfilet)
schwarzer Pfeffer
120 g eiskalte Sahne
½ TL scharfer Senf
1 Prise mildes Chilipulver
frisch geriebene Muskatnuss

FÜR DEN SAIBLING
4 Saiblingsfilets, à 80 g
Salz • schwarzer Pfeffer
1–2 EL flüssige braune Butter

FÜR DEN SPINAT
300 g Blattspinat
3 Schalotten
1 TL Butter
3 EL Gemüsebrühe
Salz • schwarzer Pfeffer
frisch geriebene Muskatnuss
1 Msp. abgeriebene
 Bio-Zitronenschale

Für die Zitronensauce
1. Die Kartoffeln schälen, würfeln und mit der Gemüsebrühe aufkochen. Lorbeerblatt und Chilischote dazugeben und zugedeckt ca. 20 Min. knapp unter dem Siedepunkt gar ziehen lassen.

2. Lorbeer und Chili entfernen. Kartoffeln mit Zitronenabrieb, brauner Butter und Sahne in einem hohen Becher mit dem Stabmixer zu einer feinen Sauce pürieren. Mit Salz und Zitronensaft abschmecken.

Für die Hechtfarce
1. Die Gemüsewürfel in Salzwasser fast weich kochen. Dann abgießen, kalt abschrecken und abtropfen lassen.

2. Die Hechtfilets in Würfel schneiden, mit Salz und Pfeffer würzen und mit der Sahne ca. 5 Min. vor der Verarbeitung in das Gefrierfach stellen.

3. Den Fisch in eine Küchenmaschine geben. Senf zufügen und mit Chili und Muskatnuss würzen. Das Fischfleisch anmixen, bis es anfängt zu binden. Dann die Sahne in 3 Portionen hineinmixen, bis eine glatte und glänzende Farce entsteht. Die Masse in eine Schüssel füllen, die Gemüsewürfel zugeben und kalt stellen.

Für den Saibling
1. Den Backofen auf 80° vorheizen. Die Saiblingsfilets salzen und pfeffern, auf gebutterte Backbleche legen, gleichmäßig mit der Farce bestreichen und die Oberfläche glatt streichen. Diese mit der braunen Butter bepinseln und 15–20 Min. in den Ofen geben.

Für den Spinat
1. Die Spinatblätter verlesen, waschen und trocken schleudern und grobe Stiele entfernen. Die Schalotten schälen und in Streifen schneiden.

2. Die Butter in einer Pfanne erhitzen und die Schalotten darin bei mittlerer Hitze glasig dünsten. Brühe hinzufügen, Spinat dazugeben und zusammenfallen lassen. Mit Salz, Pfeffer, Muskat und Zitronenabrieb würzen.

Anrichten
Die Saiblingsfilets auf vorgewärmten Tellern anrichten und den Spinat seitlich anlegen. Mit der Zitronensauce umgießen.

Gedämpfte Renke

mit Kartoffelremoulade und Vogerlsalat

FÜR 4 PERSONEN | ZUBEREITUNG 40 MIN.

FÜR DIE KARTOFFELREMOULADE
1 große Kartoffel festkochend (ca. 200 g)
Salz
1 Lorbeerblatt
1 kleine getrocknete rote Chilischote
150 g Crème fraîche
ca. 5 EL Buttermilch
1–2 TL scharfer Senf
2 EL Schnittlauchröllchen
1 Essiggurke, klein gewürfelt
1 gekochtes Ei, klein gehackt
1 EL Kapern, grob geschnitten
1–2 TL Zitronensaft
1 Msp. abgeriebene Bio-Zitronenschale
1 Prise Zucker
1 Prise mildes Chilipulver

FÜR DEN SALAT
1 Handvoll Vogerlsalat (Feldsalat)
1 EL mildes Olivenöl
1 TL Zitronensaft
mildes Chilisalz
1 Prise Zucker

FÜR DIE RENKE
½ TL angedrückte Wacholderbeeren
½ TL schwarze Pfefferkörner
je 2 Streifen Bio-Zitronen- und Orangenschale
1 Thymianzweig
2 Ingwerscheiben
2 EL braune Butter
6 Renkenfilets, à 70 g, halbiert
mildes Chilisalz

Für die Kartoffelremoulade
1. Die Kartoffel schälen, in ca. ½ cm große Würfel schneiden und in leicht gesalzenem Wasser mit Lorbeerblatt und Chilischote in ca. 15 Min. weich kochen. In ein Sieb abgießen, abtropfen lassen, Lorbeer und Chili entfernen und abkühlen lassen.

2. Crème fraîche, Buttermilch und Senf verrühren. Schnittlauch, Essiggurke, Ei, Kartoffeln und Kapern dazugeben. Mit Zitronensaft und -abrieb, Zucker, Salz und Chilipulver abschmecken.

Für den Salat
1. Den Vogerlsalat gründlich waschen, putzen und abtropfen lassen.

2. Öl mit Zitronensaft verrühren und mit Chilisalz und Zucker würzen.

3. Den Vogerlsalat kurz vor dem Anrichten mit der Vinaigrette vermischen.

Für die Renke
1. In einen großen Dämpftopf etwas Wasser füllen, Wacholder, Pfefferkörner, Zitrusschalen, Thymian und Ingwer einlegen und aufkochen.

2. Den Dämpfeinsatz einlegen, mit etwas brauner Butter bepinseln, die Renkenfiletstücke hineinsetzen und den Deckel auflegen. Bei geringer Hitze ca. 3 Min. dämpfen. Dann den Topf vom Herd nehmen und bei geschlossenem Deckel weitere 2 Min. ziehen lassen.

3. Den Deckel öffnen, die Renkenfilets mit brauner Butter bestreichen und mit Chilisalz bestreuen.

Anrichten
Die Kartoffelremoulade in tiefen Tellern anrichten, je 3 halbe Renkenfilets darauflegen und mit dem angemachten Vogerlsalat garnieren.

Gsurter Karpfen
auf lauwarmem Gemüsesalat

FÜR 4 PERSONEN | ZUBEREITUNG 55 MIN. | MARINIERZEIT CA. 12 STD.

FÜR DEN KARPFEN

1 l Wasser
20 g Salz
1 Lorbeerblatt
½ TL angedrückte Wacholderbeeren
½ TL schwarze Pfefferkörner
½ TL Korianderkörner
3 Pimentkörner
2 Ingwerscheiben
1 halbierte Knoblauchzehe
1 Streifen Bio-Zitronenschale
500 g Karpfenfilets
etwas Butter für das Backblech
1–2 EL braune Butter

FÜR DEN GEMÜSESALAT

250 g weißer Spargel
250 g grüner Spargel
2 Möhren
1 Bund Frühlingszwiebeln
150 ml Gemüsebrühe
2 Tomaten
2 EL Estragonessig
1 TL Dijonsenf
1 Prise Zucker
Chilisalz
2 EL mildes Olivenöl
2 EL Rapsöl
1 EL Schnittlauchstifte
1 EL geschnittene Petersilie
5–6 klein gezupfte Basilikumblätter

Für den Karpfen

1. Wasser mit Salz, Lorbeer, Wacholder, Pfeffer, Koriander, Piment, Ingwer und Knoblauch aufkochen. Zitronenschale einlegen und abkühlen lassen.

2. Die Karpfenfilets einlegen und 1 Tag gekühlt darin ziehen lassen.

3. Am nächsten Tag den Backofen auf 80° vorheizen. Die Filets aus der Lake nehmen und abtropfen lassen. Auf ein gebuttertes Backblech setzen, mit Klarsichtfolie bedecken und in 20–30 Min. im Backofen gar ziehen lassen. Herausnehmen und mit brauner Butter einpinseln.

Für den Gemüsesalat

1. Den weißen Spargel schälen und die Enden abschneiden. Den grünen Spargel waschen, die Enden abschneiden und das untere Drittel schälen. Alle Stangen längs halbieren und schräg in 5 cm lange Stücke schneiden.

2. Die Möhren schälen, längs vierteln und schräg in 5 cm lange Stücke schneiden. Die Frühlingszwiebeln putzen, waschen und schräg in 5 cm lange Stücke schneiden.

3. Spargel und Möhren mit der Brühe in einen Topf geben und zugedeckt bei geringer Hitze etwa 10 Min. knapp unter dem Siedepunkt gar ziehen lassen. Nach 5 Min. die Frühlingszwiebeln dazugeben.

4. Die Tomaten kreuzweise einritzen, mit kochendem Wasser 20–30 Sek. überbrühen, kalt abschrecken und häuten. Die Tomaten vierteln, die Kerne entfernen und das Fruchtfleisch klein würfeln.

5. Das Gemüse in ein Sieb abgießen, dabei die Brühe auffangen. 120 ml der Brühe mit Estragonessig, Senf, Zucker, Chilisalz und den beiden Ölsorten mit dem Stabmixer verrühren.

6. Das lauwarme Gemüse mit der Marinade und den Tomaten mischen. Schnittlauch, Petersilie und Basilikumblätter untermengen.

Anrichten

Den Gemüsesalat portionsweise auf vorgewärmten Tellern anrichten und die Karpfenstücke darauf platzieren.

Karpfengulasch
mit Kartoffeln und Paprika

FÜR 4 PERSONEN | ZUBEREITUNG 1 STD.

FÜR DIE GULASCHSAUCE
500 g vorwiegend festkochende Kartoffeln
Salz
1 Lorbeerblatt
1 kleine getrocknete Chilischote
½ Knoblauchzehe
1 Zwiebel
je 1 rote, gelbe und grüne Paprikaschote
450 ml Gemüsebrühe
3 EL mildes Olivenöl
schwarzer Pfeffer
1 Prise mildes Chilipulver
3 EL braune Butter
1–2 EL frisch geschnittene Petersilie
1 Prise mildes Chilisalz
500 g Karpfenfilets

FÜR DIE GULASCHWÜRZE
je 1 TL gemahlener Kümmel und Majoran
1 geschälte Knoblauchzehe
½ TL abgeriebene Bio-Zitronenschale
1 gestr. TL Paprika edelsüß
1 gestr. TL Piment de la vera picante (geräucherter Paprika)

Für die Gulaschsauce
1. Die Kartoffeln schälen und in ca. 2 ½ cm große Würfel schneiden. In Salzwasser mit Lorbeer, Chili und Knoblauch in ca. 30 Min. weich köcheln. Abtropfen lassen und die Gewürze entfernen.

2. Zwiebel schälen und in ca. 2 cm große Rauten schneiden. Paprika putzen, mit einem Sparschäler schälen und in gleich große Rauten schneiden.

3. Beide Gemüsesorten in der Gemüsebrühe knapp unter dem Siedepunkt in 15–20 Min. weich köcheln lassen.

4. ⅓ des Gemüses herausnehmen, 4 EL Brühe abnehmen und das übrige Gemüse mit der restlichen Brühe, 1–2 gekochten Kartoffelwürfeln und dem Öl mit einem Stabmixer glatt pürieren.

Für die Gulaschwürze
Für die Gulaschwürze Kümmel, Majoran, Knoblauch und Zitronenschale klein hacken. Paprika und Piment mit etwas Wasser glatt rühren.

Fertigstellung
1. Die Sauce mit der Hälfte der Würzmischung vermengen und das verrührte Paprikapulver dazugeben. Einige Min. ziehen lassen und mit Salz, Pfeffer und Chili würzen. Gegebenenfalls noch Gulaschwürze nachgeben.

2. Die Kartoffelwürfel bei mittlerer Hitze in einer Pfanne in 1–2 EL brauner Butter golden anbraten. Petersilie hinzufügen und mit Chilisalz würzen.

3. Den Karpfen in 2–2 ½ cm große Stücke schneiden. In einer Pfanne bei geringer Hitze in der restlichen braunen Butter rundherum 2–3 Min. anbraten und auf Küchenpapier abtropfen lassen, salzen und pfeffern.

4. Paprika-Zwiebel-Gemüse in 4 EL Brühe erhitzen und anschließend mit Chilisalz würzen.

Anrichten
Die Sauce gegebenenfalls nochmals mixen, auf vorgewärmte, tiefere Teller verteilen, darauf die gebratenen Kartoffelwürfel und die Paprikarauten verteilen und die Karpfenstücke darauf anrichten.

Venusmuscheln
im Anissud

FÜR 4 PERSONEN | ZUBEREITUNG 40 MIN.

FÜR DEN ANISSUD
½ Zwiebel
1 Möhre
1 Stange Staudensellerie
½ kleine Fenchelknolle
1 TL Puderzucker
1 Prise Aniskörner
4 cl Anislikör
80 ml Weißwein
250 ml Gemüsebrühe
1 Lorbeerblatt
1 Knoblauchzehe in Scheiben
2 Scheiben Ingwer
1 Streifen Bio-Zitronenschale
½ Döschen Safranfäden (0,05 g)
30 g kalte Butterwürfel
Salz
1 Prise mildes Chilipulver

FÜR DIE VENUSMUSCHELN
2 kg Venusmuscheln
Salz
1 EL frisch geschnittene Petersilie

Für den Anissud

1. Zwiebel und Möhre schälen. Die Zwiebel halbieren und quer in dünne Streifen schneiden. Die Möhre längs halbieren und schräg in dünne Scheiben schneiden. Sellerie und Fenchel putzen und waschen. Den Fenchel vierteln und quer in dünne Streifen schneiden, den Sellerie schräg in dünne Scheiben schneiden.

2. In einem Topf bei geringer Hitze den Puderzucker karamellisieren, das Gemüse mit dem Anis einrühren und anschwitzen. Mit Anislikör und Weißwein ablöschen, auf die Hälfte einkochen lassen und die Brühe aufgießen. Lorbeer, Knoblauch, Ingwer und Zitronenschale einlegen und den Safran einstreuen. 10–15 Min. mehr ziehen als köcheln lassen.

3. Den Sud durch ein Sieb gießen, Ingwer, Zitronenschale und Lorbeerblatt dabei entfernen. Die Butter in kleinen Stückchen in den Sud mixen und mit Salz, Chili und nach Wunsch noch etwas Anislikör abschmecken. Das Gemüse wieder in den Sud geben.

Für die Venusmuscheln

1. Die Muscheln gründlich waschen und bürsten. Geöffnete Exemplare dabei aussortieren und wegwerfen.

2. In einem Topf 200 ml Salzwasser erhitzen, die Muscheln hineingeben und ca. 5 Min. zugedeckt dämpfen, bis sie sich öffnen. Mit einer Schaumkelle herausheben, geschlossene Muscheln dabei entfernen und wegwerfen.

Anrichten

Die Muscheln mit dem Anis-Gemüse-Sud mischen, in vorgewärmten Suppentellern anrichten und mit der Petersilie bestreut servieren.

Lotte mit Kümmel gebraten
auf Kartoffel-Majoran-Sauce

FÜR 4 PERSONEN | ZUBEREITUNG 45 MIN.

FÜR DIE KARTOFFEL-MAJORAN-SAUCE
100 g Kartoffel
40 g Möhre
250 ml Gemüsebrühe
½ kleines Lorbeerblatt
1 kleine getrocknete rote Chilischote
1 halbierte Knoblauchzehe
80 g Sahne
1 Prise getrockneter Majoran
1 Prise gemahlener Kümmel
Salz
½ TL abgeriebene Bio-Zitronenschale
20 g kalte Butter

FÜR DAS GEMÜSE
1 Möhre
1 gelbe Möhre
1 Petersilienwurzel
100 g Lauch
Salz
4 EL Gemüsebrühe
1 EL frisch geschnittene Petersilie
schwarzer Pfeffer
frisch geriebene Muskatnuss
1 EL braune Butter

FÜR DIE LOTTE
500 g Lottefilets (Seeteufelfilet)
2 TL Kümmelsamen
1 EL Öl
mildes Chilisalz
1–2 EL braune Butter

Für die Kartoffel-Majoran-Sauce
1. Kartoffel und Möhre schälen und in ca. 1 cm große Würfel schneiden. Beide Gemüsesorten in der Brühe aufkochen lassen. Lorbeerblatt, Chili und Knoblauch dazugeben und alles knapp unter dem Siedepunkt in etwa 20 Min. weich ziehen lassen.

2. Lorbeer, Chili und Knoblauch entfernen, die Sahne dazugeben, erhitzen und mit Majoran, Kümmel, Salz und Zitronenschale würzen. Die Butter hinzufügen, mit einem Stabmixer pürieren und gegebenenfalls abschmecken.

Für das Gemüse
1. Sämtliches Wurzelgemüse schälen und den Lauch putzen. Alle Gemüsesorten in ½–1 cm breite Streifen schneiden, in Salzwasser fast weich kochen, kalt abschrecken und abtropfen lassen.

2. Das Gemüse in der Brühe erhitzen, Petersilie dazugeben und mit Salz, Pfeffer und Muskatnuss würzen. Zum Schluss die braune Butter dazugeben.

Für die Lotte
1. Die Seeteufelfilets schräg in 1 cm dicke Scheiben schneiden und anschließend mit Kümmel bestreuen.

2. Die Filets in einer Pfanne im heißen Öl auf beiden Seiten je 1–2 Min. anbraten, die Pfanne vom Herd nehmen und noch 1 Min. nachziehen lassen. Anschließend mit Chilisalz würzen und die braune Butter hinzufügen.

Anrichten
Die Gemüsestreifen in vorgewärmten tiefen Tellern verteilen. Die Sauce nochmals mit einem Stabmixer aufschäumen, um das Gemüse gießen und die Fischfilets darauf anrichten.

Wolfsbarsch und Jakobsmuscheln
auf Lauchgemüse mit kandierten Tomaten

FÜR 4 PERSONEN | ZUBEREITUNG 45 MIN. | BACKZEIT 1 STD. 30 MIN.

FÜR DIE KANDIERTEN TOMATEN
6 reife Tomaten
1 Knoblauchzehe in Scheiben
3 Rosmarinzweige
1–2 TL Puderzucker
Salz
100 ml mildes Olivenöl

FÜR DAS LAUCHGEMÜSE
2 Stangen Lauch
1–2 EL Schmoröl der Tomaten
mildes Chilisalz
60 ml Gemüsebrühe
2 Scheiben Ingwer
1 Streifen Bio-Zitronenschale
2 EL kalte Butter
1 EL grob gezupfte Petersilienblätter

FÜR WOLFSBARSCH UND JAKOBSMUSCHELN
4 Wolfsbarschfilets mit Haut,
 à 120 g
1 EL Öl
Salz • schwarzer Pfeffer
4 Jakobsmuscheln
 (nur das weiße Fleisch)
2 EL braune Butter
Vanillesalz
1 Prise milde Chiliflocken
etwas frisch geriebene
 Bio-Orangenschale

Für die kandierten Tomaten
1. Stielansätze der Tomaten entfernen. Die Tomaten 20 Sek. in kochendes Wasser tauchen. Kalt abschrecken, häuten, vierteln und entkernen.

2. Den Backofen auf 120° vorheizen. Tomatenfilets mit der runden Seite nach oben dicht nebeneinander auf ein Backblech setzen, dazwischen die Knoblauchscheiben und den Rosmarin legen, mit dem Puderzucker bestäuben, etwas salzen und mit Olivenöl beträufeln.

3. Die Tomaten im vorgeheizten Ofen auf der mittleren Schiene etwa 1–1 ½ Std. trocknen.

Für das Lauchgemüse
1. Den Lauch putzen, den dunkelgrünen Teil entfernen, die Stangen längs halbieren, gründlich waschen und quer in 1 cm breite Streifen schneiden.

2. Den Lauch in einer Pfanne im Öl glasig anschwitzen, mit Chilisalz würzen und die Brühe angießen. Dann mit Ingwer und Zitronenschale in etwa 4 Min. bissfest garen, die kandierten Tomaten hinzufügen und die Butter hineinschmelzen lassen. Bei Bedarf etwas nachwürzen und mit Petersilie bestreuen. Ingwer und Zitronenschale entfernen.

Für Wolfsbarsch und Jakobsmuscheln
1. Die Wolfsbarschfilets in 8 gleich große Stücke schneiden. In einer Pfanne bei mittlerer Hitze im Öl mit der Hautseite nach unten einlegen und in 3–4 Min. kross anbraten. Den Fisch wenden, die Pfanne vom Herd nehmen und in der Nachhitze glasig durchziehen lassen. Auf Küchenpapier abtropfen, salzen und pfeffern.

2. Die Jakobsmuscheln trocken tupfen. In einer heißen Pfanne etwas braune Butter pinseln, die Muscheln knapp 1 Min. anbraten, wenden, ½ Min. weiterbraten, die Pfanne vom Herd nehmen und in der Nachhitze der Pfanne noch ca. 1 Min. ziehen lassen.

3. Die braune Butter dazugeben, mit Vanillesalz und Chili würzen und die Jakobsmuscheln darin wenden. Die Wolfsbarschfilets mit der Hautseite nach oben zum Aromatisieren noch kurz in die Pfanne zu den Jakobsmuscheln setzen.

Anrichten
Das Lauchgemüse auf vorgewärmten Tellern anrichten. Je 1 Wolfsbarschfilet und 1 Jakobsmuschel daraufsetzen und mit der Gewürzbutter beträufeln.

Dorade in der Salzkruste
mit Limettenöl

FÜR 2 PERSONEN | ZUBEREITUNG 30 MIN. | BACKZEIT 40 MIN.

FÜR DIE DORADE
1 Dorade royale, 800–1000 g
je 1 Streifen Bio-Orangen- und Limettenschale
½ TL Fenchelsamen
2 Scheiben Knoblauch
1 Scheibe Ingwer
1 Thymianzweig

FÜR DEN SALZMANTEL
5 Eiweiße (Größe S)
1½ kg grobes Meersalz
30 g Mehl
30 g Speisestärke

FÜR DAS LIMETTENÖL
4 EL Olivenöl
Abrieb von 1 Bio-Limette
2 TL Limettensaft
1 EL frisch geschnittene Basilikumblätter

Für die Dorade
Den Backofen auf 200° vorheizen. Die Dorade schuppen, innen und außen unter fließend kaltem Wasser waschen, trocken tupfen und alle Flossen wegschneiden. Die Bauchhöhle mit Orangen- und Limettenschale, Fenchelkörnern, Knoblauch, Ingwer und Thymianzweig füllen.

Für den Salzmantel
1. Das Eiweiß schaumig anschlagen und mit Salz, Mehl und Speisestärke vermischen.

2. Ein Backblech mit Backpapier belegen, mit knapp der Hälfte der Salzmasse einen Sockel in Fischgröße darauf formen. Die Dorade auf das Salzbett legen und mit der übrigen Salzmasse bedecken. Im Ofen etwa 40 Min. backen.

Für das Limettenöl
Das Olivenöl mit Limettenabrieb und Limettensaft verrühren, dann das Basilikum einmengen.

Anrichten
Den Fisch aus der Salzkruste klopfen oder mit einem Brotschneidemesser einen Deckel abschneiden. Die Dorade filetieren, auf warmen Tellern anrichten und mit dem Limettenöl beträufeln.

Gedämpfter Kabeljau mit Wurzelgemüse
und Senfkörnersauce

FÜR 4 PERSONEN | ZUBEREITUNG 55 MIN.

FÜR DIE SENFKÖRNERSAUCE
1–2 TL Senfkörner
100 ml Gemüsebrühe
100 g Sahne
je 1 EL scharfer und süßer Senf
2 EL kalte Butter

FÜR DAS WURZELGEMÜSE
2 Möhren
1 Petersilienwurzel
100 g Knollensellerie
100 g Lauch (vom mittelgrünen Teil)
1 weiße Zwiebel
1–2 TL Puderzucker
50 ml Weißwein
80 ml Gemüsebrühe
3–4 Scheiben Ingwer
1 Msp. Bio-Orangenabrieb
1–2 EL Butter
Salz • schwarzer Pfeffer
1 Prise mildes Chilipulver
1–2 TL frisch geschnittene Petersilie

FÜR DEN KABELJAU
Öl
4 Kabeljaufilets, à 150 g
1 getrocknete rote Chilischote
1 Lorbeerblatt
1 EL Salz
1 TL Fenchelsamen
je 1 TL Koriander-, schwarze Pfeffer- und gelbe Senfkörner
1 EL Wacholderbeeren
3 Scheiben Ingwer

Für die Senfkörnersauce
1. Die Senfkörner in Wasser in ca. 5 Min. weich kochen, abgießen und in einem Sieb abtropfen lassen.

2. Brühe und Sahne aufkochen, beide Senfsorten hineinrühren. Die Senfkörner hinzufügen und die Butter hineinschmelzen lassen.

Für das Wurzelgemüse
1. Möhren, Petersilienwurzel und Sellerie schälen, in feine lange Scheiben schneiden und diese in 5–8 mm breite Streifen schneiden. Den Lauch putzen, waschen und längs in 5–8 mm breite Streifen schneiden. Die Zwiebel schälen und in Streifen schneiden.

2. In einem Topf bei mittlerer Hitze den Puderzucker hell karamellisieren, Möhren, Petersilienwurzel, Sellerie und Zwiebel darin anschwitzen und mit Weißwein ablöschen. Die Brühe dazugießen, Ingwer einlegen und bei geschlossenem Deckel am Siedepunkt 6–8 Min. dünsten lassen. Nach 5 Min. den Lauch hineinrühren.

3. Am Ende der Garzeit den Orangenabrieb und die Butter hineingeben, mit Salz, Pfeffer und Chili würzen und die Petersilie hineinstreuen.

Für den Kabeljau
1. Einen Dämpfeinsatz (z.B. ein Bambuskörbchen) mit etwas Öl einfetten. Die Fischfilets waschen, trocken tupfen und in den Dämpfeinsatz legen.

2. Für den Sud alle Gewürze mit ½ l Wasser in einen Topf geben. Das Wasser erhitzen und das Körbchen so in den Topf setzen, dass die Fischfilets nicht mit dem Wasser in Berührung kommen. Die Fischfilets in leichtem Dampf etwa 8 Min. gar ziehen lassen.

Anrichten
Das Gemüse auf warmen Tellern verteilen, die Sauce außen herumziehen und den Kabeljau darauf anrichten.

Rotbarbe auf Artischockenspinat
mit Curryfond

FÜR 4 PERSONEN | ZUBEREITUNG 1 STD.

FÜR DEN ARTISCHOCKENSPINAT
4 Tomaten
400 g junge Spinatblätter
2 große Artischocken
½ Zitrone
1 EL mildes Olivenöl
1–2 EL Butter
mildes Chilisalz
frisch geriebene Muskatnuss

FÜR DEN CURRYFOND
300 ml Fischfond
1 Knoblauchzehe in Scheiben
2 Scheiben Ingwer
1 Streifen Bio-Zitronenschale
1 gestr. TL mildes Currypulver
40 g kalte Butter
mildes Chilisalz

FÜR DIE ROTBARBE
8 Rotbarbenfilets, à ca. 60 g
1 EL Olivenöl
mildes Chilisalz

Für den Artischockenspinat
1. Die Stielansätze der Tomaten entfernen, die Tomaten oben kreuzweise einritzen, 20 Sek. in kochendes Wasser tauchen, kalt abschrecken, enthäuten, vierteln und entkernen. Die Kerne mixen, passieren und den Tomatensaft aufbewahren.

2. Den Spinat verlesen, gründlich waschen und abtropfen lassen.

3. Von den Artischocken den Stiel und alle holzigen Teile abschneiden und mit einem Kugelausstecher oder einem Löffel das Heu aus den Böden kratzen. Die Böden sofort mit Zitronensaft beträufeln.

4. Sobald alle Artischockenböden vorbereitet sind, diese in schmale Spalten schneiden und in einer Pfanne auf beiden Seiten bei geringer Hitze im Olivenöl hell anbraten. Den Tomatensaft zufügen, die Spinatblätter einlegen und 1–2 Min. darin andünsten. Die Tomatenwürfel dazugeben, kurz erhitzen, die Butter dazugeben und mit Chilisalz und Muskatnuss würzen.

Für den Curryfond
Den Fischfond mit Knoblauch, Ingwer und Zitronenschale 3–4 Min. einköcheln lassen. Die Gewürze herausnehmen, Curry einrühren, die Butter hineinmixen und mit Chilisalz abschmecken.

Für die Rotbarbe
Die Rotbarbenfilets im Olivenöl auf der Hautseite in einigen Min. kross braten. Vom Herd nehmen, den Fisch wenden, in der Nachhitze glasig durchziehen, abtropfen lassen und mit Chilisalz würzen.

Anrichten
Den Spinat in vertieften warmen Tellern anrichten, den Curryfond nochmals mit einem Stabmixer aufschäumen, um den Spinat angießen und die Rotbarbenfilets darauflegen.

Seezungenfilets mit Safran-Kardamom-Butter,
Tomaten und Lauchzwiebeln

FÜR 4 PERSONEN | ZUBEREITUNG 45 MIN.

FÜR DIE SAFRAN-KARDAMOM-BUTTER
1 EL Gemüsebrühe
5–6 Safranfäden
4 EL braune Butter
1 Knoblauchzehe in Scheiben
2 Scheiben Ingwer
1 Splitter Zimtrinde
5 angedrückte Kardamomkapseln
mildes Chilisalz

FÜR DIE BREZEN-CROÛTONS
1 altbackene Laugenstange
1–2 EL braune Butter

FÜR DAS GEMÜSE
4 Tomaten
1 Bund kleine Lauchzwiebeln
Salz
120 g kleine weiße Champignons
1–2 TL braune Butter
1 Streifen Bio-Zitronenschale
1 halbierte Knoblauchzehe
1 Scheibe Ingwer
80 ml Gemüsebrühe
1–2 EL Butter
mildes Chilisalz

FÜR DIE SEEZUNGENFILETS
12 Seezungenfilets, à ca. 40 g
1 EL mildes Olivenöl

Für die Safran-Kardamom-Butter
In einer Pfanne bei geringer Hitze die Brühe leicht erwärmen, vom Herd nehmen und die Safranfäden 5–10 Min. darin einlegen. Die braune Butter mit Knoblauch, Ingwer, Zimt und Kardamom dazugeben, leicht erwärmen und mit Chilisalz würzen.

Für die Brezen-Croûtons
Die Laugenstange in ca. 1 cm große Würfel schneiden, in einer Pfanne bei mittlerer Hitze in der braunen Butter hell rösten und auf Küchenpapier abtropfen lassen und warm stellen.

Für das Gemüse
1. Die Stielansätze der Tomaten entfernen, oben kreuzweise an der Oberseite einritzen, 20 Sek. in kochendes Wasser tauchen, kalt abschrecken, enthäuten, vierteln und entkernen. Die Tomatenfilets dritteln. Die Lauchzwiebeln putzen, waschen und schräg in 1,5 cm breite Stücke schneiden. In Salzwasser 2 Min. kochen, kalt abschrecken und abtropfen lassen. Die Champignons trocken säubern.

2. Die Champignons in einer Pfanne in der braunen Butter 2 Min. anbraten. Tomaten, Lauchzwiebeln, Zitronenschale, Knoblauch, Ingwer und Brühe dazugeben und erhitzen. Die Butter hineinschmelzen lassen, mit Chilisalz würzen und Zitronenschale, Knoblauch und Ingwer entfernen.

Für die Seezungenfilets
Die Seezungenfilets in einer Pfanne bei mittlerer Hitze im Öl zuerst auf der dunklen Seite etwa 1 Min. anbraten, wenden, nochmals etwa ½–1 Min. braten, vom Herd nehmen, noch ½ Min. ziehen lassen und auf Küchenpapier abtropfen lassen und anschließend etwas salzen.

Anrichten
Das Gemüse auf warmen Tellern anrichten, die Seezungenfilets darauflegen, mit der Safran-Kardamom-Butter beträufeln und mit den Brezencroûtons bestreuen.

Weißer Heilbutt auf rotem Zwiebelkraut
mit geräucherter Selleriesauce

FÜR 4 PERSONEN | ZUBEREITUNG 1 STD.

FÜR DIE SELLERIESAUCE
100 g Knollensellerie
350 ml Gemüsebrühe
60 g Sahne
Haut von zwei Räucherfischfilets (Filet anderweitig verwenden)
2 EL kalte Butter
Salz
1 Prise mildes Chilipulver

FÜR DAS ZWIEBELKRAUT
500 g weiße Zwiebeln
5 Pimentkörner
1 EL Puderzucker
150 ml roter Portwein
250 ml Rotwein
1 EL helle Senfkörner
1 kleines Lorbeerblatt
1 kleines Stück Bio-Orangenschale
1 Scheibe Knoblauch
1 Scheibe Ingwer
Salz • schwarzer Pfeffer
1–2 EL Butter

FÜR DEN HEILBUTT
1 EL Butter für das Blech
4 Heilbuttfilets, à 120 g
1 EL braune Butter
mildes Chilisalz

Für die Selleriesauce
Den Sellerie schälen und klein würfeln. Die Brühe aufkochen, die Selleriewürfel darin etwa 30 Min. bei geringer Hitze weich köcheln. Die Sahne hinzufügen und alles mit einem Stabmixer pürieren. Die Räucherforellenhaut in die Sauce einlegen, 15 Min. darin ziehen lassen und wieder entfernen. Die Butter hineinmixen und mit Salz und Chili würzen.

Für das Zwiebelkraut
1. Die Zwiebeln schälen und längs in max. ½ cm breite Streifen schneiden. Die Pimentkörner in ein Gewürzsäckchen füllen.

2. In einem weiten, flachen Topf den Puderzucker hell karamellisieren, mit Portwein und Rotwein ablöschen, Senfkörner, Lorbeerblatt und das Gewürzsäckchen hinzufügen und auf ⅓ einköcheln lassen.

3. Die Zwiebelstreifen hineinrühren, Orangenschale, Knoblauch und Ingwer einlegen, mit Salz und Pfeffer würzen und 10 Min. ziehen lassen. Lorbeer, Piment, Orangenschale, Knoblauch und Ingwer entfernen, dann die Butter hineinrühren.

Für den Heilbutt
Den Dampfgarer auf 70° vorheizen. Das Blech mit Butter bepinseln und den Fisch darauflegen, je nach Dicke des Fisches ca. 10 Min. glasig durchziehen lassen. (In einem Fischdampftopf 6–8 Min.) mit der braunen Butter einpinseln und mit Chilisalz würzen.

Anrichten
Das Zwiebelkraut auf warmen Tellern anrichten, die Selleriesauce aufmixen, außen herumziehen und die Heilbuttfilets daraufsetzen.

Fischfond zubereiten

Wenn der Küchenchef der Dirigent im Kochkonzert ist, dann spielt der Saucier die erste Geige. Seit jeher halten alle großen Köche und Gourmets die Sauce für die Königsdisziplin der haute Cuisine. Damit diese aber etwas werden kann, bedarf es als Grundlage einen gut gekochten Fond – der in keiner Küche fehlen darf. Wichtig bei einem Fischfond ist die Auswahl der Karkassen sowie deren Wässerung. Auch sollte ein Fischfond immer nur die angegebene Zeit kochen, da er sonst schnell leimig werden kann.

Und so bereite ich einen Fischfond zu:

ZUTATEN FÜR CA. 2 L

1 kg Fischkarkassen (z. B. von Steinbutt, Seezunge, Seeteufel, Kabeljau, St. Petersfisch)
1 Zwiebel
1 Stange Lauch (nur das Weiße)
½ Fenchelknolle
1 Stange Staudensellerie
50 g kleine Champignons (oder 1–2 EL getrocknete Champignons)
1 Tomate
1 EL Olivenöl
1 TL Puderzucker
¼ l Weißwein
2 Lorbeerblätter
1 TL schwarze Pfefferkörner
½ TL Pimentkörner
1 Knoblauchzehe, in Scheiben geschnitten

1. Die Fischkarkassen zerkleinern und in kaltem Wasser mindestens 1 Std. wässern, dabei das Wasser zwischendurch mehrmals wechseln. Den Backofen auf 150° vorheizen. Ein Backblech mit Backpapier auslegen. Die Fischkarkassen abgießen und abtropfen lassen, auf das Blech legen und im Ofen auf der mittleren Schiene etwa 10 Min. trocknen lassen.

2. Inzwischen die Zwiebel schälen. Lauch, Fenchel und Sellerie putzen und waschen. Das Gemüse grob zerkleinern. Die Champignons putzen, trocken säubern und in Scheiben schneiden. Die Tomate waschen und vierteln, dabei den Stielansatz entfernen. Die Tomatenviertel würfeln.

3. Zwiebel, Lauch, Fenchel und Sellerie bei mittlerer Hitze in einem Topf im Olivenöl andünsten. Den Pu-

derzucker darüberstäuben und leicht karamellisieren. Mit dem Wein ablöschen und etwas einköcheln lassen. Die Fischkarkassen dazugeben und etwa 3 l kaltes Wasser dazugießen, bis alles gut bedeckt ist. Champignons, Lorbeerblätter, Pfeffer- und Pimentkörner sowie Knoblauch dazugeben und kurz aufkochen. Die Tomaten hinzufügen und alles knapp unter dem Siedepunkt etwa 30 Min. ziehen lassen.

4. Den Fischfond vom Herd nehmen, abkühlen lassen und nach und nach mit einem Schöpflöffel vorsichtig durch ein mit einem feinen Passier- oder Küchentuch ausgelegtes Sieb gießen. Zum Aufbewahren den Fischfond am besten in kleinen Portionen und gut verschlossen einfrieren. So aufbewahrt, hält er sich mehrere Monate. Fischfond eignet sich zur Zubereitung von allen Fischgerichten, Fischsuppen und -saucen.

FLEISCHGERICHTE

Münchner Schnitzel
mit Pfifferlingen

FÜR 4 PERSONEN | ZUBEREITUNG 1 STD.

FÜR DIE SCHNITZEL
50 g gekochter Hinterschinken
150 g Weißwurstbrät
 (beim Metzger vorbestellen,
 ersatzweise Kalbsbrät)
1–2 EL kalte Sahne
mildes Chilisalz
½ TL abgeriebene
 Bio-Zitronenschale
1 EL frisch geschnittene Petersilie
4 Kalbsrückenscheiben, à ca. 140 g
Öl zum Plattieren
Salz • schwarzer Pfeffer

FÜR DIE PANADE
100 g doppelgriffiges Mehl
2 Eier
100 g Weißbrotbrösel
schwarzer Pfeffer
½ TL abgerieben Bio-Zitronenschale
1 EL leicht geschlagene Sahne
200 ml Öl
1 kleines Stück Butter

FÜR DIE PFIFFERLINGE
2 Lauchzwiebeln
200 g kleine, feste Pfifferlinge
1 EL braune Butter
Salz • schwarzer Pfeffer
1 Prise gemahlener Kümmel
1 Msp. abgeriebene
 Bio-Zitronenschale
1 TL Butter
1 EL frisch geschnittene Petersilie

Für die Schnitzel
1. Den Schinken in kleine Würfel schneiden. Weißwurstbrät und Sahne glatt rühren und die Schinkenwürfel untermischen. Mit Chilisalz, Zitronenabrieb und geschnittener Petersilie würzen.

2. Die Kalbsrückenscheiben mit einem scharfen Messer der Länge nach einschneiden, sodass sie aufgeklappt werden können. Dann zwischen zwei geölten Klarsichtfolien-Blättern zu dünnen Schnitzeln flach klopfen und auf beiden Seiten mit Salz und Pfeffer würzen. Das Weißwurstbrät auf je einer Schnitzelhälfte verteilen, dabei einen Rand lassen. Die andere Hälfte darüberklappen und leicht andrücken.

Für die Panade
Mehl, Eier und Weißbrotbrösel jeweils in tiefe Teller geben. Die Eier verquirlen, mit Pfeffer und Zitronenabrieb würzen und die leicht geschlagene Sahne unterheben.

Fertigstellung
Die Schnitzel vorsichtig erst in Mehl, dann im Ei und danach in den Weißbrotbröseln wenden. Sofort in einer Pfanne bei geringer Hitze auf beiden Seiten im Öl langsam hell braten. Zum Schluss noch die Butter hineinschmelzen lassen. Die Schnitzel aus der Pfanne nehmen und auf Küchenpapier abtropfen lassen.

Für die Pfifferlinge
1. Die Lauchzwiebeln putzen, waschen und in Ringe schneiden. Die Pfifferlinge kurz waschen, abtropfen lassen und putzen.

2. Pfifferlinge in einer Pfanne in der braunen Butter bei mittlerer Hitze anbraten, die Lauchzwiebeln hineingeben und mit Salz, Pfeffer, Kümmel und Zitronenabrieb würzen. Zuletzt die Butter hineinschmelzen lassen.

Anrichten
Die Schnitzel mit den Pfifferlingen auf vorgewärmten Tellern anrichten und mit der Petersilie bestreuen.

Wiener Schnitzel

mit lauwarmem Kartoffel-Feldsalat

FÜR 4 PERSONEN | ZUBEREITUNG 1 STD.

FÜR DIE WIENER SCHNITZEL
8 dünne Kalbsschnitzel aus der Oberschale à 60 g
Öl zum Plattieren
Salz • schwarzer Pfeffer
80 g doppelgriffiges Mehl
2 Eier
200 g Weißbrotbrösel
½ TL abgeriebene Bio-Zitronenschale
1 EL leicht geschlagene Sahne
200 g Butterschmalz
Saft von ½ Zitrone

FÜR DEN KARTOFFEL-FELDSALAT
1 kg festkochende Kartoffeln
Salz
1 TL Kümmelsamen
1 kleine Zwiebel
1 EL Öl
350 ml Geflügelbrühe
3 EL Rotweinessig
1–2 TL scharfer Senf
schwarzer Pfeffer
1 Prise mildes Chilipulver
1 Prise Zucker
3 EL braune Butter
120 g kleiner Feldsalat

Für die Wiener Schnitzel

1. Die Kalbsschnitzel zwischen zwei geölten Klarsichtfolien-Blättern flach klopfen und auf beiden Seiten mit Salz und Pfeffer würzen.

2. Mehl, Eier und Weißbrotbrösel jeweils in tiefe Teller geben. Das Ei verquirlen, mit Pfeffer und Zitronenabrieb würzen; dann die Sahne unterheben.

3. Die Schnitzel vorsichtig in Mehl wenden, durch das Ei ziehen und in den Weißbrotbröseln wenden, ohne diese zu fest anzudrücken.

4. Butterschmalz in einer Pfanne bei mittlerer Temperatur erhitzen und die Schnitzel darin zuerst auf einer Seite goldgelb backen. Wenden, gegebenenfalls etwas Butterschmalz zugeben, und das Fett durch eine leichte Vor- und Rückbewegung der Pfanne über die Schnitzel »schwappen« lassen, sodass sich die Panade wellenartig wölbt. Zusätzlich mit einem Löffel das heiße Fett immer wieder über die Schnitzel geben, bis sie goldbraun sind.

5. Die fertigen Schnitzel aus der Pfanne nehmen, auf Küchenpapier abtropfen lassen, bei Bedarf nachsalzen und mit etwas Zitronensaft beträufeln.

Für den Kartoffel-Feldsalat

1. Die Kartoffeln waschen und in Salz-Kümmel-Wasser weich kochen, heiß schälen, in dünne Scheiben schneiden, in eine Schüssel geben und noch heiß weiter verarbeiten. Die Zwiebel schälen, klein würfeln und in einer Pfanne im Öl bei geringer Hitze glasig anschwitzen.

2. Die Brühe erhitzen, mit Essig und Senf verrühren, mit Salz, Pfeffer, Chili und Zucker würzen und davon 2 EL beiseitestellen. Mit dem Stabmixer 1 Handvoll Kartoffeln untermischen. Nach und nach unter die Kartoffelscheiben mischen, bis die Flüssigkeit gebunden ist. Die braune Butter mit den Zwiebeln einrühren.

3. Den Feldsalat gründlich waschen, putzen und trocken schleudern. Eine Handvoll Feldsalat zur Dekoration zurückbehalten, den Rest klein schneiden und unter den Kartoffelsalat mischen.

Anrichten

Die Schnitzel auf Tellern anrichten, den Kartoffelsalat danebensetzen, den Feldsalat in der Marinade wenden und auf dem Kartoffelsalat anrichten.

Geschmorte Kalbsvögerl

FÜR 4 PERSONEN | ZUBEREITUNG 2 STD. 30 MIN.

FÜR DIE ROULADEN
½ kleine Zwiebel
je ½ Möhre und gelbe Möhre
50 g Knollensellerie
1 EL Öl
1 EL getrocknete Totentrompetenpilze
80 g gekochter Schinken
1–2 TL scharfer Senf
150 g Kalbsbrät (vom Metzger)
2 EL Sahne
Salz
1 Prise mildes Chilipulver
frisch geriebene Muskatnuss
1 Msp. abgeriebene Bio-Zitronenschale
1 EL frisch geschnittene Petersilie
8 dünne Kalbfleischscheiben aus der Keule, à 80 g
Öl zum Plattieren

FÜR DIE SAUCE
1 Zwiebel
120 g Knollensellerie
1 Möhre
1 EL Öl
1 TL Puderzucker
1 EL Tomatenmark
150 ml Rotwein
500 ml Geflügelbrühe
1 Lorbeerblatt
½ Knoblauchzehe
1 Streifen Bio-Zitronen- oder Orangenschale
1 El kalte Butter
schwarzer Pfeffer

Für die Rouladen
1. Gemüse schälen und in 3–4 mm große Würfel schneiden. In einer Pfanne bei mittlerer Hitze im Öl anschwitzen und auskühlen lassen. Trompetenpilze für 5 Min. in kochendes Wasser geben, abgießen, auskühlen lassen und klein hacken.

2. Den Schinken in 3–4 mm große Würfel schneiden, mit Senf, Gemüsewürfeln und Trompetenpilzen in das Brät mischen und die Sahne einrühren. Mit Salz, Chili, Muskat, Zitronenabrieb und Petersilie würzen.

3. Das Fleisch zwischen zwei geölten Klarsichtfolien-Blättern flach klopfen. Mit dem Brät so bestreichen, dass die Ränder frei bleiben. Die Längsseiten ein wenig nach innen schlagen, dann vom schmalen Ende her fest zusammenrollen und mit Rouladennadeln feststecken.

Für die Sauce
1. Das Gemüse schälen und in ½ cm große Würfel schneiden.

2. Die Rouladen in einer Pfanne in Öl bei geringer Hitze rundherum anbraten und herausnehmen. In der gleichen Pfanne das vorbereitete Gemüse anschwitzen. Puderzucker in einem Topf bei mittlerer Hitze hell karamellisieren lassen. Tomatenmark einrühren, mit Rotwein ablöschen und sämig einköcheln lassen. Die Gemüsewürfel hinzufügen und mit Brühe auffüllen.

3. Die Rouladen einlegen und zugedeckt in etwa 2 ½ Std. weich schmoren. Nach 2 Std. das Lorbeerblatt einlegen. Am Ende der Garzeit Knoblauch, Zitrusschalen einlegen und einige Min. darin ziehen lassen.

4. Die Rouladen herausnehmen und die Rouladennadeln entfernen. Die Sauce durch ein Sieb gießen, dabei das Gemüse etwas durchdrücken. Die Sauce einige Min. leicht einköcheln lassen. Die Butter einrühren, mit Salz und Pfeffer würzen und die Rouladen in der Sauce nochmals erwärmen.

Anrichten
Die Kalbsvögerl auf vorgewärmten Tellern mit der Sauce anrichten und z. B. ein mit Zitronenabrieb gewürztes Kartoffelpüree (s. S.193) servieren.

Kalbsfilet in der Brotkruste
mit winterlichem Gemüse

FÜR 4 PERSONEN | ZUBEREITUNG 1 STD. 20 MIN.

FÜR DAS KALBSFILET
1–2 EL getrocknete Totentrompetenpilze
100 g Kalbsbrät
2–3 EL Sahne
1 gestr. TL Dijonsenf
Salz • schwarzer Pfeffer
frisch geriebene Muskatnuss
1 EL gehackter Thymian
1 ganzes Toastbrot, altbacken
500 g Kalbsfilet (Mittelstück)
5 EL braune Butter

FÜR DAS GEMÜSE
100 g Rosenkohl
Salz
1 Petersilienwurzel
2 Möhren
2 Schwarzwurzeln
½ Zimtrinde
½ ausgekratzte Vanilleschote
100 ml Gemüsebrühe
schwarzer Pfeffer
frisch geriebene Muskatnuss
1 Prise mildes Chilipulver
1 EL Arganöl

Für das Kalbsfilet
1. Den Backofen auf 160° vorheizen. Ofengitter mit Abtropfblech einschieben.

2. Die Totentrompeten in kochendes Wasser geben, aufkochen lassen, dann vom Herd nehmen und 15 Min. ziehen lassen. Abtropfen und auskühlen lassen, dann klein hacken.

3. Das Kalbsbrät mit der Sahne glatt rühren. Dijonsenf dazugeben und mit Salz, Pfeffer und Muskat würzen. Thymian und Totentrompeten unterrühren. Das Toastbrot entrinden und längs 2 möglichst dünne Scheiben abschneiden. Beide Scheiben jeweils etwa 3 mm dick mit Brät bestreichen. Das Kalbsfilet halbieren, je 1 Stück darauflegen und darin einrollen, sodass das Fleischstück rundherum mit Brot eingewickelt ist.

4. Das Kalbsfilet im Brot in einer Pfanne bei mittlerer Hitze in der braunen Butter rundherum goldbraun anbraten, dann im Backofen auf dem Gitter in ca. 20 Min. saftig durchziehen lassen.

Für das Gemüse
1. Den Rosenkohl putzen, in einzelne Blätter teilen, in Salzwasser 1–2 Min. kochen, kalt abschrecken und abtropfen lassen.

2. Petersilienwurzel, Möhren und Schwarzwurzeln schälen. Die Schwarzwurzeln schräg in Scheiben schneiden, Petersilienwurzel und Möhren in Stifte schneiden und alle Gemüsesorten nacheinander in Salzwasser bissfest kochen, in kaltem Wasser abschrecken und auf einem Sieb abtropfen lassen.

3. Rosenkohlblätter mit Petersilienwurzel, Möhren, Schwarzwurzeln, Zimtrinde, Vanilleschote und Brühe in eine tiefe Pfanne geben. Mit Salz, Pfeffer, Muskatnuss und Chili würzen. Zuletzt das Arganöl dazugeben.

Anrichten
Das Kalbsfilet mit einem Sägemesser in Scheiben aufschneiden. Mit dem Gemüse portionsweise auf vorgewärmten Tellern anrichten und mit je 2–3 EL brauner Sauce umgießen.

Saucenkochen

Wenn der Küchenchef der Dirigent im Kochkonzert ist, dann spielt der Saucier die erste Geige. Seit jeher halten alle großen Köche und Gourmets die Sauce für die Königsdisziplin haute Cuisine.

Braune Sauce

FÜR 1 L

1,5 kg Fleischknochen vom Kalb, klein gehackt
3 Zwiebeln • 1 Möhre
150 g Knollensellerie
1 TL Puderzucker
1 EL Tomatenmark
300 ml kräftiger Rotwein
2 EL Öl
2,5 l leicht gesalzene Geflügelbrühe
1 Lorbeerblatt
1 EL Speisestärke
1 Rosmarin- oder Thymianzweig
¼ TL grob zerstoßene Pfefferkörner
1 Knoblauchzehe, in Scheiben geschnitten
2 Scheiben Ingwer
1 Streifen Bio-Zitronenschale
1 kleines Stück Bio-Orangenschale
1 EL kalte Butter
Salz

1. Die Knochen auf einem Blech bei 220° im vorgeheizten Ofen rundherum in etwa 45 Min. bräunen. Das ausgetretene Fett entfernen. Das Gemüse schälen und in etwa 1½ cm große Würfel schneiden.

2. In einem Topf bei mittlerer Hitze den Puderzucker hell karamellisieren, das Tomatenmark einrühren und etwas anbräunen lassen. Mit ⅓ des Rotweins ablöschen und sämig einköcheln lassen. Zweimal wiederholen.

3. Das Gemüse in einer Pfanne im Öl glasig anschwitzen, mit den gebräunten Knochen in den Topf geben und Brühe auffüllen, bis alles bedeckt ist. 2 Std. knapp unter dem Siedpunkt ziehen lassen.

4. Lorbeer einlegen und die Sauce auf die Hälfte einköcheln. Die Sauce durch ein Sieb gießen.

5. Die Speisestärke mit kaltem Wasser glatt rühren, in die köchelnde Sauce rühren und in 2 Min. sämig einköcheln lassen.

6. Den Kräuterzweig einlegen, Pfefferkörner, Knoblauch, Ingwer, Zitronen- und Orangenschale einlegen und einige Min. darin ziehen lassen. Die Sauce durch ein Sieb gießen, Butter einmixen und mit Salz abschmecken.

Wildsauce

FÜR 1 L

½ kg Fleischknochen vom Reh oder Hirsch, klein gehackt
½ kg Fleischknochen vom Kalb, klein gehackt
2 Zwiebeln
1 Möhre
150 g Knollensellerie
1 TL Puderzucker
1 EL Tomatenmark
300 ml Rotwein
1 EL Öl
2 l schwach gesalzene Geflügel- oder Gemüsebrühe
1 EL Speisestärke
½ TL Pimentkörner
1 Lorbeerblatt
1 TL leicht angedrückte Wacholderbeeren
1 Splitter Zimtrinde
1 Streifen Bio-Orangen- und Zitronenschale
½ TL Zartbitterschokoladesplitter
½ EL Preiselbeerkompott
Salz • schwarzer Pfeffer
1 EL kalte Butter
(siehe Abb. links)

1. Die Knochen auf einem Blech bei 220° im vorgeheizten Ofen rundherum in etwa 30 Min. bräunen. Das ausgetretene Fett entfernen. Gemüse schälen und in etwa 1½ cm große Würfel schneiden.

2. In einem Topf bei mittlerer Temperatur den Puderzucker karamellisieren, das Tomatenmark einrühren und etwas anbräunen lassen. Mit 100 ml Rotwein ablöschen und sämig einköcheln lassen. Den übrigen Rotwein auf 2-mal zufügen und einköcheln lassen.

3. Das Gemüse in einer Pfanne im Öl glasig anschwitzen, mit den gebräunten Knochen in den Topf geben und mit der Brühe bedecken. 2 Std. knapp unter dem Siedepunkt ziehen lassen.

4. Die Sauce durch ein Sieb gießen und auf die Hälfte einköcheln lassen. Die Speisestärke mit kaltem Wasser glatt rühren, in die köchelnde Sauce rühren und in 2 Min. sämig einköcheln lassen.

5. Piment, Lorbeerblatt, Wacholderbeeren, Zimtrinde und Zitrusschalen einlegen, einige Min. darin ziehen lassen und wieder entfernen. Mit etwas Zartbitterschokolade, Preiselbeerkompott, Salz und Pfeffer abschmecken. Zum Schluss die Butter einrühren.

Herrengröstel

FÜR 4 PERSONEN | ZUBEREITUNG 1 STD. 40 MIN

FÜR DIE SAUCE

2 EL kleine getrocknete Morcheln
125 ml lauwarme Geflügelbrühe
1–2 TL Puderzucker
1 TL Tomatenmark
125 ml Rotwein
400 ml Kalbsfond
1 Lorbeerblatt
1 TL Speisestärke
½ Knoblauchzehe, in Scheiben geschnitten
1 Streifen Bio-Zitronenschale
1 Scheibe Ingwer
1 EL Butter
Salz • schwarzer Pfeffer

FÜR DAS GRÖSTEL

300 g kleine festkochende Kartoffeln
Salz • 1 TL Kümmel
100 g breite Bohnen
½ Bund weißer Spargel, mittlere Dicke
½ Bund dicker grüner Spargel
12 kleine Möhren
120 g Kirschtomaten
400 g Kalbsfilet
1 TL Puderzucker
250 ml Geflügelbrühe
1 halbierte Knoblauchzehe
1 Streifen Bio-Zitronenschale
1 Scheibe Ingwer
2 EL kalte Butter
mildes Chilisalz
frisch geriebene Muskatnuss
2 EL braune Butter
schwarzer Pfeffer
1 Prise getrockneter Majoran
1 Prise gemahlener Kümmel
1 EL frisch geschnittene Petersilie
4 Wachteleier

Für die Sauce

1. Die Morcheln 1 Std. in der Geflügelbrühe einweichen. Anschließend herausnehmen und die Brühe durch einen Kaffeefilter abgießen.

2. Den Puderzucker goldbraun karamellisieren. Das Tomatenmark einrühren und etwas anrösten. Mit Rotwein ablöschen und sämig einköcheln lassen. Die Morchelbrühe angießen und sämig einköcheln lassen. Den Kalbsfond mit dem Lorbeerblatt dazugeben und auf die Hälfte einköcheln.

3. Speisestärke in kaltem Wasser glatt rühren und die köchelnde Sauce damit leicht binden. Knoblauch, Zitronenschale und Ingwer einige Min. mitziehen lassen und entfernen. Butter hineinschmelzen salzen und pfeffern.

Für das Gröstel

1. Die Kartoffeln in Salz-Kümmel-Wasser weich kochen. Schälen, auskühlen lassen und halbieren. Von den Bohnen die Enden entfernen und schräg in ca. 1 cm breite Stücke schneiden. In Salzwasser fast weich kochen, kalt abschrecken und abtropfen lassen.

2. Den weißen Spargel schälen, den grünen Spargel im unteren Drittel schälen, längs halbieren und schräg in ca. 3 cm lange Stifte schneiden. Das Grün der Möhren auf 1 cm kürzen, die Möhren schälen. Kirschtomaten waschen und halbieren. Kalbsfilet in ca. 1½–2 cm große Würfel schneiden.

3. Spargel und Möhren in etwas Puderzucker anschwitzen, mit der Brühe ablöschen und bei geringer Hitze einige Min. köcheln lassen, bis die Flüssigkeit fast verdampft und der Spargel fast weich ist. Morcheln, Bohnen und Kirschtomaten mit Knoblauch, Zitronenschale und Ingwer dazugeben, kurz erhitzen, 1 EL kalte Butter zufügen und mit Chilisalz und Muskatnuss würzen; warm halten. Alle Gewürze später entfernen.

4. Die Kartoffeln in einer Pfanne in 1 EL brauner Butter anbraten und mit Salz, Pfeffer, Majoran und Kümmel würzen. 1 EL kalte Butter und Petersilie dazugeben und warm halten. Die Fleischwürfel in einer großen Pfanne in 1 EL brauner Butter etwa 3 Min. anbraten, die Pfanne vom Herd nehmen und in der Nachhitze sanft und rosa durchziehen lassen, mit Chilisalz würzen. Wachteleier ca. 3 Min. kochen, kalt abschrecken, schälen und halbieren.

Anrichten

Die Kartoffeln auf vorgewärmten Tellern anrichten. Gemüse und Morcheln dazwischenstecken, die Fleischstücke ebenfalls dazwischenlegen, mit den Wachteleierhälften garnieren und mit der Sauce umträufeln.

Gschmorter Kalbstafelspitz
mit abgschmolzenem Kartoffelpüree

FÜR 4 PERSONEN | ZUBEREITUNG 1 STD. | GARZEIT 2 STD.

FÜR DEN KALBSTAFELSPITZ
1 Möhre
1 Zwiebel
150 g Knollensellerie
1,2 kg Kalbstafelspitz
Salz • schwarzer Pfeffer
2 EL Öl
1 TL Puderzucker
300 ml Rotwein
1 EL Tomatenmark
100 g passierte Tomaten
 (aus der Dose)
500 ml Geflügelbrühe
1 Lorbeerblatt
4 Wacholderbeeren
1 TL Pfefferkörner
1 Prise Korianderkörner
6 Pimentkörner
10 g getrocknete Champignons
1 halbierte Knoblauchzehe
1 Streifen Bio-Zitronenschale
2 Thymianzweige
30 g kalte Butter, gewürfelt
1–2 TL scharfer Senf

FÜR DAS KARTOFFELPÜREE
1 kg mehligkochende Kartoffeln
Salz
½ TL Kümmel
250 ml Milch
3 EL Butter
2 EL braune Butter
frisch geriebene Muskatnuss
1 Lauchzwiebel
1 Zwiebel
8 EL Kalbstafelspitzsauce
1 Msp. abgeriebene
 Bio-Zitronenschale

Für den Kalbstafelspitz
1. Den Ofen auf 120° vorheizen; Gemüse putzen, schälen und klein schneiden.

2. Den Kalbstafelspitz salzen und pfeffern und bei mittlerer Hitze in einem Schmortopf in 1 EL Öl von allen Seiten anbraten; dann herausnehmen.

3. Den Puderzucker im gleichen Topf hell karamellisieren, mit ⅓ des Rotweins ablöschen, das Tomatenmark einrühren und einköcheln lassen. Den übrigen Rotwein in 2 Portionen ebenso einköcheln lassen.

4. Das Gemüse in einer Pfanne in 1 EL Öl glasig anschwitzen. Zusammen mit den Tomaten und der Brühe in den Schmortopf geben und den Tafelspitz einlegen. Zugedeckt in etwa 2 Std. im Backofen rosa schmoren, gelegentlich wenden. Nach 1 ½ Std. Lorbeerblatt, Wacholderbeeren, Pfefferkörner, Koriander, Piment und Pilze dazugeben.

5. Das gegarte Fleisch herausnehmen und warm stellen. Sauce durch ein Sieb in einen Topf abgießen und das Gemüse mit einer Kelle kräftig ausdrücken. Knoblauch, Zitronenschale und Thymian einlegen, einige Min. darin ziehen lassen und entfernen. Butter und Senf einrühren, mit Salz und Pfeffer abschmecken. Das Fleisch in der Sauce nochmals erhitzen.

Für das Kartoffelpüree
1. Die Kartoffeln waschen, in Salz-Kümmel-Wasser weich kochen, heiß schälen und durch eine Kartoffelpresse drücken.

2. Die Milch erhitzen, mit einem Kochlöffel in das Püree rühren, 1 EL Butter und braune Butter hinzufügen und mit Salz und Muskat würzen.

3. Die Lauchzwiebel putzen, waschen und in Ringe schneiden. Die Zwiebel schälen, klein würfeln und in 2 EL Butter bei geringer Hitze hell bräunen. Mit der Kalbstafelspitzsauce ablöschen und glasig einköcheln lassen. Die Lauchzwiebelringe mit etwas Zitronenabrieb dazugeben.

Anrichten
Das Fleisch gegen die Faser in Scheiben aufschneiden und mit dem Püree, den Zwiebeln und der Sauce auf vorgewärmten Tellern anrichten.

Kavalierspitz vom Kalb
mit Liebstöckel-Pesto

FÜR 4 PERSONEN | ZUBEREITUNG 40 MIN. | GARZEIT 2 STD.

FÜR DEN KAVALIERSPITZ
1 kg Kalbs-Schulterspitz (aus dem Viertel)
1–2 EL Öl
6 l Gemüsebrühe
1 große Möhre
200 g Knollensellerie
1 kleine Stange Lauch
2 Zwiebeln
2 Lorbeerblätter
½ TL Wacholderbeeren
½ TL schwarze Pfefferkörner
½ TL Pimentkörner
Salz
1–2 EL Butter
schwarzer Pfeffer
frisch geriebene Muskatnuss
rot-grünes Chili-Vanillesalz

FÜR DAS LIEBSTÖCKEL-PESTO
50 g Blattspinat
50 g Petersilie
Salz
10 g Liebstöckelblätter
1 EL gebräunte Mandeln
1 TL Tafelmeerrettich
1 fein geriebene Knoblauchzehe
½ TL fein geriebener Ingwer
60 ml mildes Olivenöl
60 g braune Butter
schwarzer Pfeffer
etwas frischer Zitronensaft

Für den Kavalierspitz

1. Das Schulterstück bei mittlerer Hitze im heißen Öl anbraten. Mit Gemüsebrühe auffüllen, sodass das Fleisch gut bedeckt ist. Bei geringer Hitze knapp unter dem Siedepunkt in ca. 2 Std. weich ziehen lassen.

2. Möhre und Sellerie schälen, die Möhre schräg in ½ cm dicke Scheiben, den Sellerie in 1 cm breite Scheiben und 2–3 cm große Stücke schneiden. Den Lauch waschen und dritteln, 1 Zwiebel ungeschält quer halbieren und in einer unbeschichteten Pfanne ohne Fettzugabe auf der Schnittfläche anbräunen. Die andere Zwiebel schälen und in 2 cm große Stücke schneiden. Alle Gemüsesorten nach ca. 1 ¼–1 ½ Std. Garzeit mit Lorbeerblättern, Wacholder, Pfefferkörnern und Piment in die Brühe geben.

3. Das Fleisch herausnehmen, die Brühe durch ein feines Sieb gießen und mit Salz abschmecken. Lauch und die beiden Zwiebelhälften entfernen, das Fleisch in der Brühe warm halten. Das restliche Gemüse mit 5 EL Brühe in einen Topf geben, kurz vor dem Servieren die Butter hineinrühren und mit Salz, Pfeffer und frisch geriebener Muskatnuss würzen.

Für das Liebstöckel-Pesto

1. Spinat- und Petersilienblätter von den Stielen zupfen, nacheinander in Salzwasser blanchieren, in kaltem Wasser abschrecken und abtropfen lassen. Mit den Händen die Blätter gut ausdrücken und klein schneiden.

2. Spinat, Petersilie und Liebstöckel mit den Mandeln, Meerrettich, Knoblauch, Ingwer, Olivenöl und der braunen Butter mit einem Stabmixer glatt pürieren. Mit Salz, Pfeffer und Zitronensaft würzen.

Anrichten

Das Fleisch in Scheiben schneiden, mit rot-grünem Chili-Vanillesalz bestreuen und in große, etwas vertiefte Teller legen. Das Gemüse daneben anrichten. 200 ml der Fleischbrühe mit 1–2 EL Pesto verrühren und um das Fleisch herum verteilen.

Kalbsrahmbraten mit gepökelter Kalbszunge

und gemischten Pilzen

FÜR 4 PERSONEN | ZUBEREITUNG 50 MIN. | GARZEIT 2 STD.

FÜR DEN KALBSRAHMBRATEN
2 Zwiebeln • 1 Möhre
100 g Knollensellerie
2 reife Tomaten
1 kg Kalbs-Schulterspitz (aus dem Vorderviertel, »Kavalierspitz«)
2 EL Öl • 1 TL Puderzucker
150 ml Rotwein
1 EL Tomatenmark
500 ml Geflügelbrühe
10 g getrocknete Champignons
1 Lorbeerblatt
3 Wacholderbeeren
100 g Sahne
2 Petersilienstiele
1 Liebstöckelstiel
1 halbierte Knoblauchzehe
1 Scheibe Ingwer
1 Streifen Bio-Zitronenschale
Salz • 1 Prise mildes Chilipulver

FÜR DIE PILZE
200 g gemischte Pilze (Steinpilze, Pfifferlinge)
1 Schalotte
1 EL braune Butter
Salz • schwarzer Pfeffer
1 Prise gemahlener Kümmel
1 Msp. abgeriebene Bio-Zitronenschale
1 EL frisch geschnittene Petersilie

ZUM ANRICHTEN
5 EL Geflügelbrühe
1 EL braune Butter
8 Scheiben Zunge, ca. 100 g (s. S. 27)
Fleur de Sel

Für den Kalbsrahmbraten

1. Zwiebeln, Möhre und Sellerie schälen und in 1–2 cm große Würfel schneiden. Die Tomaten waschen und achteln.

2. Den Backofen auf 150° vorheizen. Das Fleisch in einem Bräter in 1 EL heißem Öl bei mittlerer Hitze anbraten. Herausnehmen, das Bratfett abgießen und den Puderzucker auf dem Bratensatz karamellisieren. Mit der Hälfte des Rotweins ablöschen und einkochen. Das Tomatenmark einrühren und sämig einköcheln, den übrigen Rotwein angießen, nochmals etwas einköcheln lassen und mit der Brühe aufgießen.

3. Zwiebeln, Möhre und Sellerie bei mittlerer Hitze in einer Pfanne im übrigen Öl glasig anschwitzen, mit den Tomaten in den Bräter geben, das Bratenstück hineinlegen und bei geschlossenem Deckel im Backofen insgesamt etwa 2 Std. schmoren. Dabei hin und wieder wenden.

4. 20 Min. vor Garzeitende die getrockneten Pilze, Lorbeer und Wacholder einlegen. Sahne einrühren, Petersilienstiele, Liebstöckelstiel, Knoblauch, Ingwer und Zitronenschale zugeben und einige Min. ziehen lassen.

5. Den Braten herausnehmen und warm stellen. Die Sauce durch ein Sieb gießen, dabei das Gemüse gut ausdrücken; die Sauce mit Salz und Chili abschmecken. Das Fleisch in der Sauce nochmals erwärmen.

Für die Pilze

1. Die Pilze putzen und in nicht zu dünne Scheiben schneiden. Die Schalotte schälen und klein würfeln.

2. Die Pilze in einer Pfanne bei mittlerer Hitze in der braunen Butter anbraten. Die Schalotte dazugeben, kurz mitbraten und mit Salz, Pfeffer, Kümmel, Zitronenabrieb und Petersilie würzen.

Anrichten

Die Brühe mit der braunen Butter in einer Pfanne erhitzen und vom Herd nehmen. Die Zungenscheiben darin wenden. Den Braten in Scheiben schneiden, mit der Sauce auf warmen Tellern anrichten. Mit Pilzen und Zunge garnieren. Die Zunge mit etwas grobem Salz bestreuen.

Gefüllte Kalbsbrust
mit Brezenfülle

FÜR 4 PERSONEN | ZUBEREITUNG 1 STD. | GARZEIT 3 STD. 30 MIN.

FÜR DIE FÜLLUNG
200 g Laugenstangen
½ Zwiebel
1 EL Butter
200 ml Milch
2 Eier
Salz • schwarzer Pfeffer
Chiliflocken
frisch geriebene Muskatnuss
1 TL abgeriebene
 Bio-Zitronenschale
1–2 EL frisch geschnittene Petersilie
1–2 TL gehackte Kapern

FÜR DIE KALBSBRUST
3 Zwiebeln
2 Möhren
200 g Knollensellerie
2 kg Milchkalbsbrust
1 EL Öl
1 TL Puderzucker
1 TL Tomatenmark
250 ml Rotwein
500 ml Geflügelbrühe
1 Lorbeerblatt
1–2 TL Speisestärke
1 halbierte Knoblauchzehe
1 Scheibe Ingwer
1 Rosmarinzweig
1 Streifen Bio-Zitronenschale
Salz • schwarzer Pfeffer

Für die Füllung
1. Die Laugenstangen in ca. 1 cm große Würfel schneiden. Die Zwiebel schälen, fein würfeln und in einer Pfanne in der Butter andünsten.

2. Die Milch erwärmen, die Eier mit dem Schneebesen unterrühren und die Eiermilch mit Salz, Pfeffer, Chiliflocken, Muskatnuss und Zitronenabrieb würzen und mit dem Schneebesen verrühren. Die Eiermilch über die Laugenstangenwürfel gießen, die Zwiebel mit Petersilie und Kapern dazugeben und alles gut mischen. Die Brotmasse kurz ziehen lassen.

Für die Kalbsbrust
1. Die Zwiebeln schälen und in Spalten schneiden. Möhren und Sellerie putzen, schälen und in grobe Stifte schneiden.

2. In die Kalbsbrust mit einem scharfen Messer eine Tasche einschneiden (oder vom Metzger schneiden lassen). Die Brust mit der Brotmasse locker füllen und mit Rouladennadeln verschließen. Das Fleisch in einer Pfanne im Öl bei mittlerer Hitze rundum anbraten und herausnehmen. Die Pfanne mit Küchenpapier entfetten und das Gemüse in der heißen Pfanne ohne Fett andünsten.

3. Den Backofen auf 150° vorheizen. Den Puderzucker in einem großen Schmortopf karamellisieren, das Tomatenmark einrühren und kurz anrösten. Mit dem Wein ablöschen und sämig einkochen lassen, dann die Brühe angießen. Die Kalbsbrust hineinlegen und im Ofen auf der mittleren Schiene etwa 3 ½ Std. schmoren lassen, dabei immer wieder mit dem Schmorsud begießen. Nach 2 Std. das Gemüse hinzufügen.

4. Die Kalbsbrust aus dem Schmortopf nehmen und warm stellen. Die Sauce durch ein Sieb gießen, das Gemüse beiseitestellen. Die Sauce mit dem Lorbeerblatt auf etwa ⅔ einköcheln lassen. Die Speisestärke mit wenig kaltem Wasser glatt rühren und die Sauce damit leicht sämig binden. Knoblauch, Ingwer, Rosmarin und Zitronenschale einige Min. in der Sauce ziehen lassen und wieder entfernen. Die Sauce zum Gemüse geben, mit Salz und Pfeffer würzen und nochmals erhitzen.

FORTSETZUNG

FÜR DEN WIRSING
½ Kopf Wirsing
Salz
3 EL Geflügelbrühe
1 EL Butter
1 EL braune Butter
mildes Chilisalz
frisch geriebene Muskatnuss

ZUM ANRICHTEN
1 TL frisch geriebener Meerrettich

Für den Wirsing
1. Den Wirsing putzen, in einzelne Blätter teilen, die Blattrippen entfernen und die Blätter in etwa 2 cm große Rauten schneiden. In Salzwasser in gut 5 Min. fast weich kochen, kalt abschrecken und abtropfen lassen.

2. Die Wirsingrauten in einer tiefen Pfanne in der Brühe erhitzen. Butter und braune Butter dazugeben und mit Chilisalz und Muskatnuss würzen.

Anrichten
Die Kalbsbrust in Scheiben schneiden und mit etwas Schmorgemüse und Sauce auf vorgewärmten Tellern anrichten. Daneben den Wirsing anrichten und etwas frischen Meerrettich darüberreiben.

Geschmorte Kalbsbackerl
mit Kräuterspätzle

FÜR 4 PERSONEN | ZUBEREITUNG 45 MIN. | GARZEIT 3 STD.

FÜR DIE KALBSBACKERL
2 Zwiebeln
1 Möhre
1 Petersilienwurzel
120 g Knollensellerie
12 Kalbsbackerl, küchenfertig (je 150 g)
2–3 EL Öl
1 TL Puderzucker
1 EL Tomatenmark
300 ml Rotwein
1 l Geflügelbrühe
½ TL Senfkörner
1 TL Speisestärke
1 Thymianzweig
1 Streifen Bio-Zitronenschale
1 halbierte Knoblauchzehe
1 Scheibe Ingwer
Salz • schwarzer Pfeffer
1 Prise Koriander

Für die Kalbsbackerl

1. Das Gemüse schälen und in 1 cm große Stücke schneiden. Die Kalbsbackerl in einem Schmortopf in 1–2 EL Öl bei mittlerer Hitze anbraten, dann herausnehmen. Den Puderzucker im gleichen Topf hell karamellisieren lassen, das Tomatenmark einrühren, etwas anbräunen, mit ⅓ des Rotweines ablöschen und einköcheln lassen. Den übrigen Rotwein auf 2 Portionen zufügen und jeweils einköcheln lassen.

2. Das Gemüse in einer Pfanne im übrigen Öl glasig anschwitzen, mit den Kalbsbackerln in den Topf geben und mit der Brühe auffüllen. Die Backerl sollten dabei mit Flüssigkeit bedeckt sein. Den Deckel auflegen, sodass noch ein Spalt frei bleibt und bei geringer Hitze etwa 3 Std. schmoren, bis das Fleisch weich ist. Den Deckel nach 2 Std. Garzeit abnehmen.

3. Die Backerl herausnehmen, die Senfkörner in die Sauce streuen und etwas einköcheln lassen. Die Speisestärke mit wenig kaltem Wasser anrühren, in die Sauce rühren, bis sie sämig bindet und noch 2 Min. köcheln.

4. Thymian, Zitronenschale, Knoblauch und Ingwer einlegen, einige Min. darin ziehen lassen, die Sauce durch ein Sieb gießen, das Gemüse dabei etwas ausdrücken und mit Salz, Pfeffer und Koriander würzen. Die Backerl wieder einlegen und nochmals erwärmen.

FORTSETZUNG

FÜR DAS PESTO
60 g Blattspinat
Salz
1 TL Mandelblättchen
60 g Kräuterblätter (z. B. Petersilie, Basilikum, Bärlauch, Kresse, Kerbel)
1 TL frisch geriebener Parmesan
1 Msp. gehackter Knoblauch
3 EL Olivenöl
2 EL braune Butter
schwarzer Peffer
einige Tropfen Zitronensaft

FÜR DIE SPÄTZLE
100 g Kräuterblätter (Petersilie, Basilikum, Bärlauch, Kresse, Kerbel)
70 g Crème fraîche
70 g saure Sahne
5 Eier
1 EL Öl
500 g doppelgriffiges Mehl
Salz
frisch geriebene Muskatnuss

Für das Pesto

1. Spinatblätter verlesen, gründlich waschen, abtropfen lassen und in Salzwasser blanchieren. In kaltem Wasser abschrecken und auf einem Sieb abtropfen lassen, mit den Händen das übrige Wasser gut ausdrücken, grob zerkleinern und in einen Blitzhacker geben.

2. Die Mandeln in einer Pfanne ohne Fettzugabe hell rösten. Die Kräuterblätter zerkleinern und mit Parmesan, Mandeln, Knoblauch, Olivenöl und brauner Butter ebenfalls in den Mixer geben. Mit Salz, Pfeffer und Zitronensaft würzen und zu einer Paste mixen.

Für die Spätzle

1. Kräuterblätter waschen, abtropfen lassen und klein schneiden. Crème fraîche, saure Sahne, Eier, Öl und Kräuter in einem Mixer pürieren. Kräuterpüree, Mehl, Salz und Muskatnuss mit dem Kochlöffel oder in einer Küchenmaschine in 3–5 Min. zu einem glatten Teig verarbeiten.

2. Durch den Spätzlehobel in siedendes Salzwasser hobeln oder mit einer nassen Palette vom Spätzlebrett schaben. An die Oberfläche steigen lassen, einmal aufkochen lassen, mit einer Schaumkelle herausheben und in einer Pfanne bei mittlerer Hitze mit dem Kräuterpesto mischen.

Anrichten
Die Kalbsbackerl auf vorgewärmten Tellern verteilen, die Sauce darüberziehen und die Spätzle daneben anrichten.

Kalbshaxe

im Ganzen geschmort

FÜR 4 PERSONEN | ZUBEREITUNG 40 MIN. | GARZEIT 3 STD. 30 MIN. – 4 STD.

2 Zwiebeln
1 Möhre
120 g Knollensellerie
1 ganze Kalbshaxe mit Knochen, ca. 2,5 kg
2–3 EL Öl
2 TL Puderzucker
1 EL Tomatenmark
200 ml Rotwein
500 ml Geflügelbrühe
1 Lorbeerblatt
½ TL schwarze Pfefferkörner
1 TL Speisestärke
1 Streifen Bio-Zitronenschale
1 geschälte Knoblauchzehe
1 Scheibe Ingwer
1 Thymianzweig
1 EL Butter
1 EL frisch geschnittene Petersilie
mildes Chilisalz
Salz • schwarzer Pfeffer

1. Das Gemüse schälen. Zwiebeln in 2 cm große Rauten schneiden, Möhre schräg in etwa ½ cm dicke Scheiben und den Sellerie in 2 cm große, ca. ½ cm dicke Rauten schneiden. Den Backofen auf 150° vorheizen.

2. Die Kalbshaxe in einem Bräter in 1–2 EL Öl bei mittlerer Hitze rundherum anbraten und herausnehmen. Das übrige Fett aus dem Bräter tupfen, Puderzucker hineinstäuben und darin hell karamellisieren lassen. Das Tomatenmark hineinrühren, etwas anbräunen, mit der Hälfte des Rotweins ablöschen, sämig einköcheln lassen, den übrigen Rotwein angießen und ebenfalls einköcheln. Das Gemüse bei mittlerer Hitze in einer Pfanne im übrigen Öl glasig anschwitzen, in den Bräter geben, die Brühe angießen und die Kalbshaxe einlegen.

3. Einen Deckel auflegen und unter mehrmaligem Wenden in 3 ½ – 4 Std. im Ofen weich garen. Nach 2 Std. den Deckel abnehmen und die Kalbshaxe gelegentlich mit der Sauce übergießen.

4. Anschließend die Kalbshaxe herausnehmen, die Sauce durch ein Sieb gießen und das Gemüse warm halten. Lorbeerblatt und Pfefferkörner einlegen und die Sauce etwas einköcheln lassen. Die Speisestärke mit etwas kaltem Wasser glatt rühren und die köchelnde Sauce damit sämig binden. Zitronenschale, Knoblauch, Ingwer und Thymianzweig einlegen und einige Min. darin ziehen lassen, anschließend entfernen.

5. Die Butter zum Gemüse geben, die Petersilie hineinstreuen und mit Chilisalz würzen.

Anrichten
Die Kalbshaxe in Scheiben schneiden, salzen und pfeffern und mit der Sauce und dem Schmorgemüse anrichten.

Grüne Bandnudeln
mit Kalbsleber-Birnen-Ragout

FÜR 4 PERSONEN | ZUBEREITUNG 30 MIN.

FÜR DIE NUDELN
400 g grüne Bandnudeln
Salz
5 Scheiben Ingwer
2 getrocknete rote Chilischoten
2 EL mildes Olivenöl
200 ml Geflügelbrühe
2 Knoblauchzehen, in Scheiben geschnitten
1 Prise milde Chiliflocken
¼ ausgekratzte Vanilleschote
1 EL Butter

FÜR DAS LEBER-BIRNEN-RAGOUT
300 g küchenfertige Kalbsleber
1 kleine reife, feste Birnen
1–2 TL Puderzucker
1–2 EL Butter
1 EL braune Butter
Salz • schwarzer Pfeffer
1 Msp. abgeriebene Bio-Zitronenschale
1 Prise Majoran
1 EL frisch geschnittene Petersilie

Für die Nudeln
1. Die Nudeln in Salzwasser mit 3 Ingwerscheiben und den Chilischoten sehr bissfest kochen. Abgießen, abtropfen lassen, auf einem Backblech ausbreiten und mit 1–2 EL Olivenöl vermischen.

2. In einer großen tiefen Pfanne die Brühe mit Knoblauchscheiben, den übrigen Ingwerscheiben, Chiliflocken und Vanille erhitzen. Die Nudeln darin fertig kochen, bis die Flüssigkeit fast eingekocht ist. Vanilleschote und Ingwer entfernen und die Butter dazugeben.

Für das Leber-Birnen-Ragout
1. Die Leber in etwa 1 cm breite Streifen schneiden. Die Birnen waschen, vierteln, entkernen und in schmale Spalten schneiden.

2. In einer großen Pfanne bei geringer Hitze den Puderzucker hell karamellisieren. Die Birnenspalten hineingeben und darin auf beiden Seiten anbräunen und 1 EL Butter dazugeben.

3. Die Leber in einer anderen Pfanne in der braunen Butter verteilen und darin 2–3 Min. braten. Erst danach mit Salz, Pfeffer, Zitronenabrieb und gerocknetem Majoran würzen.

Anrichten
Die Nudeln in warmen Pastatellern verteilen und das Birnen-Leber-Ragout darauf anrichten und mit Petersilie bestreut servieren.

Innereien – beargwöhnte Köstlichkeiten

Es klingt wie ein Sammelbegriff eher nach wertlosem Allerlei denn nach inneren Werten. Doch die hierzulande immer noch verbreitete Geringschätzung haben Herz und Hirn, Leber und Nieren, Bries und Zunge nicht verdient. Eine Abneigung aus geschmacklichen Gründen kann's eigentlich nicht sein, denn in Süddeutschland hatten Innereien immer einen Stammplatz auf dem Speiseplan.

Bleibt nur ein Grund übrig, nämlich ein Anlass zur Selbstkritik an meinem Berufsstand: Nicht überall haben die Köche ihren Gästen die Innereien schmackhaft gemacht. (Und auch der Fleischhandel wirkte noch nie förderlich, wenn er die Innereien als »fünftes Viertel« taxierte.)

Wichtig ist, dass man Innereien am Schlachttag beim Metzger seines Vertrauens kauft, der wiederum Vertrauen zu seinen Viehzüchtern hat. Und dass man sie schnellstmöglich zubereitet.

Kalbsbeuscherl mit Semmelknödel

4 PERSONEN

FÜR DIE KALBSBEUSCHERL – VORKOCHEN
600 g Kalbslunge, küchenfertig
300 g Kalbsherz, küchenfertig
1 Zwiebel
1 Lorbeerblatt
2 Gewürznelken
½ TL schwarze Pfefferkörner
6 Wacholderbeeren
3 Scheiben Ingwer
Salz
100 ml Weinessig

Für die Kalbsbeuscherl – Vorkochen

1. *Lunge und Herz mehrere Stunden in kaltes Wasser legen. Das Wasser zwischendurch immer wieder erneuern. Die Zwiebel schälen, 1 Lorbeerblatt mit 2 Nelken auf 1 Zwiebel feststecken.*

2. *Die Außenseite der Lunge mehrmals mit einem spitzen Messer anstechen, damit der Sud eindringen kann. Herz und Lunge in einen großen Topf geben, mit Wasser gut bedecken, die gespickte Zwiebel mit Pfefferkörnern, Wacholderbeeren und dem Ingwer einlegen; den Sud leicht salzen.*

3. *Zugedeckt bei schwacher Hitze weich köcheln lassen. Dabei den aufsteigenden Schaum mit einer Kelle abnehmen. Nach etwa 40 Min. den Essig dazugeben und die Lunge wenden. Nach weiteren 40 Min. Garzeit die Lunge herausnehmen, abtropfen lassen und mit Klarsichtfolie bedeckt beiseitestellen. Das Herz weitere 20 Min. garen.*

4. *Den Sud durch ein Sieb abgießen und auffangen, dabei die Gewürze entfernen. Lunge und Herz wieder in den Sud einlegen, mit einem Deckel verschließen und am besten über Nacht durchkühlen lassen.*

FÜR DIE KALBSBEUSCHERL – FERTIGSTELLUNG

1 Lorbeerblatt • 1 Gewürznelke
2 angedrückte Wacholderbeeren
1 Knoblauchzehe, in Scheiben geschnitten
1 Scheibe Ingwer
1 Msp. abgeriebene Bio-Zitronenschale
1 Zwiebel • 1 Möhre
100 g Knollensellerie
1–2 TL Puderzucker
125 ml Weißwein
½–1 EL Tomatenmark
½ l Geflügelbrühe
150 ml Einlegefond von Gewürzgurken
100 g Sahne • 1 EL Speisestärke
2 EL kalte Butter
1 TL scharfer Senf
1 mittelgroße Gewürzgurke
1–2 TL Weinessig
1 Prise Majoran
½ TL gehackte Kapern
½ TL gehackte Sardellen
Salz • schwarzer Pfeffer
1 Prise mildes Chilipulver

ZUM ANRICHTEN
2 hart gekochte Eier
4 Cornichons • 12 Kapern
1 EL Schnittlauchröllchen

FÜR DIE SEMMELKNÖDEL
(s. S. 214)

Für die Kalbsbeuscherl – Fertigstellung

1. *Das ausgekühlte Fleisch zuerst in dünne Scheiben, dann in feine Streifen schneiden.*

2. *Lorbeerblatt mit Gewürznelke, Wacholderbeeren, Knoblauch, Ingwer und der Zitronenschale in einen Einwegteebeutel füllen und verschließen. Zwiebel, Möhre und Knollensellerie schälen und in möglichst feine Streifen schneiden.*

3. *In einem Topf den Puderzucker karamellisieren und die Gemüsestreifen darin glasig anschwitzen. Mit dem Weißwein ablöschen und fast völlig einköcheln lassen. Das Tomatenmark hineinrühren und die Brühe mit dem Gurkenwasser angießen. Das Gewürzsäckchen einlegen und das Gemüse in etwa 5–10 Min. darin knapp unter dem Siedepunkt weich ziehen lassen. Anschließend durch ein Sieb gießen, den Sud auffangen und das Gewürzsäckchen dabei entfernen.*

4. *Die Sahne in den Kochsud rühren und bei mittlerer Hitze aufkochen lassen. Die Speisestärke mit etwas kaltem Wasser glatt rühren, in den Sud rühren und 2 Min. mitköcheln lassen. Anschließend die Butter mit dem Senf hineinmixen.*

5. *Die Gewürzgurke in feine Streifen schneiden und mit den Fleisch- und Gemüsestreifen in die Sauce geben. Nochmals kurz erwärmen und mit Essig, Majoran, Kapern, Sardellen, Salz, Pfeffer und Chili würzen.*

Anrichten
Die Eier schälen und vierteln, die Cornichons fächerförmig einschneiden. Das Kalbsbeuscherl in vorgewärmte tiefe Teller verteilen, die Semmelknödel hineinsetzen und mit Eierviertel, Gurkenfächer, Kapern und Schnittlauch garnieren.

Rindsgulasch

mit Kartoffelnudeln

FÜR 4 PERSONEN | ZUBEREITUNG 1 STD. | GARZEIT 4 STD.

FÜR DAS RINDSGULASCH

1,2 kg Rinderwade
1 kg Zwiebeln
2 EL Öl
1–2 EL Tomatenmark
1,3 l Geflügelbrühe
2 Knoblauchzehen
je 1 TL Kümmel und Majoran
½–1 TL abgeriebene
  Bio-Zitronenschale
½ EL Paprika, edelsüß
Salz
1 Prise mildes Chilipulver

FÜR DIE KARTOFFELNUDELN

1 mittelgroße Kartoffel
Salz
½ TL ganzer Kümmel
200 g Mehl
100 ml Wasser
Mehl zum Ausrollen
Grieß zum Bestreuen
2 Scheiben Ingwer
1 getrocknete Chilischote
2 EL mildes Olivenöl
8 EL Geflügelbrühe
1 EL braune Butter
1 EL frisch geschnittene Kräuter,
  z. B. Petersilie, Kerbel
schwarzer Pfeffer
frisch geriebene Muskatnuss

Für das Rindsgulasch

1. Das Rindfleisch in 3 cm große Würfel schneiden. Die Zwiebeln schälen und in kleine Würfel schneiden.

2. Die Fleischwürfel in einem großen Schmortopf im Öl in 2 Portionen bei mittlerer Hitze anbraten und aus dem Topf nehmen. Zwiebeln darin anschwitzen. Tomatenmark einrühren, das Fleisch wieder dazugeben und mit der Brühe auffüllen. Einen Deckel knapp geschlossen auflegen und bei geringer Hitze 4 Std. schmoren lassen. Nach 2 ½ Std. den Deckel abnehmen.

3. Knoblauch schälen und mit Kümmel, Majoran und Zitronenschale fein hacken. Das Paprikapulver mit wenig Wasser glatt rühren. Am Ende der Garzeit Paprika und Gewürze in das Gulasch geben. Ca. 10 Min. ziehen lassen und mit Salz und Chilipulver abschmecken.

Für die Kartoffelnudeln

1. Die Kartoffel waschen, in Salz-Kümmel-Wasser weich kochen, heiß schälen und durch eine Kartoffelpresse drücken. Die Masse auskühlen lassen.

2. 60 g passierte Kartoffelmasse mit Mehl, Wasser und Salz zu einem sehr festen Teig verkneten. Anfangs ist er eher bröselig, deshalb nach einigem Kneten nach Bedarf noch etwas Wasser dazugeben. Den Teig fest in Folie verpacken und gekühlt 1 Std. ruhen lassen.

3. Dann den Teig auf einer bemehlten Arbeitsfläche mit einem Nudelholz dünn ausrollen. Danach mit einer Nudelmaschine ca. 3 mm dick ausrollen und zu langen Bandnudeln schneiden. Jede Kartoffelnudel zwischen den bemehlten Handflächen zu einer dicken Spaghetti rollen. Die Nudeln auf ein mit Grieß bestreutes Tablett auslegen.

4. Die Nudeln in Salzwasser mit Ingwer und Chili etwa 3 Min. kochen, abgießen und abtropfen lassen. Auf einem Tablett ausbreiten, mit Öl vermischen und ausdampfen lassen.

5. In einer tiefen Pfanne die Brühe erhitzen, die braune Butter mit den Kräutern zufügen und mit Salz, Pfeffer und Muskatnuss würzen. Die Kartoffelnudeln vor dem Servieren kurz darin schwenken.

Anrichten

Das Gulasch in vorgewärmten tiefen Tellern anrichten, die Kartoffelnudeln zu Nestern eindrehen und danebensetzen.

Gefüllter Ochsenschwanz

mit Semmelknödeln und Lauch-Pilz-Gemüse

FÜR 4 PERSONEN | ZUBEREITUNG 1 STD. 20 MIN. | EINWEICHZEIT CA. 5 STD. | GARZEIT 3 STD. 30 MIN.

FÜR DEN OCHSENSCHWANZ

2 Schweinenetze (vom Metzger)
2 Zwiebeln
1 Möhre
120 g Knollensellerie
2,5 kg Ochsenschwanz, zerteilt
1–2 EL Öl
1 EL Puderzucker
1–2 EL Tomatenmark
80 ml Madeira
250 ml roter Portwein
500 ml kräftiger Rotwein
1,5 l Geflügelbrühe
je 5 Wacholderbeeren und Pimentkörner
je ½ TL Koriander- und schwarze Pfefferkörner
1 Lorbeerblatt

FÜR DIE FÜLLUNG

1 Rezept Semmelknödelteig (s. S. 214)
1–2 EL Öl zum Anbraten
1–2 TL Speisestärke
½ Knoblauchzehe
1 Scheibe Ingwer
1 Rosmarinzweig
1 Streifen Bio-Zitronenschale
3 EL kalte Butter
Salz • schwarzer Pfeffer

Für den Ochsenschwanz

1. Das Schweinenetz mehrere Stunden in eiskaltes Wasser legen; das Wasser mehrmals wechseln. Auf Küchentüchern flach auslegen, dickere Teile entfernen und trocken tupfen. Am besten eignen sich dünne Netzstücke.

2. Das Gemüse schälen und in 1–2 cm große Stücke schneiden.

3. Die Ochsenschwanzstücke in einem großen Schmortopf im Öl bei mittlerer Hitze anbräunen. Dann herausnehmen, den Puderzucker einstäuben und hell karamellisieren lassen. Das Tomatenmark einrühren, etwas anbräunen, mit Madeira, Portwein und ⅓ des Rotweins ablöschen und sämig einköcheln. Den übrigen Rotwein in 2 Portionen zufügen und jeweils einköcheln lassen.

4. Das Gemüse bei mittlerer Hitze in einer Pfanne glasig anschwitzen, in den Schmortopf geben, die Ochsenschwanzstücke einlegen und mit der Brühe auffüllen, sodass alles mit Flüssigkeit bedeckt ist. Den Deckel halb auflegen und das Fleisch in etwa 3 ½ Std. weich schmoren. 30 Min. vor Garzeitende Wacholder, Piment, Koriander- und Pfefferkörner sowie Lorbeer zufügen.

5. Das Fleisch herausnehmen, abtropfen lassen und von den Knochen lösen.

Für die Füllung

1. Die Knödelmasse zu ca. tischtennisballgroßen Kugeln formen. Die ausgelösten Fleischstücke um die kleinen Knödel fest andrücken, sodass die ursprüngliche Form des Ochsenschwanzstückes wieder entsteht. Diese Fleischpäckchen einzeln in entsprechende Stücke Schweinenetz wickeln. Im heißen Öl rundherum anbraten, dabei zuerst auf die Nahtstelle legen.

2. Die Sauce durch ein feines Sieb gießen, dabei das Gemüse gut ausdrücken. Die Sauce auf die Hälfte einköcheln. Die Speisestärke mit wenig kaltem Wasser glatt rühren und die Sauce damit sämig binden. Knoblauch, Ingwer, Rosmarin und Zitronenschale einlegen, einige Min. ziehen lassen, dann entfernen. Die Butterflöckchen einrühren, salzen und pfeffern.

3. Die angebratenen Ochsenschwanzpäckchen nebeneinander in die Sauce einlegen und 20 Min. bei angelegtem Deckel schmoren lassen. Zwischendurch einmal wenden. Die Sauce zum Schluss abschmecken.

→

FORTSETZUNG

FÜR DIE SEMMELKNÖDEL
1 kleine Zwiebel
1 EL braune Butter
200 g Semmeln vom Vortag (Weißbrot)
150 ml Milch
2 mittelgroße Eier
Salz • schwarzer Pfeffer
frisch geriebene Muskatnuss
1 EL frisch geschnittene Petersilie

FÜR DAS LAUCH-PILZ-GEMÜSE
120 g hellgrünes, dickes Mittelstück vom Lauch
Salz
6 kleine, feste Steinpilze
1 EL braune Butter
2 TL Butter • schwarzer Pfeffer
1 Prise gemahlener Kümmel
1 Msp. abgeriebene Bio-Zitronenschale
1 EL frisch geschnittene Petersilie
2 EL Geflügelbrühe
mildes Chilisalz

Für die Semmelknödelfülle
1. Die Zwiebel schälen, klein würfeln und in einer Pfanne bei mittlerer Hitze in der braunen Butter glasig anschwitzen.

2. Die Semmeln in dünne Scheiben schneiden und in eine Schüssel geben. Die Milch einmal aufkochen, vom Herd ziehen und die Eier darin verquirlen. Mit Salz, Pfeffer und Muskatnuss würzen, über das Weißbrot gießen, zudecken und einige Min. ausdampfen lassen.

3. Die Petersilie mit der gedünsteten Zwiebel hinzufügen und das Ganze zu einer glatten Knödelmasse verarbeiten. Daraus Knödel rollen und in heißem Wasser garen.

Für das Lauch-Pilz-Gemüse
Den Lauch schräg in 1 cm breite Scheiben schneiden. In Salzwasser bissfest kochen, abschrecken und abtropfen lassen. Die einzelnen Ringe voneinander lösen. Die Steinpilze gründlich putzen und halbieren. In einer Pfanne bei mittlerer Hitze in der braunen Butter rundherum anbraten. 1 TL Butter dazugeben, mit Salz, Pfeffer, Kümmel und Zitronenabrieb würzen und die Petersilie einstreuen. Die Lauchringe in der Brühe erhitzen, 1 TL Butter dazu geben und mit Chilisalz würzen.

Anrichten
Den gefüllten Ochsenschwanz auf vorgewärmten Tellern anrichten, mit etwas Schmorsauce überziehen und mit den Beilagen servieren.

Böfflamott mit rosa gebratenem Rinderfilet
und kleinem Gemüse

FÜR 4 PERSONEN | ZUBEREITUNG 1 STD. 30 MIN. | GARZEIT 3 STD. 30 MIN.

FÜR DAS BÖFFLAMOTT
2 Zwiebeln
100 g Knollensellerie
1 Möhre
1,5 kg flache Rinderschulter (Schaufelbug)
2–3 EL Öl
1 EL Puderzucker
1 EL Tomatenmark
5 EL Weinbrand
350 ml kräftiger Rotwein
1 l Geflügelbrühe

Für das Böfflamott

1. Das Gemüse schälen und in 1 cm große Würfel schneiden. Den Backofen auf 160° vorheizen.

2. Die Rinderschulter in einem Schmortopf in 1–2 EL Öl bei mittlerer Hitze anbraten; dann herausnehmen. 1 EL Puderzucker darin hell karamellisieren, das Tomatenmark einrühren und etwas anbräunen. Mit Weinbrand und ⅓ des Rotweines ablöschen und sämig einköcheln lassen. Den übrigen Rotwein in 2 Portionen zufügen und jeweils einköcheln lassen.

3. Das Gemüse in einer Pfanne in etwa 1 EL Öl bei mittlerer Hitze glasig anschwitzen, in den Schmortopf geben, die Brühe dazugießen und das angebratene Fleischstück einlegen. Mit geschlossenem Deckel in etwa 3 ½ Std. im Backofen schmoren lassen, dabei gelegentlich wenden. Die letzten 1 ½ Std., wenn der Backofen für das Rinderfilet benötigt wird, kann das Böfflamott auch auf dem Herd bei geringer Hitze garen.

FORTSETZUNG

½ TL Pimentkörner
½ TL schwarze Pfefferkörner
1 Splitter Zimtstange
5 Wacholderbeeren
1 Lorbeerblatt
1 halbierte Knoblauchzehe
2 Scheiben Ingwer
1 Streifen Bio-Zitronenschale
1 Streifen Bio-Orangenschale
½ TL gehackte Zartbitterschokolade
40 g kalte Butterstückchen
2 TL milder Balsamico
Salz
1 Prise mildes Chilipulver

FÜR DAS ROSA GEBRATENE RINDERFILET
500 g Rinderfilet
1 EL Öl
2 EL braune Butter
rot-grünes Chili-Vanille-Salz

FÜR DAS GEMÜSE
1 Bund Mini-Möhren
1 Bund kleine Lauchzwiebeln
Salz
3 EL Geflügelbrühe
1 EL Butter

4. Das Fleisch herausnehmen, Piment, Pfefferkörner, Zimt, Wacholder und Lorbeer in die Sauce einlegen und diese um etwa die Hälfte einköcheln. Knoblauch, Ingwer, Zitronen- und Orangenschale einlegen, 5 Min. darin ziehen lassen, die Sauce durch ein Sieb gießen, dabei das Gemüse etwas ausdrücken.

5. Die Schokolade mit der Butter in die Sauce rühren und mit ein paar Tropfen Balsamico, Salz und Chili abschmecken.

Für das rosa gebratene Rinderfilet
Den Backofen auf 100° vorheizen und in die untere Einschubleiste ein Ofengitter mit Abtropfblech schieben. Das Rinderfilet am Stück in einer Pfanne im Öl rundherum anbraten, auf das Ofengitter legen und in ca. 1 ½ Std. rosa durchziehen lassen. In einer Pfanne bei geringer Hitze die braune Butter erwärmen, mit Chili-Vanille-Salz würzen und das rosa gebratene Rinderfilet darin wenden.

Für das Gemüse
1. Von den Möhren das Grün bis auf 1 cm kürzen, die Lauchzwiebeln putzen, waschen und schräg halbieren. Beides nacheinander in Salzwasser leicht bissfest kochen, kalt abschrecken und abtropfen lassen.

2. Beide Gemüsesorten in einer Pfanne in der Brühe erhitzen, die Butter dazugeben und mit rot-grünem Chili-Vanille-Salz würzen.

Anrichten
Das Böfflamott in Scheiben schneiden, auf vorgewärmten Tellern anrichten und mit der Sauce überziehen. Das Rinderfilet in 4 Scheiben schneiden, anlegen und mit dem Gemüse garnieren.

Sellerie-Rostbraten
mit Dill-Bohnen

FÜR 4 PERSONEN | ZUBEREITUNG 1 STD. 10 MIN.

FÜR DAS SELLERIEPÜREE
500 g Knollensellerie
125 ml Gemüsebrühe
60 g kalte Butter
Salz • schwarzer Pfeffer
frisch geriebene Muskatnuss

FÜR DIE GRATINIER-MASSE
125 g weiche Butter
1–2 TL scharfer Senf
1 EL gehackte Rosmarinnadeln
1 EL frisch geschnittene Petersilie
1 TL frisch geriebener Parmesan
1 gehackte Knoblauchzehe
Salz • schwarzer Pfeffer
40 g Weißbrotbrösel

FÜR DIE DILL-BOHNEN
50 g Frühstücksspeck
1 EL Öl
400 g breite Bohnen
Salz
80 ml Gemüsebrühe
1 Knoblauchzehe in Scheiben
1 Scheibe Ingwer
1 Streifen Bio-Zitronenschale
20 g Butter • schwarzer Pfeffer
1 EL frisch gehackter Dill

FÜR DEN SELLERIE-ROSTBRATEN
4 Rinderlendenscheiben à 150 g
1 EL Öl
Salz • schwarzer Pfeffer

ZUM ANRICHTEN
200 ml Braune Sauce (s. S. 188)

Für das Selleriepüree
1. Den Sellerie schälen und in 1 cm große Würfel schneiden. Die Brühe erhitzen und die Selleriestücke darin in etwa 20 Min. abgedeckt weich dünsten.

2. Dann abgießen, abtropfen lassen, mit dem Stabmixer pürieren, dabei etwas Kochflüssigkeit und die Butter zufügen – das Püree sollte möglichst kompakt sein. Mit Salz, Pfeffer und Muskat abschmecken.

Für die Gratinier-Masse
Die Butter schaumig rühren. Senf, Kräuter, Parmesan und Knoblauch untermischen und mit Salz und Pfeffer würzen. Die Weißbrotbrösel hineinrühren, gegebenenfalls etwas nachwürzen und mit Hilfe von Pergamentpapier zu einer 3 cm dicken Rolle formen; kalt stellen.

Für die Dill-Bohnen
1. Den Speck würfeln. In einer Pfanne im Öl bei mittlerer Hitze kross braten, dann abtropfen lassen.

2. Die Bohnen putzen und schräg in 1–2 cm breite Stücke schneiden. In Salzwasser fast weich kochen, kalt abschrecken und abtropfen lassen.

3. Die Bohnen in der Brühe mit Knoblauch, Ingwer und Zitronenschale erhitzen, die Butter hineinrühren und mit Salz, Pfeffer und Dill würzen. Knoblauch, Ingwer und Zitronenschale anschließend entfernen.

Für den Sellerie-Rostbraten
1. Die Grillfunktion des Backofens einschalten. Die Rinderlendenstücke mit dem Handballen etwas flach drücken. In einer Pfanne bei mittlerer Hitze das Öl erhitzen und das Fleisch darin auf jeder Seite ca. 2 ½ Min. braten. Auf Küchenpapier abtropfen und mit Salz und Pfeffer würzen.

2. Das Selleriepüree ½ cm dick auf die Rinderlendenscheiben streichen. Die Gratinier-Masse in dünne Scheiben schneiden und leicht überlappend, dachziegelartig, darauflegen.

3. Unter dem Grill auf der mittleren Einschubleiste in etwa 4 Min. goldbraun überbacken.

Anrichten
Die Bohnen auf vorgewärmten Tellern anrichten, die Rostbratenscheiben darauf legen und mit der Braunen Sauce umgießen.

Roastbeef mit Bratkartoffeln
und Paprika-Remoulade

FÜR 4 PERSONEN | ZUBEREITUNG 1 STD. | GARZEIT 2 STD.

FÜR DAS ROASTBEEF
1,2 kg Rinderrücken, küchenfertig
1–2 EL Öl
2–3 EL braune Butter
mildes Chilisalz

FÜR DIE BRATKARTOFFELN
1 kg festkochende Kartoffeln
Salz
1 TL Kümmel
1 Zwiebel
1–2 EL Öl
schwarzer Pfeffer
1 Prise Kümmelsamen
½–1 TL Majoran
1 EL Butter
1 EL frisch geschnittene Petersilie

FÜR DIE PAPRIKA-REMOULADE
1 rote Paprika
Salz
150 g Schmand
2 EL Sahne
1 gestr. TL Paprikapulver, edelsüß
1–2 TL Räucherpaprikapulver
1–2 TL scharfer Senf
1 EL Schnittlauchröllchen
1 kleine Essiggurke, klein gewürfelt
2 gekochte Eier, klein gehackt
1 EL Kapern, grob gehackt
1–2 TL frischer Zitronensaft
1 Msp. abgeriebene
  Bio-Zitronenschale
mildes Chilisalz
1 Prise Zucker

Für das Roastbeef
1. Den Backofen auf 100° vorheizen und in die mittlere Einschubleiste ein Ofengitter mit Abtropfblech schieben.

2. Den Rinderrücken in einer Pfanne bei mittlerer Hitze im Öl rundherum anbräunen. Auf das Ofengitter legen und in etwa 2 Std. rosa garen. Anschließend in warmer brauner Butter wenden und mit Chilisalz würzen.

Für die Bratkartoffeln
1. Die Kartoffeln waschen, in Salz-Kümmmel-Wasser weich kochen, heiß schälen, mehrere Stunden durchkühlen lassen und in ½ cm dicke Scheiben schneiden. Die Zwiebel schälen und in feine Streifen schneiden.

2. Die Kartoffeln in einer großen Pfanne bei geringer Hitze im Öl auf einer Seite goldbraun anbraten. Wenden, die Zwiebelstreifen dazugeben und etwas anschwitzen lassen. Mit Salz, Pfeffer, Kümmel und Majoran würzen, Butter und Petersilie hinzufügen.

Für die Paprika-Remoulade
1. Die Paprika waschen, vierteln und entkernen. Mit einem Sparschäler schälen und in kleine Würfel schneiden. In Salzwasser 2 Min. kochen, kalt abschrecken und abtropfen lassen.

2. Schmand, Sahne, beide Paprikapulver und den Senf vermischen. Schnittlauch, Essiggurke, gehackte Eier und Kapern dazugeben. Mit Zitronensaft, Zitronenabrieb, Zucker, Salz und Chili würzig abschmecken.

Anrichten
Das Roastbeef in Scheiben schneiden, auf vorgewärmten Tellern anrichten und mit etwas brauner Butter beträufeln. Bratkartoffeln und Paprika-Remoulade daneben anrichten.

Wiesn-Steak
vom Rinderrücken

FÜR 4 PERSONEN | ZUBEREITUNG 40 MIN. | GARZEIT 45 MIN.

FÜR DIE GRATINIER-MASSE
2 TL schwarzer Pfefferkörner
½–1 TL Pimentkörner
½ TL Korianderkörner
¼–½ TL Zimtrindensplitter
½ kleine Zwiebel
1 TL Öl
130 g weiche Butter
1 TL scharfer Senf
2 EL frisch geschnittene Petersilie
Salz • schwarzer Pfeffer
½ TL abgeriebene
   Bio-Zitronenschale
40 g Weißbrotbrösel
mildes Chilisalz

FÜR DIE STEAKS
4 Rinderrückensteaks, à 200 g
1 EL Öl
Salz • Pfeffer

FÜR DAS FELDSALAT-PESTO
100 g Spinatblätter
Salz
60 g Feldsalat
1 EL Mandelblättchen
½ Knoblauchzehe
1–2 TL frisch geriebener Parmesan
100–120 g warme braune Butter
Chilisalz

Für die Gratinier-Masse

1. Die Gewürze in eine Mühle füllen. Die Zwiebel schälen, klein würfeln und in einer Pfanne in 1 TL Öl glasig anschwitzen; dann auskühlen lassen.

2. Die Butter schaumig schlagen. Senf, Zwiebelwürfel und Petersilie dazugeben, mit Salz, Pfeffer, Zitronenabrieb und den Gewürzen aus der Mühle würzen. Die Weißbrotbrösel einrühren und die Masse mit Hilfe von Backpapier zu Rollen von ca. 2–3 cm formen und durchkühlen lassen.

Für die Steaks

1. Den Backofen auf 100° vorheizen und in die mittlere Einschubleiste ein Ofengitter mit Abtropfblech schieben.

2. Die Steaks in einer Pfanne bei mittlerer Hitze im Öl anbraten. In den vorgeheizten Backofen geben und in ca. 40 Min. rosa durchziehen lassen.

Für das Feldsalat-Pesto

1. Spinatblätter verlesen, die Stiele abzupfen und gründlich waschen. In Salzwasser 1 Min. kochen, kalt abschrecken, mit den Händen das Wasser ausdrücken und klein schneiden. Den Feldsalat waschen und putzen.

2. Die Mandeln in einer Pfanne bei mittlerer Hitze ohne Fett goldbraun anrösten und abkühlen lassen. Den Knoblauch schälen und klein schneiden. Den Spinat mit Feldsalat, Mandeln, Knoblauch, Parmesan und brauner Butter mit dem Stabmixer zu einem cremigen Pesto pürieren. Das Pesto mit Chilisalz würzen und kalt stellen.

Fertigstellung

Die Steaks aus dem Ofen nehmen und den Backofen auf Oberhitze (Grill) einstellen. Die Steaks mit Salz und Pfeffer würzen und auf ein Backblech legen. Mit dem Pesto ca. ½ cm dick bestreichen. Die Gratinier-Masse in dünne Scheiben schneiden und leicht überlappend darauflegen. Auf der 2. Einschubleiste von unten in 4–5 Min. goldbraun überbacken.

Anrichten

Die Steaks sofort servieren. Dazu passen gebratene Kartoffeln und verschiedene Gemüsesorten wie Bohnen oder grüner Spargel.

Rinderfiletsteaks
mit Tomaten und Estragon

FÜR 4 PERSONEN | ZUBEREITUNG 35 MIN.

FÜR DIE TOMATEN
6 vollreife Tomaten
1 Knoblauchzehe in Scheiben
1 Scheibe Ingwer
¼ aufgeschlitzte Vanilleschote
1 Prise Chiliflocken
1 Prise Zucker
1 TL geschnittene Estragonblätter
1 EL braune Butter
30 g kalte Butter
Salz

FÜR DIE STEAKS
8 Rinderfiletsteaks, 1,5–2 cm dick, aus dem Mittelstück, ca. 800 g
2 EL Öl
mildes Chilisalz

Für die Tomaten
1. Von den Tomaten die Stielansätze abschneiden, dann oben kreuzweise einritzen. Die Tomaten 20 Sek. in kochendes Wasser tauchen, enthäuten, vierteln, entkernen und das Fruchtfleisch in Würfel schneiden. Die Kerne mit einem Stabmixer kurz anpürieren, auf ein Sieb geben und den Saft hindurchpassieren.

2. Die Hälfte der Tomaten mit dem Tomatensaft, Knoblauch, Ingwer, Vanille, Chili und Zucker in einer Steakpfanne 3–4 Min. anschwitzen, bis die Tomaten sämig werden. Dann die restlichen Tomatenwürfel mit dem Estragon dazugeben, braune Butter und kalte Butter hineinrühren, salzen und die Pfanne vom Herd nehmen.

Für die Steaks
1. Die Steaks mit dem Handballen etwas flach drücken. In einer Pfanne bei mittlerer Hitze im Öl ca. 2 Min. anbraten, bis das Fleisch an der Oberfläche leicht zu schwitzen beginnt und sich nach oben wölbt. Das Fleisch wenden, ca. 2 Min. braten, bis sich die Fleischstücke wieder nach oben wölben und an der Oberfläche die ersten kleinen Blutperlen zu sehen sind.

2. Vom Herd nehmen, in der Nachhitze der Pfanne noch 1 Min. ziehen lassen und dann herausnehmen. Mit Chilisalz würzen.

Anrichten
Je 2 Fleischscheiben mit den Tomaten auf vorgewärmten Tellern anrichten. Dazu passen knusprig gebratene Kartoffelwürfel (s. S. 159).

Schweine-Krustenbraten
auf Schmorgemüse

FÜR 4 PERSONEN | ZUBEREITUNG 35 MIN. | GARZEIT 3. STD. 30 MIN.

FÜR DEN KRUSTENBRATEN
3 große weiße Zwiebeln
1 Möhre
150 g Knollensellerie
600 g kleine Kartoffeln
   (Sieglinde oder Nicola)
1 l Geflügelbrühe
1,5 kg Wammerl (Schweinebauch),
   ohne Knochen
1 TL Puderzucker
½–1 EL Tomatenmark
150 ml leichter Rotwein
1 EL Öl
Salz

FÜR DIE SAUCE
1 Lorbeerblatt
2 halbierte Knoblauchzehen
1 Scheibe Ingwer
½–1 TL getrockneter Majoran
½ TL Kümmelsamen
1 Streifen Bio-Zitronenschale
Salz • schwarzer Pfeffer
1 Prise Pilzgewürz

Für den Krustenbraten

1. Den Backofen auf 130° vorheizen. Das Gemüse putzen und schälen. Zwiebeln in Spalten, Möhre schräg in ½ cm dicke Scheiben, Sellerie in 1 cm große Würfel schneiden und die Kartoffeln halbieren.

2. 500 ml Brühe in einen Bräter gießen, den Schweinebauch mit der Schwarte nach unten einlegen und für 1 Std. im Backofen garen.

3. Puderzucker bei mittlerer Hitze in einem breiten Topf hell karamellisieren. Das Tomatenmark einrühren, etwas anbräunen, mit dem Rotwein ablöschen, sämig einköcheln lassen und mit der restlichen Brühe auffüllen.

4. Zwiebeln, Möhre und Selleriewürfel bei mittlerer Hitze in einer Pfanne im Öl glasig anschwitzen und mit den Kartoffelhälften zum Saucenansatz in den Topf geben.

5. Nach 1 Std. Garzeit das Fleischstück herausnehmen, in die Schwarte mit einem scharfen Messer 1 cm breite Streifen – so wie der Braten später aufgeschnitten werden soll – einritzen. Den Saucenansatz zur Brühe in den Bräter gießen, den Schweinebauch mit der Schwarte nach oben daraufsetzen und weitere 2 Std. bei 160° im Backofen garen.

6. Den Braten herausnehmen und den Backofen auf 220° Oberhitze (Grill) einstellen. Den Braten auf ein Backblech setzen, die Schwarte salzen und auf der untersten Einschubleiste in 20–30 Min. knusprig braten.

Für die Sauce

1. Inzwischen die Sauce durch ein Sieb in einen Topf gießen und das abgetropfte Gemüse warm stellen. Die Sauce gegebenenfalls entfetten, das Lorbeerblatt einlegen und noch etwas einköcheln lassen.

2. Knoblauch, Ingwer, Majoran, Kümmel und Zitronenschale in die Sauce geben, 5–10 Min. darin ziehen lassen und die Sauce durch ein Sieb zurück zum Gemüse gießen. Zusammen erhitzen und mit Salz, Pfeffer und Pilzgewürz abschmecken.

Anrichten
Den Krustenbraten in Scheiben aufschneiden und mit etwas Schmorgemüse und Bratensauce auf Tellern anrichten.

Gesurte Spanferkelbrust
auf Zwiebel-Safran-Kraut

FÜR 4 PERSONEN | ZUBEREITUNG 45 MIN. | MARINIERZEIT 2 TAGE | GARZEIT 2 STD.

FÜR DIE LAKE
2 Zwiebeln
1 TL Wacholderbeeren
1 TL schwarze Pfefferkörner
1 TL Pimentkörner
1 TL Senfkörner
1 Streifen Bio-Zitronenschale
4 Scheiben Ingwer
2 halbierte Knoblauchzehen
4 l Wasser
150 g Pökelsalz
150 g Salz
3 Lorbeerblätter

FÜR DIE SPANFERKELBRUST
1,2 kg Spanferkelbrust, ohne Knochen
1 Zwiebel
1 Lorbeerblatt
2 Gewürznelken
ca. 100 ml Brühe

FÜR DAS ZWIEBELKRAUT
500 g weiße Zwiebeln
1 kleiner Apfel
1 TL Puderzucker
125 ml Weißwein
100 ml Spanferkel-Kochsud
1 halbierte Knoblauchzehe
¼ ausgekratzte Vanilleschote
1 Streifen Bio-Zitronenschale
3 Safranfäden
2 EL kalte Butter
mildes Chilisalz

Für die Lake
Die Zwiebeln in 1–2 cm große Stücke schneiden. Wacholder, Pfeffer, Piment, Senfkörnern, Zitronenschale, Ingwer und Knoblauch in einen Einwegteebeutel füllen und verschließen. In einem Topf 4 l Wasser mit beiden Salzsorten, den Zwiebeln, Lorbeerblättern und dem Gewürzsäckchen aufkochen und auskühlen lassen. Die Lake in eine tiefe Schüssel füllen, die Spanferkelbrust hineinlegen und 2–3 Tage gekühlt darin marinieren lassen. Dann das Fleisch herausnehmen und trocken tupfen.

Fertigstellung
1. Die Zwiebel schälen, mit dem Lorbeerblatt belegen und dieses mit den Gewürznelken feststecken.

2. Die Spanferkelbrust mit der gespickten Zwiebel in einen großen Topf legen, mit Wasser bedecken und aufkochen lassen. Den aufsteigenden Schaum abschöpfen und 1½ Std. darin eher ziehen als köcheln lassen. Den Backofen auf 220° Umluftgrill (ersatzweise Umluft) vorheizen.

3. Die Spanferkelbrust aus dem Sud heben und die Schwarte quer zur Faser 1 cm breit einschneiden. Auf ein Backblech setzen und im Backofen in 30–40 Min. goldbraun braten. Bei Bedarf etwas Brühe zugießen.

Für das Zwiebel-Safran-Kraut
1. Die Zwiebeln schälen und in ½ cm breite Streifen schneiden. Den Apfel schälen, vierteln und klein würfeln.

2. In einem Topf den Puderzucker hell karamellisieren, die Zwiebeln darin glasig anschwitzen und mit dem Weißwein ablöschen. Einköcheln lassen und 100 ml des Spanferkel-Kochsudes auffüllen, Apfelwürfel, Knoblauch, Vanille und Zitronenschale einlegen, den Safran einstreuen und bei geringer Hitze langsam einköcheln lassen. Die Butter dazugeben und mit Chilisalz würzen. Die ganzen Gewürze wieder entfernen.

Anrichten
Das Zwiebelkraut auf warmen Tellern verteilen. Die Spanferkelbrust in Würfel von ca. 5 x 5 cm Seitenlänge schneiden und daraufsetzen.

Szegediner Gulasch
mit Sauerkraut und Wachtelspiegelei

FÜR 4 PERSONEN | ZUBEREITUNG 1 STD. | GARZEIT 2 STD.

FÜR DAS GULASCH
1 kg Schweineschulter, ohne Schwarte und Knochen
3 Zwiebeln
1–2 EL Öl
1–2 EL Tomatenmark
800 ml Geflügelbrühe
½–1 EL Paprikapulver, edelsüß
2 geschälte Knoblauchzehen
je 1 TL Kümmel und Majoran
1 Streifen Bio-Zitronenschale
Salz
1 Prise mildes Chilipulver

FÜR DAS SAUERKRAUT
½ große Zwiebel
1 EL Öl
400 g Sauerkraut (aus der Dose)
50 ml Weißwein
200 ml Gemüsebrühe
80 g durchwachsener Speck
½ TL schwarze Pfefferkörner
2 angedrückte Wacholderbeeren
1 kleines Lorbeerblatt
1 TL Paprika edelsüß
¼–½ TL Kurkuma
1 EL Apfelmus
1 EL Butter
1 Prise mildes Chilipulver
1 Prise Zucker • Salz

FÜR DIE WACHTELEIER
1–2 TL Butter
Salz
4 Wachteleier
150 g Crème fraîche

Für das Gulasch
1. Das Fleisch in 3 cm große Würfel schneiden. Die Zwiebeln schälen, halbieren und quer in dünne Scheiben schneiden.

2. In einem Topf das Fleisch bei geringer Hitze im heißen Öl portionsweise anbraten und wieder herausnehmen. Die Zwiebeln hineingeben und im Bratsatz bei geringer Hitze anschwitzen. Das Tomatenmark einrühren, das Fleisch wieder dazugeben und mit der Brühe auffüllen. Fast ganz abgedeckt bei geringer Hitze in 2 Std. weich schmoren – nicht kochen lassen. Nach 1 Std. den Deckel abnehmen und die Sauce sämig einkochen.

3. Das Paprikapulver mit wenig kaltem Wasser glatt rühren. Knoblauch, Kümmel, Majoran und Zitronenschale zusammen fein hacken. Den Paprika mit der Gewürzmischung in das Gulasch rühren und 10 Min. ziehen lassen. Mit Salz und Chilipulver herzhaft abschmecken.

Für das Sauerkraut
1. Die Zwiebel schälen und klein würfeln. In einem Topf im Öl bei geringer Hitze glasig anschwitzen. Das Sauerkraut dazugeben, kurz anschwitzen, mit Weißwein ablöschen und diesen fast völlig einkochen lassen.

2. Mit Brühe aufgießen, die Speckscheibe hineinlegen und etwa 45 Min. bei geringer Hitze schmoren. Pfeffer, Wacholder und Lorbeerblatt in einen Einwegteebeutel füllen. Paprika und Kurkuma mit etwas Wasser glatt rühren. Nach 30 Min. Apfelmus, Paprika-Kurkuma-Mischung und die Gewürze im Teebeutel dazugeben.

3. Nach Garzeitende das Gewürzsäckchen und den Speck entfernen, die Butter untermischen und mit Chili, Zucker und Salz abschmecken.

Für die Wachteleier
In einer Pfanne bei geringer Hitze 1–2 TL Butter schmelzen und etwas salzen. Die Schale der Wachteleier mit einem Sägemesser vorsichtig anschneiden. Eier in die Pfanne gleiten lassen und zu Spiegeleiern stocken lassen.

Zum Anrichten
Das Sauerkraut in tiefen Tellern verteilen und das Gulasch darauf anrichten. Je 1 Löffel Crème fraîche und 1 Wachtelspiegelei daraufsetzen.

Rosa gebratene Lammkeule
mit Paprika-Kürbis-Gemüse

FÜR 4 PERSONEN | ZUBEREITUNG 1 STD. | GARZEIT 3 STD. 30 MIN.

FÜR DIE LAMMKEULE
2 Zwiebeln
150 g Knollensellerie
½ Möhre
½ kleine Fenchelknolle
1,5 kg Lammkeule, ohne Knochen
3 EL Öl
1–2 TL Puderzucker
1 EL Tomatenmark
300 ml Rotwein
1 l Geflügelbrühe
1 frisches Lorbeerblatt
1–2 TL Speisestärke
1 halbierte Knoblauchzehe
2 Scheiben Ingwer
1 Rosmarinzweig
1 Streifen Bio-Zitronenschale
Salz • schwarzer Pfeffer
1 Prise mildes Chilipulver

PAPRIKA-KÜRBIS-GEMÜSE
1 weiße Zwiebel
je 1 rote und gelbe Paprikaschote
1 kleiner Zucchino
150 g Muskatkürbis
1 EL mildes Olivenöl
125 ml Gemüsebrühe
1 Knoblauchzehe in Scheiben
2 Scheiben Ingwer
1 Streifen Bio-Zitronenschale
1 Msp. mildes Currypulver
Salz • 1 EL kalte Butter

ZUM ANRICHTEN
mildes Chilisalz

Für die Lammkeule

1. Die Zwiebel, den Sellerie und die Möhre schälen und in 1–1½ cm große Würfel schneiden. Den Fenchel waschen, putzen und in 1½ cm große Stücke schneiden.

2. Den Backofen auf 120° vorheizen. Die Lammkeule in einem Bräter in 2 EL Öl anbraten. Das Fleisch herausnehmen und das Bratöl ausgießen. Den Puderzucker auf den Bratensatz hell karamellisieren, das Tomatenmark einrühren, etwas anbräunen, mit ⅓ des Rotweins ablöschen und sämig einkochen lassen. Den übrigen Rotwein in 2 Portionen zugeben und jeweils einkochen lassen.

3. Das Gemüse im übrigen Öl glasig anschwitzen, mit der Brühe in den Bräter geben, die Lammkeule einlegen und im Backofen in ca. 3 Std. rosa gar schmoren, dabei häufig übergießen.

4. Das Fleisch herausnehmen und warm stellen. Die Sauce durch ein Sieb gießen, das Gemüse etwas durchpassieren, das Lorbeerblatt in die Sauce legen und die Flüssigkeit um ⅓ einköcheln lassen.

5. Die Speisestärke mit wenig kaltem Wasser glatt rühren und in die Sauce einrühren. Knoblauch, Ingwer, Rosmarin und Zitronenschale einige Min. darin ziehen lassen und dann mit dem Lorbeerblatt entfernen. Mit Salz, Pfeffer und Chilipulver abschmecken.

Paprika-Kürbis-Gemüse

1. Die Zwiebel schälen. Die Paprikaschoten waschen, halbieren und entkernen. Den Zucchino putzen. Den Kürbis schälen und entkernen.

2. Zwiebel, Paprikaschoten und Kürbis in Rauten schneiden. Den Zucchino längs halbieren und in Scheiben schneiden.

3. Zwiebel und Paprika im Olivenöl bei geringer Hitze glasig anschwitzen. Kürbis und Zucchino dazugeben und die Brühe angießen. Etwa 5 Min. bissfest garen. Knoblauch, Ingwer, Zitronenschale und Currypulver dazugeben, mit Salz würzen und die Butter hineinrühren.

Anrichten

Das Gemüse auf warmen Tellern verteilen. Dünne Scheiben von der Lammkeule abschneiden, mit der Sauce übergießen, das Gemüse anlegen und mit etwas Chilisalz bestreuen.

Zweierlei vom Lamm
mit gefüllter Spitzpaprika

FÜR 4 PERSONEN | ZUBEREITUNG 45 MIN. | GARZEIT 50 MIN.

FÜR DIE GEFÜLLTE SPITZPAPRIKA
4 grüne oder gelbe Spitzpaprikaschoten
40 g Toastbrot (2 Scheiben)
50 ml Milch
½ kleine Zwiebel
1 EL Öl
125 g Schweinehackfleisch
125 g Lammhackfleisch
1 Ei • 1 TL scharfer Senf
1 TL getrockneter Majoran
abgeriebene Schale von ¼ Bio-Zitrone
1 Msp. Knoblauch
1 Prise Chiliflocken
2 EL frisch geschnittene Petersilie
frisch geriebene Muskatnuss
Salz
1 Tomate
200 ml Geflügelbrühe
1 EL Tomatenmark
mildes Chilisalz
1 Knoblauchzehe, in Scheiben geschnitten
1 Rosmarinzweig
2 EL kalte Butter
schwarzer Pfeffer • 1 Prise Zucker

FÜR DEN LAMMRÜCKEN
300 g Lammrückenfilet
3 EL mildes Olivenöl
2 Zimtsplitter
1 Knoblauchzehe in Scheiben
1 Scheibe Ingwer
1 kleines Stück Vanilleschote
1 Streifen Bio-Zitronenschale
Chilisalz

Für die gefüllte Spitzpaprika

1. Die Paprikaschoten waschen, Deckel abschneiden und die Kerne entfernen. Den Backofen auf 180° vorheizen.

2. Das Brot würfeln und mit der Milch mischen. Die Zwiebel schälen, würfeln und in einer Pfanne bei geringer Hitze im Öl glasig anschwitzen.

3. Beide Hackfleischsorten mit dem eingeweichten Brot, Zwiebel, Ei, Senf, Majoran, Zitronenabrieb, Knoblauch, Chiliflocken, Petersilie, Muskat und Salz mischen. Die Paprikaschoten damit füllen und die Deckel aufsetzen.

4. Die Tomate waschen, vom Stielansatz befreien, das Fruchtfleisch klein schneiden und mit Brühe und Tomatenmark pürieren. In einen Bräter füllen, mit Chilisalz würzen, Knoblauch und Rosmarin einlegen und die gefüllten Paprikaschoten darauflegen. Im vorgeheizten Backofen etwa 50 Min. schmoren.

5. Die Paprikaschoten herausnehmen und warm stellen. Den Rosmarin entfernen, die Butter hineinmixen und die Sauce anschließend mit Salz, Pfeffer und Zucker abschmecken.

Für den Lammrücken

1. Den Backofen auf 100° vorheizen.

2. Den Lammrücken in einer Pfanne bei mittlerer Hitze in 1 EL Olivenöl rundherum anbraten. Auf das Ofengitter legen und in etwa 20–30 Min. darin rosa durchziehen lassen.

3. Das übrige Olivenöl mit Zimt, Knoblauch, Ingwer, Vanille, Zitronenschale und Chilisalz in einer Pfanne erwärmen, den Lammrücken darin wenden.

Anrichten

Die gefüllte Spitzpaprika auf vorgewärmten Tellern anrichten. Den Lammrücken schräg in 1–2 cm breite Scheiben schneiden und mit Nusskartoffeln (s. S. 328) anrichten.

Lammlaiberl auf Safran-Knoblauch-Butter
mit Peperoni-Fenchel-Gemüse

FÜR 4 PERSONEN | ZUBEREITUNG 55 MIN.

FÜR DIE GRATINIER-MASSE
s. S. 223

FÜR DIE LAMMLAIBERL
250 g Kalbfleisch aus der Schulter
Salz • schwarzer Pfeffer
250 g eiskalte Sahne
1 TL scharfer Senf
1 Msp. abgeriebene
  Bio-Zitronenschale
1 Prise mildes Chilipulver
frisch geriebene Muskatnuss
200 g ausgelöster Lammrücken

FÜR DAS GEMÜSE
1 Fenchelknolle
2 rote Spitzpaprika
1 grüne Spitzpaprika
1 EL braune Butter
125 ml Geflügelbrühe
1 Knoblauchzehe in Scheiben
½ Pck. Safranfäden (0,05 g)
½ ausgekratzte Vanilleschote
mildes Chilisalz
3 EL kalte Butter

Für die Lammlaiberl

1. Die Gratinier-Masse wie beschrieben zubereiten.

2. Das Kalbfleisch in Würfel schneiden, durch die feine Scheibe des Fleischwolfs drehen, mit Salz und Pfeffer würzen und mit der Sahne für 5 Min. ins Tiefkühlfach stellen – es sollte gut durchgekühlt, aber nicht gefroren sein.

3. Dann das Fleisch in eine Küchenmaschine geben, Senf, Zitronenabrieb, Chili und Muskat zufügen und ¼ der Sahne hineinmixen, bis die Masse zu binden anfängt. Die übrige Sahne nach und nach zugießen, bis eine glatte, glänzende Masse entsteht. In eine Schüssel füllen, mit Salz, Pfeffer und Muskat abschmecken und zugedeckt kalt stellen. Den Backofen auf 120° vorheizen.

4. Den Lammrücken in 4 Stücke à 50 g schneiden, salzen und pfeffern. Jedes Stück mit ¼ der Kalbfleischfarce umhüllen und mit einem nassen Esslöffel zu ovalen Laiberln mit glatter Oberfläche formen. Die Lammlaiberl auf ein mit Backpapier belegtes Backblech setzen.

5. Im Ofen auf der mittleren Einschubleiste ca. 15 Min. garen. Herausnehmen und die Grillfunktion einschalten.

6. Die Gratiniermasse in dünne Scheiben schneiden und die Laiberl damit belegen. Auf der untersten Einschubleiste goldbraun überbacken.

Für das Gemüse

1. Den Fenchel putzen, die Spitzpaprika waschen, halbieren und entkernen. Beides in 1 ½ cm große Stücke schneiden.

2. Das Gemüse in der braunen Butter glasig anschwitzen. Die Brühe angießen, Knoblauch, Safran und Vanille dazugeben und abgedeckt ca. 8 Min. fast weich dünsten. Mit Chilisalz würzen und die Vanille entfernen. Den Sud abgießen, die Butter hineinmixen; 2 EL der Sauce mit dem Gemüse mischen.

Anrichten

Die Lammlaiberl halbieren. In vertieften vorgewärmten Tellern anrichten, das Gemüse daneben verteilen und den Sud darüberträufeln.

WILD- UND GEFLÜGELGERICHTE

Rehschulter am Blatt gebraten
mit Aprikosen

FÜR 4 PERSONEN | ZUBEREITUNG 45 MIN. | GARZEIT 2 STD. 30 MIN.

FÜR DIE REHSCHULTER
1 Zwiebel
1 kleine Möhre
120 g Knollensellerie
2 EL Öl
4 Rehschultern mit Knochen, à 450 g (nur das Fleisch mit Schulterblatt)
1–2 TL Puderzucker
1 EL Tomatenmark
300 ml Rotwein
2 getrocknete Aprikosen
300 ml Geflügelbrühe
1 Lorbeerblatt
5 Wacholderbeeren
1 TL schwarze Pfefferkörner
1 TL Pimentkörner
1 kleiner Zimtsplitter
1 TL Speisestärke
1 Prise Pilzgewürz (ersatzweise Champignonpulver)
1–2 TL Preiselbeerkonfitüre
½ TL gehackte Zartbitterschokolade
je 1 kleines Stück Bio-Orangenschale und Zitronenschale
1 halbierte Knoblauchzehe
1 Scheibe Ingwer
40 g kalte Butter
Salz • schwarzer Pfeffer

FÜR DIE APRIKOSEN
150 g kleine Aprikosen
1 TL Puderzucker
¼ aufgeschlitzte Vanilleschote
1 Splitter Zimtrinde
1 Gewürznelke
1–2 EL Butter

Für die Rehschulter

1. Das Gemüse schälen und in etwa 1 cm große Würfel schneiden. In einer Pfanne in 1 EL Öl 2–3 Min. anschwitzen.

2. Die Fleischstücke in einem Schmortopf bei mittlerer Hitze im übrigen Öl rundherum sanft anbraten und herausnehmen. Den Puderzucker darin hell karamellisieren, das Tomatenmark hineinrühren und etwas anrösten. Den Rotwein in 3 Portionen angießen und jeweils sämig einköcheln lassen. Gemüse und Trockenaprikosen dazugeben, mit der Brühe aufgießen und die Rehschultern hineinlegen. Mit angelegtem Deckel 2–2 ½ Std. eher ziehen als köcheln lassen, dabei öfter wenden.

3. Die Fleischstücke aus der Sauce nehmen und warm stellen. Die Sauce durch ein Sieb gießen, das Gemüse dabei gut ausdrücken. Lorbeer, Wacholder, Pfeffer, Piment und Zimt hineingeben, die Sauce um etwa ⅓ einköcheln lassen. Dann die Speisestärke mit wenig kaltem Wasser glatt rühren, in die Sauce rühren und 2 Min. sämig einköcheln lassen. Pilzgewürz, Preiselbeerkonfitüre und gehackte Schokolade dazugeben. Orangenschale, Zitronenschale, Knoblauch und Ingwer einlegen und einige Min. darin ziehen lassen. Die Sauce durch ein Sieb passieren. Die Butter hineinschmelzen lassen und mit Salz und Pfeffer abschmecken.

4. Das Fleisch vom Knochen lösen und wieder in die Sauce legen.

Für die Aprikosen

Die Aprikosen waschen und je nach Größe halbieren oder vierteln. In einer Pfanne den Puderzucker karamellisieren, die Aprikosen mit Vanille, Zimt und Gewürznelke kurz darin anschwitzen und die Butter hineinschmelzen lassen. Zum Schluss die Gewürze entfernen.

Anrichten

Das Fleisch auf vorgewärmten Tellern anrichten, mit der Sauce überziehen und mit den Aprikosen garnieren.

Rehrücken im Riesenchampignon
auf Wirsing mit Aprikosen

FÜR 4 PERSONEN | ZUBEREITUNG 1 STD. | GARZEIT 35 MIN.

FÜR DIE GEFÜLLTEN CHAMPIGNONS
4 große Riesenchampignons (7 cm Ø)
1–2 TL frischer Zitronensaft
200 g Kalbsbrät
3–4 EL Sahne
Salz • schwarzer Pfeffer
1 Prise mildes Chilipulver
frisch geriebene Muskatnuss
1 Msp. abgeriebene Bio-Zitronenschale
1 EL frisch geschnittene gemischte Kräuter (Petersilie, Kerbel)
250 g Rehrückenfilet, in 4 gleich große Stücke geschnitten

FÜR DIE PFEFFERSAUCE
1–2 EL schwarze Pfefferkörner
Champignonstiele
1 Zwiebel
1 EL Öl
2 cl Cognac
80 ml Apfelsaft
250 ml Geflügelbrühe
80 g Sahne
¼ ausgekratzte Vanilleschote
1 kleine Knoblauchzehe in Scheiben
1 Scheibe Ingwer
1–2 TL Speisestärke
je 1 Msp. abgeriebene Bio-Zitronen- und Orangenschale
30 g kalte Butter

WIRSINGGEMÜSE
s. S. 328

Für die gefüllten Champignons
1. Den Backofen auf 120° vorheizen. Die Champignons putzen, dabei den Stiel herausdrehen und für die Pfeffersauce aufbewahren, die Lamellen entfernen und die Pilzköpfe innen mit Zitronensaft beträufeln.

2. Das Kalbsbrät mit der Sahne glatt rühren und mit Salz, Pfeffer, Chili, der Muskatnuss, Zitronenabrieb und den Kräutern würzen.

3. Ein wenig Kalbsbrät in die Champignons streichen. Je 1 Stück der Rehrückenfilets in einen Champignon setzen, das übrige Brät darauf verteilen und mit einem Tafelmesser, das zwischendurch in Wasser getaucht wird, glatt streichen.

4. Die Champignons auf ein Backblech setzen und im Backofen in etwa 35 Min. rosa durchziehen lassen.

Für die Pfeffersauce
1. Die Pfefferkörner 2 Min. in Wasser kochen und auf einem Sieb abtropfen lassen. Die Champignonstiele putzen und zerkleinern, die Zwiebel schälen und klein würfeln.

2. Zwiebel, Champignonstiele und Pfeffer in einer Pfanne im Öl anschwitzen, mit Cognac ablöschen, Apfelsaft, Brühe und Sahne dazugeben und um ⅓ einköcheln lassen. Vanille, Knoblauch und Ingwer einlegen. Die Speisestärke mit ein wenig kaltem Wasser glatt rühren und in die köchelnde Sauce rühren. Durch ein Sieb gießen und mit Zitronen- und Orangenabrieb würzen. Zuletzt die Butter hineinrühren.

Anrichten
Den Wirsing mit den Aprikosen auf warmen Tellern anrichten, die Champignons halbieren und auf den Wirsing setzen. Die Pfeffersauce mit einem Stabmixer aufschäumen und außen herumziehen.

Rehragout
mit Walnüssen, Trauben und Speck

FÜR 4 PERSONEN | ZUBEREITUNG 45 MIN. | GARZEIT 2 STD. 30 MIN.

FÜR DAS REHRAGOUT
150 g Knollensellerie
1 Möhre
2 mittelgroße Zwiebeln
1 kg Rehfleisch, aus Schulter oder Keule
1 EL Öl
750 ml Geflügelbrühe
1–2 TL Puderzucker
1 EL Tomatenmark
50 ml roter Portwein
300 ml Rotwein
1 Lorbeerblatt
½ TL schwarze Pfefferkörner
1 Splitter Zimtrinde
5 angedrückte Wacholderbeeren
5 Pimentkörner
½ TL Korianderkörner
¼ TL Senfkörner
1 Stück ausgekratzte Vanilleschote
1–2 TL Speisestärke
½ TL Zartbitterschokolade
1 EL Preiselbeeren
je 1 Msp. abgeriebene Bio-Zitronen- und Orangenschale

FÜR DIE GARNITUR
4 Scheiben Frühstücksspeck
1 TL Öl
60 g kleine kernlose weiße Trauben
2 EL Walnusskerne
1 TL braune Butter

Für das Rehragout
1. Das Gemüse schälen und in ½–1 cm große Würfel schneiden.

2. Das Rehfleisch von Sehnen befreien und in etwa 3 cm große Würfel schneiden. In einer Pfanne bei mittlerer Hitze in 2 Portionen in Öl von allen Seiten anbraten; dann herausnehmen.

3. Den Bratensatz mit etwas Brühe ablöschen. Den Puderzucker in einen breiten Topf hineinstäuben und hell karamellisieren, das Tomatenmark hineinrühren, etwas anbräunen, mit Portwein und ⅓ des Rotweins ablöschen und die Flüssigkeit sirupartig einreduzieren lassen. Den übrigen Rotwein in 2 Portionen hinzufügen und einköcheln lassen. Das Gemüse dazugeben, Bratensatz und die übrige Brühe dazugießen und das Rehfleisch darin in etwa 2 ½ Std. bei geringer Hitze knapp unter dem Siedepunkt weich schmoren. Nach 2 Std. die Gewürze dazugeben.

4. Die geschmorten Fleischstücke aus dem Topf nehmen. Die Sauce durch ein Sieb passieren, das Gemüse dabei etwas ausdrücken. Die Sauce wieder erhitzen. Die Speisestärke mit wenig kaltem Wasser glatt rühren, in die Sauce rühren und in 2 Min. sämig einköcheln lassen. Mit Schokolade, Preiselbeeren, Zitronen- und Orangenabrieb abschmecken. Das Fleisch wieder einlegen und in der Sauce erwärmen.

Für die Garnitur
Die Speckscheiben in einer Pfanne bei mittlerer Hitze im Öl kross braten, auf Küchenpapier abtropfen lassen. Die Trauben waschen, abtropfen lassen und zusammen mit den Walnüssen in einer Pfanne in der Butter erwärmen.

Anrichten
Das Rehragout auf vorgewärmten Tellern anrichten und mit Trauben, Walnüssen und Speck garnieren. Dazu passen Spätzle, Bandnudeln oder Kartoffelpüree mit Senfkörnern.

Rostbraten vom Reh
mit Steinpilzen

FÜR 4 PERSONEN | ZUBEREITUNG 55 MIN.

FÜR DEN ROSTBRATEN
3 Zwiebeln
2 EL Öl
1 TL Puderzucker
1 EL Tomatenmark
150 ml Rotwein
750 ml Geflügelbrühe
3 Scheiben Ingwer
½ Knoblauchzehe
2 Lorbeerblätter
½ TL schwarze Pfefferkörner
6 angedrückte Wacholderbeeren
6 Pimentkörner
⅛ ausgekratzte Vanilleschote
1 Splitter Zimtrinde
1 Streifen Bio-Orangenschale
1–2 TL Speisestärke
4 Rehsteaks aus der Oberschale, à 120 g, ca. 1 cm dick (gut abgehangen)

FÜR DIE STEINPILZE
200 g kleine feste Steinpilze
1 EL braune Butter
1 TL Butter
Salz • schwarzer Pfeffer
1 Prise gemahlener Kümmel
1 Msp. abgeriebene Bio-Zitronenschale
1 EL frisch geschnittene Petersilie

Für den Rostbraten
1. Die Zwiebeln schälen, halbieren und in feine Streifen schneiden. In einem Topf 1 EL Öl erhitzen und die Zwiebeln darin bei mittlerer Hitze hell braten.

2. Den Puderzucker darüberstäuben und leicht karamellisieren. Das Tomatenmark einrühren und kurz anrösten. Mit Wein ablöschen und fast vollständig einköcheln lassen. Die Brühe angießen, Ingwer und Knoblauch dazugeben und in der Sauce knapp unter dem Siedepunkt 45 Min. ziehen lassen. Lorbeerblätter, Pfeffer, Wacholder, Piment, Vanilleschote und Zimt in einen Einwegbeutel füllen und verschließen. Nach 30 Min. mit der Orangenschale dazugeben und einige Min. in der Sauce ziehen lassen.

3. Die Speisestärke in wenig kaltem Wasser glatt rühren, in die köchelnde Sauce rühren und in 2 Min. sämig einköcheln. Die Gewürze entfernen.

4. Das restliche Öl in einer Pfanne erhitzen und die Rehsteaks darin bei mittlerer Hitze auf beiden Seiten kurz anbraten. Das Fleisch in die Sauce legen und einige Min. darin ziehen lassen.

Für die Steinpilze
1. Die Steinpilze putzen und in etwa ½ cm dicke Scheiben schneiden.

2. In einer Pfanne bei mittlerer Hitze in der braunen Butter anbraten. Die Butter dazugeben, mit Salz, Pfeffer, Kümmel und Zitronenabrieb würzen und die Petersilie einstreuen.

Anrichten
Je 2 Rostbratenscheiben auf vorgewärmten Tellern anrichten, die Sauce darüber verteilen und mit den Steinpilzen garnieren.

Saltimbocca vom Hirsch
mit Kräuter-Orangen-Salat

FÜR 4 PERSONEN | ZUBEREITUNG 45 MIN.

FÜR DIE SALTIMBOCCA
1 TL schwarze Pfefferkörner
1 TL Wacholderbeeren
1 TL Pimentkörner
½ TL Zimtrindensplitter
1 Lorbeerblatt
400 g Hirschfleisch (Oberschale)
Öl zum Klopfen
Salz
12 Scheiben Südtiroler Speck, hauchdünn geschnitten
2 EL Öl
1 TL Puderzucker
80 ml roter Portwein
80 ml Rotwein
1 EL kalte Butter

FÜR DEN KRÄUTER-ORANGEN-SALAT
300 g gemischter Blattsalat
je 2 Stängel Minze, Basilikum und Zitronenmelisse
2 Orangen
60 ml Gemüsebrühe
2 EL Himbeer- oder Rotweinessig
2 TL Johannisbeergelee
Salz • schwarzer Pfeffer
5 EL mildes Olivenöl

Für die Saltimbocca
1. Die Gewürze in eine Mühle füllen. Das Hirschfleisch in 6 Scheiben schneiden, die Scheiben halbieren und zwischen zwei Blättern geölter Klarsichtfolie dünn klopfen.

2. Die Fleischscheiben leicht salzen, mit den Gewürzen aus der Mühle würzen und die Speckscheiben mit Hilfe von Zahnstochern darauf feststecken.

3. In einer Pfanne bei mittlerer Hitze im Öl zuerst auf der Schinkenseite, dann auf der Fleischseite jeweils 1–2 Min. anbraten und aus der Pfanne nehmen. Das Öl abgießen, auf den Bratensatz den Puderzucker stäuben, hell karamellisieren, mit Portwein und Rotwein ablöschen, diesen einköcheln lassen und die Butter hineinrühren. Alles mit etwas Salz abschmecken.

Für den Kräuter-Orangen-Salat
1. Den Salat waschen, zerkleinern und trocken schleudern. Die Kräuterblätter von den Stängeln zupfen.

2. Die Orangen mit einem scharfen Messer schälen, sodass auch die weiße Innenhaut entfernt wird. Die Orangenfilets aus den Trennhäuten herauslösen und in einem Sieb abtropfen lassen, den Saft aus den Orangenhäuten ausdrücken und zum aufgefangenen Saft geben.

3. Für das Dressing Brühe, Essig, Orangensaft und Johannisbeergelee in einen Mixbecher geben, mit Salz und Pfeffer würzen und das Öl mit einem Stabmixer einmixen, gegebenenfalls noch etwas nachwürzen.

4. Die Salatblätter und die Orangenfilets mit dem Dressing marinieren.

Anrichten
Die Saltimbocca mit dem Salat auf leicht vorgewärmten Tellern anrichten.

Gebratener Hirschstrudel mit Rosenkohlblättern
und Sellerie-Vanille-Püree

FÜR 4 PERSONEN | ZUBEREITUNG 1 STD. 30 MIN.

FÜR DAS GEMÜSE
200 g Rosenkohl
Salz • ½ Zimtrinde
½ ausgekratzte Vanilleschote
4 EL Gemüsebrühe
schwarzer Pfeffer
frisch geriebene Muskatnuss
1 Prise gemahlene Chilischote
1 EL Arganöl

FÜR DAS SELLERIE-VANILLE-PÜREE
500 g mehligkochende Kartoffeln
Salz • ½ TL Kümmel
200 ml Milch
350 g Knollensellerie
¼ Vanilleschote
2 EL braune Butter
schwarzer Pfeffer
1 Prise mildes Chilipulver
frisch geriebene Muskatnuss

FÜR DEN HIRSCHSTRUDEL
½ EL getrocknete Totentrompeten
1 Hühnchenbrust, ca. 120 g, gekühlt
Salz • 150 g eiskalte Sahne
½ TL Cognac
1 TL Pastetengewürz (0,6 g)
frisch geriebene Muskatnuss
1 TL abgeriebene Bio-Zitrone
schwarzer Pfeffer
1 Prise mildes Chilipulver
2 EL Pistazien, grob gehackt (30 g)
2 Hirschkalbrückenfilets, à 200 g
2 EL Öl
2 Strudelblätter, 20 x 20 cm

ANRICHTEN
200 ml Wildsauce (s. S. 189)

Für das Gemüse
Den Rosenkohl putzen, in einzelne Blätter teilen, in Salzwasser fast weich kochen, kalt abschrecken und abtropfen lassen. Rosenkohlblätter mit Zimt, Vanille und Brühe in einen Topf geben. Mit Salz, Pfeffer, Muskat und Chili würzen und zuletzt das Arganöl dazugeben.

Für das Sellerie-Vanille-Püree
1. Die Kartoffeln waschen, in Salz-Kümmel-Wasser weich kochen, heiß schälen und durch eine Kartoffelpresse drücken. 100 ml Milch erhitzen und mit einem Kochlöffel unter die passierten Kartoffeln rühren.

2. Den Sellerie schälen und klein würfeln. 100 ml Milch mit der Vanilleschote erhitzen, Sellerie hineingeben und zugedeckt in 20 Min. weich schmoren. Vanilleschote entfernen und Sellerie mit dem Kochsud mit einem Stabmixer cremig pürieren.

3. Kartoffelpüree und Selleriepüree vermischen, die braune Butter hineinrühren und mit Salz, Pfeffer, Chili und Muskat abschmecken.

Für den Hirschstrudel
1. Die Pilze in kochendes Wasser geben, den Topf vom Herd nehmen, 10 Min. ziehen lassen. Abgießen, abtropfen und nicht zu klein hacken.

2. Die Hähnchenbrust würfeln, kräftig salzen und mit der Sahne für ca. 5 Min. in das Gefrierfach stellen – das Fleisch darf nicht gefrieren. Fleisch in eine Küchenmaschine geben, mit Cognac, Pastetengewürz, Muskat, Zitronenabrieb, Pfeffer und Chili würzen und nach und nach die Sahne einmixen, bis eine glatte, glänzende Masse entsteht.

3. Die Farce mit Pistazien und Pilzen mischen und abschmecken. Den Ofen auf 130° vorheizen.

4. Die Hirschkalbrückenfilets in einer Pfanne bei mittlerer Hitze in 1 EL Öl von allen Seiten kurz anbraten und aus der Pfanne nehmen.

5. Die Strudelblätter mit der Farce bestreichen, die Hirschkalbrückenfilets längs darauflegen und darin einwickeln. Die Enden abschneiden. Die Strudel zuerst auf der Nahtseite im restlichen Öl anbraten, wenden und nochmals kurz braten. Dann auf ein mit Backpapier belegtes Backblech legen und im Backofen etwa 20 Min. backen.

Anrichten
Die beiden Hirschstrudel in breite Scheiben schneiden und mit dem Selleriepüree auf vorgewärmten Tellern anrichten, die Rosenkohlblätter darüberstreuen und mit der heißen Wildsauce umgießen.

Kaninchenroulade auf Steinpilzen

FÜR 4 PERSONEN | ZUBEREITUNG 1 STD. 40 MIN.

FÜR DIE KANINCHENROULADE
1 gekühlte Hähnchenbrust, ca. 150 g
Salz • schwarzer Pfeffer
150 g eiskalte Sahne
½–1 TL scharfer Senf
frisch geriebene Muskatnuss
50 g Knollensellerie
50 g Möhre
50 g Zucchino
1 EL frisch geschnittene Petersilie
1 TL klein geschnittene Estragonblättchen
1 Prise mildes Chilipulver
150 g Kaninchenleber
2 Kaninchenrücken mit Knochen und Bauchlappen, à ca. 500 g
Öl zum Klopfen
2 EL braune Butter
1 EL frisch geschnittene gemischte Kräuter (Petersilie, Kerbel)

FÜR DIE STEINPILZE
400 g kleine feste Steinpilze
1 EL braune Butter
½ TL Puderzucker
70 ml Weißwein
200 g Sahne
2 EL frisch geschnittene Kräuter (Petersilie, Kerbel)
Salz
1 Prise mildes Chilipulver

Für die Kaninchenroulade

1. Die Hähnchenbrust klein schneiden. Das Fleisch mit Salz und Pfeffer würzen und mit der Sahne für 5–10 Min. ins Gefrierfach stellen – das Fleisch darf nicht anfrieren.

2. Geflügelwürfel in eine Küchenmaschine geben, Senf und Muskat dazugeben und nach und nach die eiskalte Sahne hineinmixen, bis eine glatte, glänzende Masse entsteht. In eine Schüssel umfüllen und kalt stellen.

3. Sellerie und Möhre schälen und in ½ cm große Würfel schneiden. Zucchino waschen und in ½ cm große Würfel schneiden. Sellerie und Möhre in Salzwasser in ca. 5 Min. fast weich kochen, nach 4 Min. den Zucchino dazugeben. Kalt abschrecken und abtropfen lassen. Gemüsewürfel mit Petersilie und Estragon in die Farce rühren und mit Salz und Chili abschmecken.

4. Die Kaninchenleber putzen. Die Rückenknochen des Kaninchens mit einem scharfen Messer von der Innenseite her so auslösen, dass ein zusammenhängendes Stück Fleisch mit anliegenden Rückenfilets entsteht. Die Bauchlappen zwischen 2 geölten Blatt Klarsichtfolie noch etwas dünner klopfen. Die Filets dabei aussparen, sie müssen im Ganzen erhalten bleiben.

5. Die beiden Fleischstücke auf einer Arbeitsplatte auslegen. Die Geflügelfarce darauf verteilen, die Leber jeweils zwischen die 2 Rückenfilets legen, dazu gegebenenfalls etwas zuschneiden. Erst in Klarsichtfolie, dann in feste Alufolie wickeln und zu einer festen Rolle drehen. In einem Topf Wasser auf 90° erhitzen. Die Rouladen einlegen und in 25 Min. darin durchgaren.

6. In einer Pfanne die braune Butter erwärmen, die Kräuter hineinrühren und mit Salz und Pfeffer würzen. Die Kaninchenroulade darin wenden.

Für die Steinpilze

Die Pilze putzen und längs zu schmalen Spalten achteln. In der Pfanne bei mittlerer Hitze in der Butter anbraten und herausnehmen. Den Bratensatz mit Puderzucker bestäuben, mit Wein ablöschen und weitgehend einköcheln lassen. Sahne mit Kräutern dazugeben und mit Salz und Chili würzen.

Anrichten

Die Steinpilze auf vorgewärmten Tellern anrichten, Rouladen in Scheiben schneiden und darauflegen.

Wildkrautwickerl
mit Kartoffel-Birnen-Gemüse

FÜR 4 PERSONEN | ZUBEREITUNG 1 STD. 10 MIN. | GARZEIT 40 MIN.

FÜR DIE KRAUTWICKERL
4 große Blätter Weißkohl
50 g entrindetes Toastbrot
100 ml Milch
1 kleine Zwiebel
200 g Wildhackfleisch
200 g Schweinehackfleisch
1 Ei • 1 TL scharfer Senf
je 1 TL abgeriebene Bio-Zitronen- und Orangenschale
1 TL fein geriebener Ingwer
Salz • schwarzer Pfeffer
1 Prise getrockneter Majoran
Chiliflocken
frisch geriebene Muskatnuss
frisch geriebene Zimtrinde
1 EL frisch geschnittene Petersilie
1 EL braune Butter

FÜR DIE SAUCE
1 Zwiebel
80 g Knollensellerie
½ Möhre
1 TL Puderzucker
1 EL Tomatenmark
150 ml Rotwein
250 ml Geflügelbrühe
1–2 TL Speisestärke
½ TL Wacholderbeeren
1 TL Pfefferkörner
1 TL schwarze Pimentkörner
½ TL Korianderkörner
½ Knoblauchzehe
2 Scheiben Ingwer
1 Splitter Zimt
1 Thymianzweig
½ TL abgeriebene Bio-Zitronenschale
1 EL kalte Butter
Salz • schwarzer Pfeffer

Für die Krautwickerl
1. Die Kohlblätter waschen, trocken tupfen und die Strünke herausschneiden. Die Blätter auf einem Küchentuch auslegen, mit einem Küchentuch bedecken und mit einem Rollholz flach rollen (siehe dazu »Mein Tipp« auf der nächsten Seite).

2. Das Toastbrot würfeln und in der Milch einweichen. Zwiebel schälen und klein würfeln, 2 Min. in Wasser kochen, abgießen und abtropfen.

3. Beide Hackfleischsorten mit dem eingeweichten Brot, Zwiebel, Ei, Senf, Zitronen- und Orangenabrieb und Ingwer mischen. Mit Salz, Pfeffer, Majoran, Chiliflocken, Muskat, Zimt und Petersilie würzen und gut vermischen.

4. Je ⅛ der Hackfleischfüllung auf ein Kohlblatt setzen. Die Längsseiten der Blätter einschlagen und die Blätter von der schmalen Seite aufrollen. Mit Küchengarn festbinden. Die Krautwickerl in einer Pfanne in der braunen Butter rundherum anbraten.

Für die Sauce
1. Das Gemüse schälen und in ½ cm kleine Würfel schneiden.

2. Den Puderzucker in einem Topf hell karamellisieren, das Gemüse zugeben und etwas anschwitzen, das Tomatenmark hineinrühren und etwas anrösten lassen. Mit ⅓ des Rotweins ablöschen und sämig einköcheln. Den übrigen Rotwein in 2 Portionen zufügen und jeweils einköcheln lassen. Die Brühe aufgießen. Die Krautwickerl einlegen und für etwa 40 Min. knapp unter dem Siedepunkt bei angelegtem Deckel ziehen lassen.

3. Die Krautwickerl herausnehmen und warm stellen. Die Sauce durch ein Sieb gießen und das Gemüse dabei etwas ausdrücken. Die Sauce etwas einköcheln lassen, die Speisestärke mit ein wenig kaltem Wasser glatt rühren und die Sauce damit sämig binden. Wacholder, Pfeffer-, Piment- und Korianderkörner grob zerstoßen und mit Knoblauch, Ingwer, Zimt, Thymian und Zitronenschale in die Sauce geben. Einige Min. ziehen lassen, dann die Sauce durch ein Sieb gießen, nochmals erwärmen und danach die Butter hineinrühren und mit Salz und Pfeffer abschmecken.

FORTSETZUNG

KARTOFFEL-BIRNEN-GEMÜSE
500 g festkochende Kartoffeln
Salz
1 kleines Lorbeerblatt
1 getrocknete rote Chilischote
1 reife, feste Birne
1–2 EL braune Butter
schwarzer Pfeffer
1 Prise getrockneter Majoran

Für das Kartoffel-Birnen-Gemüse
1. Die Kartoffeln waschen, schälen und in 1 cm große Würfel schneiden. In Salzwasser mit Lorbeer und Chili weich kochen. Abgießen, abtropfen lassen und die Gewürze entfernen.

2. Die Birne schälen, vierteln, entkernen und in ca. 1 cm große Würfel schneiden. Mit den Kartoffelwürfeln in der braunen Butter bei mittlerer Hitze anbraten und mit Salz, Pfeffer und Majoran würzen.

Anrichten
Die Sauce auf warmen Tellern verteilen, die Krautwickerl daraufsetzen und das Kartoffel-Birnen-Gemüse außen herumstreuen.

Mein Tipp Damit die Kohlblätter beim Abnehmen vom Kohlkopf nicht reißen, den Strunk großzügig aus dem Kohlkopf schneiden. Dann sticht man mit einer Fleischgabel in die Aushöhlung und taucht den Kohlkopf für 2–3 Min. in einen großen Topf mit kochendem Salzwasser, bis sich die Blätter leicht lösen lassen. Diese können dann abgeschält werden.

Gebratene Ente
mit Gewürzblaukraut und Brezenknödeln

FÜR 4 PERSONEN | ZUBEREITUNG 2 STD. | GARZEIT 4 STD.

FÜR DIE ENTE
½ Zwiebel
½ Apfel
Salz • schwarzer Pfeffer
1 Prise Majoran
1 Bauernente, ca. 2,5 kg

FÜR DIE SAUCE
1,2 l Geflügelbrühe
2 Zwiebeln
1 kleine Möhre
100 g Knollensellerie
1 EL Öl
2 TL Puderzucker
1 EL Tomatenmark
250 ml Rotwein
1 TL Speisestärke
1 Majoranzweig
2 Petersilienzweige
je 2 Scheiben Ingwer und Knoblauch
2 Streifen Bio-Orangenschale
2 EL kalte Butter
Salz

1. Den Backofen auf 140° vorheizen. Die Zwiebel schälen, den Apfel waschen, beides grob würfeln und mit Salz, Pfeffer und Majoran würzen.

2. Von der Ente die Flügelknochen abschneiden. Innereien entfernen, innen und außen waschen und trocken tupfen. Die Bauchhöhle mit dem Zwiebel-Apfel-Gemisch füllen. Die gefüllte Ente in einen Bräter setzen, die Flügelknochen danebenlegen, die Geflügelbrühe angießen und mit Deckel bei 140° im Backofen etwa 3 ½ Std. zugedeckt garen. Die Haut sollte dabei hell und das Fleisch weich sein. Dabei austretendes Fett zwischendurch abschöpfen und beiseitestellen. Die Ente herausheben und die Brühe entfetten.

3. Den Backofen auf 220° einstellen. Von der Ente Brüste und Keulen auslösen. Aus den Keulen die Oberschenkelknochen herausziehen. Die Fülle entfernen. Karkassen und Flügelknochen zerkleinern, auf ein Backblech geben und im Ofen in etwa 20 Min. knusprig braten; ausgetretenes Fett entfernen.

4. Das Gemüse schälen, in etwa 1 cm große Würfel schneiden. In einer Pfanne im Öl glasig anschwitzen.

5. In einem Topf bei geringer Hitze den Puderzucker hell karamellisieren, das Tomatenmark hineinrühren, etwas anbräunen, mit der Hälfte des Rotweins ablöschen und sämig einköcheln lassen. Den übrigen Rotwein zufügen und einköcheln lassen. Die gebräunten Knochen mit Gemüse und Geflügelbrühe hineinrühren. Gut 1 Std. knapp unter dem Siedepunkt ziehen lassen, durch ein feines Sieb abgießen und auf die Hälfte einköcheln.

6. Die Speisestärke in wenig kaltem Wasser glatt rühren, in die Sauce rühren und in 2 Min. sämig einköcheln lassen. Majoran, Petersilie, Ingwer, Knoblauch und Orangenschale einlegen und noch kurz darin ziehen lassen. Die Gewürze entfernen, etwas Entenfett und die Butter in die Sauce rühren und mit Salz abschmecken.

7. Für die kross gebratene Ente den Ofen auf Grillfunktion einstellen. Die Entenbrüste und -keulen mit der Hautseite nach oben auf ein Blech legen, 5 EL Brühe angießen und in der untersten Einschubleiste unter dem Grill in 10–15 Min. kross braten.

→

FORTSETZUNG

FÜR DAS GEWÜRZBLAUKRAUT
1 Rotkohl, ca. 1 kg
1 EL Puderzucker
200 ml Rotwein
100 ml roter Portwein
125 ml Gemüsebrühe
½ Lorbeerblatt
5 Pimentkörner
etwas Zimtrinde
½ TL schwarze Pfefferkörner
¼ ausgekratzte Vanilleschote
1 Zacken Sternanis
2 EL Apfelmus
1 Streifen Bio-Orangenschale
1 Scheibe Ingwer
1 EL kalte Butter
½ TL gehackte Zartbitterschokolade
1 EL milder Balsamico
Salz • Zucker

FÜR DIE BREZENKNÖDEL
250 g Laugenstangen vom Vortag
250 ml Milch
2 Eier
Salz • schwarzer Pfeffer
frisch geriebene Muskatnuss
½ Zwiebel
1 EL Öl
1 EL frisch geschnittene Petersilie

Für das Gewürzblaukraut

1. Den Kohlkopf putzen, den Strunk herausschneiden und in feine Streifen hobeln (ca. 200 g).

2. In einem Topf den Puderzucker hell karamellisieren lassen, Rotwein und Portwein angießen und auf ⅓ einkochen. Brühe und Kohl zufügen und etwa 1 ½ Std. bei geringer Hitze zugedeckt mehr ziehen als köcheln lassen.

3. Nach 1 Std. das Lorbeerblatt einlegen, Piment, Zimt, Pfeffer, Vanille und Sternanis in einen Einwegteebeutel geben, verschließen und in das Blaukraut legen.

4. Etwa 10 Min. vor Garzeitende Apfelmus, Orangenschale und Ingwer unter das Blaukraut mischen.

5. Zuletzt die ganzen Gewürze entfernen, die Butter und Schokolade hineinschmelzen lassen, Balsamico hinzufügen und mit Salz und Zucker abschmecken.

Für die Brezenknödel

1. Von den Laugenstangen das Salz entfernen, in ½–1 cm große Würfel schneiden. Milch aufkochen, den Topf vom Herd ziehen, die Eier mit einem Schneebesen hineinquirlen, mit Salz, Pfeffer und Muskat würzen und über die Brezenwürfel gießen.

2. Die Zwiebel schälen, klein würfeln und in einer Pfanne im Öl bei geringer Hitze glasig anschwitzen. Mit der Petersilie in die Brezenmasse rühren, nicht kneten.

3. Zwei Blätter starke Alufolie jeweils mit Klarsichtfolie belegen. Die Brezenknödelmasse darauf zu länglichen Rollen von etwa 5 cm Ø formen. Erst in die Klarsichtfolie rollen, dann in die Alufolie wickeln. Die Enden der Alufolie erst etwas andrücken, dann drehen, sodass eine formschöne Rolle entsteht.

4. Die Knödelrollen in kochendes Wasser geben, die Hitze reduzieren und etwa 30 Min. ziehen lassen. Dann aus dem Wasser heben, aus der Folie wickeln und die Knödelrolle heiß in Scheiben aufschneiden.

Anrichten
Die heiße Entensauce mit den Entenbrüsten und der Sauce auf vorgewärmten Tellern anrichten. Blaukraut und Brezenknödelscheiben danebensetzen.

Rosa gebratene Entenbrust
mit Grünkohl-Schwarzwurzel-Gemüse

FÜR 4 PERSONEN | ZUBEREITUNG 45 MIN. | GARZEIT 45 MIN.

FÜR DIE ENTENBRUST
2 große Barbarie-Entenbrüste
1 EL Öl
3 EL braune Butter
2 Scheiben Ingwer
1 Knoblauchzehe in Scheiben
5 angedrückte Kardamomkapseln
1 großer Splitter Zimtrinde
½ ausgekratzte Vanilleschote
Salz • schwarzer Pfeffer

FÜR DAS GEMÜSE
600 g Grünkohl
400 g Schwarzwurzeln
Salz
5 EL Geflügelbrühe
5 EL Sahne
¼ ausgekratzte Vanilleschote
1 halbierte Knoblauchzehe
2 Scheiben Ingwer
1 Streifen Bio-Orangenschale
1 EL kalte Butter
mildes Chilisalz

Für die Entenbrust

1. Den Backofen auf 100° vorheizen und in die mittlere Einschubleiste ein Ofengitter mit Abtropfblech schieben.

2. Die Haut der Entenbrüste rautenförmig einritzen. Mit der Hautseite nach unten in einer Pfanne im Öl bei mittlerer Hitze etwa 5 Min. bräunen, kurz wenden, sodass die Oberfläche der Fleischseite anbräunt und für 45 Min. auf das Gitter in den vorgeheizten Ofen legen.

3. In einer Pfanne bei geringer Hitze die braune Butter mit Ingwer, Knoblauch, Kardamom, Zimt und Vanille erwärmen und mit Salz und Pfeffer würzen. Die rosa gebratene Entenbrust darin wenden.

Für das Gemüse

1. Grünkohl und Schwarzwurzeln waschen und abtropfen lassen. Vom Grünkohl die feinen Blätter von den harten Blattrippen zupfen. Grünkohlblätter für 5–6 Min. in kochendes Salzwasser geben, kalt abschrecken und abtropfen lassen. Schwarzwurzeln schälen, schräg in Scheiben schneiden und in Salzwasser bissfest kochen; kalt abschrecken und abtropfen lassen.

2. In einer Pfanne in der Brühe Sahne, mit Vanille, Knoblauch, Ingwer und Orangenschale erhitzen. Die Butter einrühren und mit Chilisalz würzen. Die ganzen Gewürze vor dem Anrichten entfernen.

Anrichten

Das Gemüse auf vorgewärmten Tellern anrichten, die Entenbrüste in Scheiben aufschneiden und darauf anrichten.

Konfierte, gepökelte Entenkeulen
mit Vanillegemüse

FÜR 4 PERSONEN | ZUBEREITUNG 1 STD. | MARINIERZEIT 2 TAGE | GARZEIT 3 STD. 30 MIN.

FÜR DIE ENTENKEULEN
1 Zwiebel
½ TL Wacholderbeeren
½ TL schwarze Pfefferkörner
½ TL Pimentkörner
½ TL Fenchelkörner
½ TL Senfkörner
1 halbierte Knoblauchzehe
2 Scheiben Ingwer
40 g Salz
40 g Pökelsalz
2 Lorbeerblätter
4 Entenkeulen
1,5 l Pflanzenöl oder Entenfett
schwarzer Pfeffer

FÜR DAS VANILLEGEMÜSE
1 Möhre
1 gelbe Möhre
300 g Knollensellerie
2 Stangen Staudensellerie
Salz
100 ml Gemüsebrühe
1 ausgekratzte Vanilleschote
1 halbierte Knoblauchzehe
2 Scheiben Ingwer
1–2 EL braune Butter
Chilisalz

Für die Entenkeulen
1. Die Zwiebel grob würfeln. Wacholder, Pfeffer-, Piment-, Fenchel-, Senfkörner, Knoblauch und Ingwer in einem Topf 2 ½ l Wasser mit beiden Salzen, der Zwiebel, Lorbeerblättern und den Gewürzen aufkochen und auskühlen lassen. In einen tiefen Behälter füllen, die Keulen einlegen und 2 Tage gekühlt darin marinieren.

2. Von den Entenkeulen den Oberschenkelknochen auslösen. Das Fleisch über dem Unterschenkelknochen auf der Innenseite bis zum Knochen einschneiden und so den Knochen freilegen. Die Keulen trocken tupfen.

3. 1,3 l Öl in einen Topf geben und auf 80° erhitzen. Die Entenkeulen hineinlegen und in etwa 3 ½ Std. weich schmoren. Die Keulen sollten dabei immer mit Öl bedeckt sein, bei Bedarf noch etwas hinzufügen.

4. 150–200 ml frisches Öl (nicht das Schmoröl) in einer großen Pfanne bei geringer Hitze auf 160–170° erhitzen. Die Entenkeulen aus dem Topf nehmen, mit der Hautseite nach unten in die Pfanne legen und in 5–10 Min. kross braten. Die Keulen wenden, die Pfanne vom Herd nehmen und in der Nachhitze noch 1–2 Min. ziehen lassen. Herausnehmen, auf Küchenpapier abtropfen lassen und pfeffern.

Für das Vanillegemüse
1. Möhren und Knollensellerie schälen und in Stücke schneiden. Staudensellerie putzen, waschen und schräg in 1 cm breite, lange Stücke schneiden.

2. Den Staudensellerie in Salzwasser fast weich kochen, kalt abschrecken und abtropfen lassen. Möhren und Knollensellerie mit der Gemüsebrühe, Vanille, Knoblauch und Ingwer zugedeckt bei geringer Hitze weich schmoren. Die Gewürze anschließend entfernen.

3. Den Staudensellerie zum Schmorgemüse geben, die braune Butter einrühren und mit Chilisalz würzen.

Anrichten
Das Gemüse auf vorgewärmten Tellern anrichten, mit dem Sud beträufeln und die Entenkeulen anlegen.

Gefüllte Weihnachtsgans

FÜR 4 PERSONEN | ZUBEREITUNG 1 STD. | GARZEIT 5 STD. 30 MIN.

FÜR DIE GANS

1 Gans, ca. 4,5 kg
250 g Laugenstangen, vom Vortag
250 ml Milch
2 Eier
Salz • schwarzer Pfeffer
frisch geriebene Muskatnuss
½ Zwiebel
1 EL Butter
250 g Bratwurstbrät
5 EL Sahne
1–2 TL abgeriebene Bio-Zitronenschale
1 EL frisch geschnittene Petersilie

FÜR DIE SAUCE

2 TL Puderzucker
1 EL Tomatenmark
250 ml Rotwein
2 Zwiebeln
1 kleine Möhre
100 g Knollensellerie
1 EL Öl
1,2 l Geflügelbrühe
1–2 TL Speisestärke
1 Stängel Majoran
2 Stängel Petersilie
je 2 Scheiben Ingwer und Knoblauch
1 Streifen Bio-Orangenschale
2 EL kalte Butter
Salz

Für die gefüllte Weihnachtsgans

1. Den Backofen auf 220° vorheizen. Von der Gans die Flügel abschneiden, Innereien entfernen, innen und außen waschen und trocken tupfen.

2. Für die Sauce Flügel und Kragen in etwa 3 cm große Stücke hacken, auf ein Blech geben und im Ofen in etwa 30 Min. goldbraun braten, ausgetretenes Fett entfernen. Die Knochen beiseitelegen, den Ofen auf 150° einstellen. In die untere Einschubleiste ein Ofengitter mit Abtropfblech schieben.

3. Die Laugenstangen entsalzen und in 1 cm große Würfel schneiden. Die Milch aufkochen, den Topf vom Herd ziehen, die Eier hineinquirlen, mit Salz, Pfeffer und Muskat würzen und über die Brezenwürfel gießen.

4. Die Zwiebel schälen, klein würfeln, in wenig Butter bei geringer Hitze glasig anschwitzen und die Brezenwürfel untermischen. Das Brät mit der Sahne und Zitronenabrieb glatt rühren. Petersilie und Brät unter die Brezenmasse mischen und mit Salz, Pfeffer und Muskat nochmals nachwürzen.

5. Die Bauchhöhle der Gans salzen, mit der Brezen-Brät-Masse füllen, mit einem Schaschlikspieß verschließen und die Gans auf das Ofengitter setzen. In 5–5 ½ Std. im Backofen kross braten. Die Butter schmelzen lassen, salzen und die Gans zwischendurch damit bestreichen.

Für die Sauce

1. In einem Topf bei geringer Hitze den Puderzucker hell karamellisieren, das Tomatenmark hineinrühren, etwas anbräunen, mit 125 ml Rotwein ablöschen und sämig einköcheln. Den übrigen Rotwein zugeben und auch einköcheln.

2. Das Gemüse schälen, klein würfeln und in einer Pfanne im Öl glasig anschwitzen. Die gebräunten Knochen mit Gemüse und Geflügelbrühe in die Rotwein-Reduktion rühren. Gut 1 Std. knapp unter dem Siedepunkt ziehen lassen, durch ein Sieb abgießen und auf die Hälfte einköcheln lassen.

3. Die Speisestärke mit ein wenig kaltem Wasser glatt rühren, in die Sauce rühren und 2 Min. leicht köcheln lassen. Majoran, Petersilie, Ingwer, Knoblauch und Orangenschale einlegen und kurz darin ziehen lassen. Die Gewürze entfernen, die Butter in die Sauce rühren und mit Salz abschmecken.

Anrichten

Gänsekeulen und -brüste auslösen, die Karkasse aufschneiden, die Füllung herauslösen und in Scheiben schneiden. Gänsebrüste und -keulen mit der Füllung und der Sauce auf vorgewärmten Tellern anrichten.

Gefülltes Stubenküken mit Kopfsalat und Pfifferlingen

Zartes Geflügel durch Füllen geschmacklich zu bereichern, hatte schon immer Tradition. Diese zumeist pikante Aufwertung wurde noch forciert, als es Mode wurde, alles ausgelöst serviert zu bekommen –, ohne Knochen oder Gräten.

Und so bereite ich das Stubenküken zu:

ZUBEREITUNG 1 STD. 45 MIN.

FÜR DIE FÜLLUNG
½ Zwiebel
1 EL Öl
¼ Apfel
1 Prise Majoran
80 g altbackenes Weißbrot
50 ml Milch
Salz • schwarzer Pfeffer
frisch geriebene Muskatnuss
1 Prise mildes Chilipulver
1 Ei
100 g Kalbsbrät vom Metzger
3 EL Sahne
je ½ TL frisch geriebener Knoblauch und Ingwer
1 EL frisch geschnittene Petersilie
1 Msp. abgeriebene Bio-Orangenschale
Für das Stubenküken
2 Stubenküken, à ca. 500 g
Salz • schwarzer Pfeffer
125 ml Geflügelbrühe
1 kleine Zwiebel
50 g Knollensellerie
½ kleine Möhre
1 EL braune Butter
½ Knoblauchzehe, in Scheiben geschnitten
1 Ingwerscheibe
1 kleiner Thymianzweig
1 Streifen Bio-Zitronenschale
mildes Chilisalz
1 EL kalte Butter

FÜR DEN KOPFSALAT
1 Kopfsalat
4 EL Olivenöl
2 EL Rapsöl
1 EL Zitronensaft
1 Prise Chilisalz
1 Prise Zucker
4 EL frisch geschnittene Kräuter (z. B. Petersilie, Kerbel, Basilikum, wenig Dill)

FÜR DIE PFIFFERLINGE
150 g kleine Pfifferlinge
1 EL braune Butter
Salz • schwarzer Pfeffer
1 Prise gemahlener Kümmel
1 Msp. abgeriebene Bio-Zitronenschale
1 EL frisch geschnittene Petersilie

 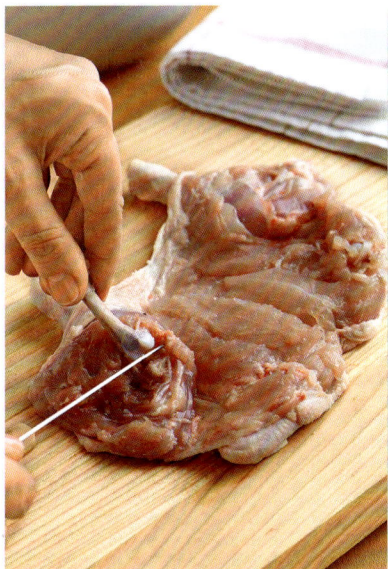 

Für die Füllung

1. Zwiebel schälen, klein würfeln und im Öl glasig anschwitzen. Apfel schälen, entkernen, klein würfeln; mit Majoran untermischen.

2. Weißbrot würfeln und in eine kleine Schüssel geben. Milch aufkochen, mit Salz, Pfeffer, Muskat und Chili würzen, über die Brotwürfel gießen, zudecken und ein paar Min. ausdampfen. Ei mit Zwiebel untermischen und auskühlen lassen.

3. Brät mit Sahne glatt rühren und Knoblauch, Ingwer, Petersilie und Orangenabrieb würzen. In die Knödelmasse mischen und nachwürzen.

Für das Stubenküken

1. Die Stubenküken jeweils an einer Seite entlang der Wirbelsäule mit einem scharfen Küchenmesser einschneiden. Fleisch von der Karkasse, Keule und Flügel aus dem Gelenk lösen und Brustfleisch auslösen. Das Messer vorsichtig über das Brustbein führen, damit die dünne Haut nicht verletzt wird. Die andere Seite von oben in umgekehrter Reihenfolge auslösen. Karkasse aus dem Fleisch nehmen und dieses flach auf die Hautseite legen. Oberkeulenknochen auslösen und mit Salz und Pfeffer würzen. Ofen auf 180° vorheizen.

2. Die Füllung entlang der Mitte der Stubenküken verteilen, das Fleisch darüberklappen und mit Rouladennadeln feststecken. Das Geflügel auf den Rücken legen und in die ursprüngliche Form bringen. In einen Bräter setzen, die Brühe angießen und im Backofen etwa 20 Min. garen.

3. Inzwischen Zwiebel, Sellerie und Möhre schälen und fein würfeln. Bei geringer Hitze in einer Pfanne in der braunen Butter glasig anschwitzen.

4. Die Stubenküken aus dem Bräter nehmen und warm stellen. Das Gemüse in den Bräter geben. Knoblauch, Ingwer, Thymian und Zitronenschale hineingeben, einige Min. ziehen lassen und wieder entfernen. Mit Chilisalz würzen und die Butter einrühren.

Für Salat und Pfifferlinge

1. Den Kopfsalat putzen, gründlich waschen und trocken schleudern.

2. Beide Ölsorten mit Zitronensaft, Chilisalz und Zucker in einer Schüssel mit einem Schneebesen verrühren und die Kräuter untermischen.

3. Die Pfifferlinge kurz waschen, abtropfen lassen und gründlich putzen. Dann in der braunen Butter 2 Min. anbraten, mit Salz, Pfeffer, Kümmel und Zitronenabrieb würzen und die Petersilie hineinstreuen.

Anrichten

Die Rouladennadeln herausziehen; die Stubenküken entlang der Mitte mit einem scharfen Messer halbieren oder in Scheiben schneiden. Den Kopfsalat in der Marinade wenden, auf lauwarmen Tellern anrichten und mit den Pfifferlingen bestreuen. Das Stubenküken anlegen und mit dem Gemüsesud umträufeln.

Soufflierte gegrillte Blutwurst
mit Wachtel

FÜR 4 PERSONEN | ZUBEREITUNG 1 STD. | GARZEIT 45 MIN.

FÜR DIE BLUTWURST
1 Portion Béchamelsauce (s. S. 328)
400 g Blutwurst
4 Schalotten
3 Eigelbe
1 fein geriebene Knoblauchzehe
Salz • schwarzer Pfeffer
1 TL frisch gehackter Thymian
1 TL getrockneter Majoran
½ TL gemahlener Piment
1 Prise Muskatnuss
1 Prise Zimt
½ TL fein gemahlener Koriander
3 Eiweiße
Öl für die Form und zum Braten

FÜR DIE WACHTEL
2 Wachteln
1 EL Öl
3 EL braune Butter
je 1 Streifen Bio-Zitronen- und Orangenschale
1 Knoblauchzehe, in Scheiben geschnitten
2 Scheiben Ingwer
1 Rosmarinzweig
Salz • schwarzer Pfeffer

ZUM ANRICHTEN
200 ml braune Sauce (s. S. 188)

Für die Blutwurst

1. Die Béchamelsauce zubereiten. Den Backofen auf 200° vorheizen. Die Blutwurst enthäuten und in dünne Scheiben schneiden. Die Schalotten schälen und klein würfeln.

2. Blutwurst und Schalotten in einer Auflaufform verteilen und 30 Min. in den Ofen stellen. Alle 10 Min. durchrühren. Zum Schluss das ausgetretene Fett abgießen. Den Backofen auf 190° herunterschalten.

3. Eigelbe und Béchamelsauce mit dem Knoblauch hineinrühren. Mit Salz, Pfeffer, Thymian, Majoran, Piment, Muskat, Zimt und Koriander kräftig würzen. Das Eiweiß mit 1 Prise Salz aufschlagen und unter die Blutwurstmasse heben.

4. Eine kleine Kastenkuchenform (ca. 750 ml) mit Öl einpinseln und mit Backpapier auslegen. Blutwurstmasse einfüllen und im Ofen 15–17 Min. backen. Kurz abkühlen lassen, stürzen und auskühlen lassen.

5. In ca. 1,5 cm dicke Scheiben schneiden und die Scheiben halbieren. In einer heißen Grillpfanne im Öl auf beiden Seiten kurz anbraten.

Für die Wachtel

1. Wachtelkeulen und -brüstchen auslösen. Von den Wachtelkeulen die Oberschenkelknochen auslösen.

2. Wachtelkeulen und -brüstchen mit der Hautseite nach unten in einer Pfanne im Öl goldbraun anbraten, wenden, kurz anbraten, die Pfanne vom Herd nehmen und in der Nachhitze der Pfanne saftig durchziehen lassen. Das Öl mit Küchenpapier aus der Pfanne tupfen.

3. Die braune Butter mit Zitronen- und Orangenschale, Knoblauch, Ingwer und Rosmarin in die Pfanne geben, mit Salz und Pfeffer würzen und die Wachteln darin wenden.

Anrichten

Die Sauce erhitzen. Etwas Sauce in die Mitte von vorgewärmten Tellern geben und Blutwurst und Wachteln darauf anrichten. Dazu passt kleines Gemüse.

Fasanenbrust im Brotmantel
mit Champagnerkraut und Maronen

FÜR 4 PERSONEN | ZUBEREITUNG 1 STD.

FÜR DIE FASANENBRUST
8 hauchdünne Scheiben dunkles Kastenbrot, 5 x 12 cm, vom Vortag
150 Kalbsbrät
3 EL Sahne
1 EL Sherry
1 Prise frisch gemahlener Koriander
2–3 EL frisch geschnittene Petersilie
schwarzer Pfeffer
4 Fasanenbrustfilets, à 80–100 g
2 EL Öl

FÜR DAS CHAMPAGNERKRAUT
1 große Zwiebel
50 ml Gemüsebrühe
1 TL Puderzucker
100 ml Champagner
800 g Sauerkraut (aus der Dose)
1 Lorbeerblatt
je ½ TL Korianderkörner und Wacholderbeeren
je 1 TL schwarze Pfeffer- und Pimentkörner
2 EL Apfelmus
50 g Sahne
½ TL abgeriebene Bio-Orangenschale
2 Scheiben Ingwer
1 kräftige Prise Chilisalz
1 Prise Zucker
2 EL Butter
¼ ausgekratzte Vanilleschote

ZUM ANRICHTEN
1 EL Butter
100 g gekochte Esskastanien
Chilisalz

Für die Fasanenbrust
1. Den Backofen auf 80° vorheizen und in die mittlere Einschubleiste ein Ofengitter mit Abtropfblech schieben.

2. Jeweils 2 Brotscheiben leicht überlappend aneinander legen. Kalbsbrät, Sahne und Sherry glatt rühren und mit Koriander würzen. Die Brotscheiben damit betreichen, die Petersilie darüberstreuen und mit Pfeffer würzen.

3. Die Fasanenbrustfilets waschen und trocken tupfen. Je 1 Filet quer über die beiden Brotscheiben legen. Die Brotscheiben zusammenrollen, sodass die Fasanenbrüste vom Brot ummantelt sind.

4. Das Öl in einer Pfanne erhitzen und die ummantelten Fasanenbrüste auf der Nahtseite, dann rundherum bei geringer Hitze goldbraun anbraten. Das Fleisch im Ofen auf dem Gitter 25–30 Min. saftig durchziehen lassen.

Für das Champagnerkraut
1. Zwiebel schälen, halbieren und in Streifen schneiden. Die Brühe in einem Topf erhitzen und die Zwiebel darin so lange dünsten, bis die Flüssigkeit eingekocht ist. Den Puderzucker darüberstäuben und leicht karamellisieren. Mit dem Champagner ablöschen und auf ⅓ einkochen lassen.

2. Das Sauerkraut dazugeben. Lorbeer, Koriander, Wacholder, Pfeffer und Piment in ein Gewürzsäckchen füllen, verschließen, nach 30 Min. zum Kraut geben und zugedeckt 45 Min. köcheln lassen. Das Gewürzsäckchen wieder entfernen. Dann Apfelmus und Sahne unter das Champagnerkraut mischen. Mit Orangenschale, Ingwer, Chilisalz und Zucker würzen und zuletzt die Butter unterrühren. Die Vanilleschote einlegen, einige Min. ziehen lassen und mit dem Ingwer wieder entfernen.

Anrichten
Die Butter in einer Pfanne erhitzen, die Esskastanien darin bei mittlerer Hitze erwärmen und mit Chilisalz würzen. Das Kraut auf warmen Tellern verteilen, mit Fleischscheiben und den Maronen darauf anrichten.

NACHSPEISEN – SÜSS UND HERZHAFT

Schuhbecks Bayerische Creme
mit marinierten Erdbeeren

FÜR 4 PERSONEN | ZUBEREITUNG 20 MIN. | KÜHLZEIT 2 STD.

FÜR DIE BAYERISCHE CREME
2 Blatt Gelatine
3 Eigelbe
50 g Puderzucker
Mark von 2 Vanilleschoten
300 g Sahne
1 EL Kirschwasser

FÜR DIE MARINIERTEN ERDBEEREN
200 g Erdbeeren
etwas frischer Zitronensaft
1–2 EL Puderzucker
1 Spritzer Orangenlikör

Für die Bayerische Creme

1. Die Gelatine in kaltem Wasser einweichen. Eigelbe mit Puderzucker und Vanillemark in eine Schüssel geben und zu einer hellschaumigen Masse rühren. Die Sahne cremig schlagen.

2. Das Kirschwasser erwärmen und den Topf vom Herd nehmen. Die ausgedrückte Gelatine darin auflösen und unter die Eigelbmasse rühren. ⅓ der Sahne mit einem Schneebesen hineinrühren, den Rest unterheben.

3. Die Creme in Portionsförmchen füllen und im Kühlschrank in etwa 2 Std. fest werden lassen.

Für die marinierten Erdbeeren
Die Erdbeeren putzen, waschen und vierteln. Mit Zitronensaft, Puderzucker und Orangenlikör marinieren.

Anrichten
Zum Stürzen der Creme in einem kleinen Topf Wasser zum Sieden bringen, die Förmchen bis zum oberen Rand darin eintauchen und auf Teller stürzen. Porzellanförmchen brauchen 7–8 Sek., Stahlförmchen nur ganz kurz eintauchen und sofort stürzen. Die Erdbeeren außen herum anrichten.

Mein Tipp Ein weiterer Klassiker war in Waging die Schmankerlcreme. Sie wird auf der gleichen Basis zubereitet, allerdings lässt man die Vanille weg, ersetzt das Kirschwasser durch Amaretto und hebt eine Handvoll klein gehackten Mandelkrokant unter.

Geeister Kaiserschmarrn

FÜR 4 PERSONEN | ZUBEREITUNG 45 MIN. | GEFRIERZEIT 25 MIN.

1–2 EL Mandelblättchen zum Bestreuen
2 Eigelbe
1 Ei
60 g Zucker
Mark von 1 Vanilleschote
1 Msp. abgeriebene Bio-Zitronenschale
200 g Sahne
2 EL Rumrosinen
1–2 TL Rum
100 g Vollmilchschokolade
3 EL neutrales Pflanzenöl

1. In einem kleinen Topf 3 cm hoch Wasser zum Kochen bringen. Die Mandeln in einer Pfanne ohne Fettzugabe hell bräunen und auskühlen lassen.

2. Eigelbe und Ei mit 20 g Zucker, dem Vanillemark und Zitronenabrieb in einem Schlagkessel hell-schaumig schlagen.

3. Den restlichen Zucker mit 25 ml Wasser in einem kleinen Topf 1 Min. leise köcheln lassen, in die Eiermasse rühren und über einem Wasserbad zu einem feinporigen, dicken Schaum bei ca. 75° aufschlagen. Über kaltem Wasser anschließend kalt schlagen.

4. Die Sahne cremig schlagen und mit den Rumrosinen und Rum unter die kalte Eiermasse ziehen.

5. Eine Auflaufform mit Backpapier auslegen. Die Parfaitmasse knapp 1 cm dick darauf glatt verstreichen und im Tiefkühlfach durchfrieren lassen.

6. Die Vollmilchschokolade zerkleinern, in einen Schlagkessel geben, über einem heißen Wasserbad schmelzen und dabei das Öl hineinrühren. Je nach Konsistenz gegebenenfalls noch etwas Öl hinzufügen.

7. Das Parfait aus dem Tiefkühlfach nehmen und oben mit einem Pinsel dünn mit der Glasur bestreichen. Nochmals kurz nachfrieren lassen und anschließend in Stücke brechen oder schneiden. Dazu am besten mit Einweghandschuhen arbeiten. In Form eines Kaiserschmarrns auf vorgekühlten Tellern anrichten und mit den gerösteten Mandeln bestreuen.

Mein Tipp Für einen Gewürzkaiser-Schmarrn gebe ich zusätzlich zur Vanille ½ TL von meinem arabischen Kaffeegewürz hinein. Je nach Jahreszeit reiche ich auch verschiedenste Kompotte dazu, angefangen vom Rhabarber-Erdbeer-Ragout über Marillenröster, bis hin zu Quittenkompott oder einen aromatischen Rumtopf.

Geeister Christstollen
mit Rotweinbirnen

FÜR 6–8 PERSONEN | FÜR 1 KLEINE STOLLENFORM | ZUBEREITUNG 1 STD. | MARINIERZEIT 12 STD.

FÜR DEN CHRISTSTOLLEN
25 g Orangeat
15 g Zitronat
20 g Rosinen
1 EL Amaretto (ersatzweise Rum)
100 g Zucker
25 g Mandelblättchen
3 Eigelbe
1 Ei
½ TL Lebkuchengewürz
Mark von ½ Vanilleschote
1 Blatt Gelatine
je ½ TL abgeriebene Bio-Zitrone und -Orangenschale
25 g Pistazien
25 g fein gehackte Vollmilchkuvertüre
400 g steif geschlagene Sahne
Öl zum Bepinseln

FÜR DIE GLASUR
50 g Vollmilchkuvertüre
1–2 EL Öl
etwas Puderzucker

FÜR DIE ROTWEINBIRNEN
8 reife feste, kleine Birnen
1 EL Puderzucker
100 ml roter Portwein
250 ml Rotwein
250 ml Schwarzer Johannisbeersaft
4 EL Cassislikör
60 g Zucker
½ aufgeschlitzte Vanilleschote
½ Zimtstange
1 Gewürznelke
1 Scheibe Ingwer
2 Stück dünne Bio-Orangenschalen
1 geh. EL Speisestärke

Für den Christstollen
1. Orangeat, Zitronat und Rosinen 12 Std. in Amaretto marinieren.

2. Zucker mit 25 ml Wasser 1–2 Min. köcheln lassen. Die Mandelblättchen in einer Pfanne ohne Fettzugabe hell bräunen und auskühlen lassen.

3. Eigelbe und Ei in einem Schlagkessel leicht schaumig aufschlagen, den heißen Zuckersirup mit Lebkuchengewürz und Vanillemark hineinrühren und über einem heißen Wasserbad dickschaumig aufschlagen.

4. Gelatine in kaltem Wasser einweichen, ausdrücken und in der warmen Schaummasse auflösen. Die Masse anschließend auf Eiswasser kalt schlagen.

5. Orangeat-Zitronat-Rosinen-Mischung mit Amaretto hinzufügen, Zitronen- und Orangenabrieb dazugeben, die gerösteten Mandelblättchen mit Pistazien und Vollmilchkuvertüre unterziehen und die Sahne unterheben.

6. Eine Stollenform mit Öl bepinseln, mit Klarsichtfolie auslegen. Die Parfaitmasse einfüllen und in mehreren Std. im Gefrierfach durchfrieren.

Für die Glasur
Die Kuvertüre mit etwas Öl über einem heißen Wasserbad schmelzen lassen. Das Parfait mit Hilfe der Folie aus der Form stürzen und die Oberfläche mit der Schokolade einpinseln. Bis zum Servieren in das Gefrierfach stellen. Dann in Scheiben aufschneiden und mit Puderzucker bestäuben.

Für die Rotweinbirnen
1. Birnen schälen und von unten her mit einem Kugelausstecher entkernen.

2. Puderzucker karamellisieren, mit Portwein und Rotwein ablösen, Johannisbeersaft, Cassislikör und Zucker zufügen. Vanilleschote, Zimt, Nelke, Ingwer und Orangenschalen einlegen und alles aufkochen.

3. Birnen einlegen, kurz aufkochen und knapp unter dem Siedepunkt in etwa 5–10 Min. nicht zu weich ziehen lassen. Dann herausnehmen.

4. Die Speisestärke in wenig kaltem Wasser glatt rühren. Den Rotweinsud aufkochen, die Stärke hineinrühren und in ca. 2 Min. sämig einköcheln. Durch ein Sieb gießen und die Birnen wieder einlegen. Mit 1 Blatt Backpapier bedecken und ca. 1 Tag darin ziehen lassen.

Anrichten
Stollenscheiben mit je 1 kleinen Rotweinbirne auf Desserttellern anrichten.

Geeistes vom Kaffee

FÜR 4 PERSONEN | ZUBEREITUNG 35 MIN. | MARINIERZEIT 12 STD.

FÜR DIE KAFFEESAHNE-HAUBE
1 EL Kaffeebohnen
100 g Sahne
1 TL Puderzucker

FÜR DAS KAFFEEEIS
50 ml starker Kaffee (z. B. Espresso)
50 g Zucker
2 Eigelbe
1 EL Rum
100 g Sahne
1 Prise arabisches Kaffeegewürz (Gewürzmischung aus Kardamom, Zimt, Gewürznelken, Piment, Muskat und Vanille)

Für die Kaffeesahne-Haube

1. Die Kaffeebohnen in einer Pfanne bei geringer Hitze anrösten, bis sie anfangen zu duften. Dann in eine Schüssel füllen.

2. Die Sahne mit dem Puderzucker hineinrühren und zugedeckt 1 Tag im Kühlschrank durchziehen lassen. Zur Weiterverarbeitung die Sahne in einem Sieb abtropfen lassen und sämig aufschlagen.

Für das Kaffeeeis

1. Den Kaffee und die Hälfte des Zuckers aufkochen lassen. Der Zucker muss sich dabei auflösen.

2. Eigelbe mit dem restlichen Zucker mit dem Schneebesen schaumig schlagen, den heißen Kaffee unter Rühren zugießen und über dem heißen Wasserbad weiterschlagen, bis die Masse bei etwa 75° feinporig und dickschaumig ist. Anschließend in der Küchenmaschine oder über einem kalten Wasserbad kalt schlagen. Dabei den Rum hinzufügen.

3. Die Sahne mit dem Handrührgerät cremig schlagen und unter den Kaffeeschaum ziehen. 4 Kaffeetassen bis 1,5 cm unter dem Rand damit befüllen und einige Std. im Tiefkühlgerät gefrieren lassen.

4. Vor dem Servieren mit der weißen Kaffeesahne auffüllen und mit meinem arabischen Kaffeegewürz bestäuben.

Mein Tipp Das Geeiste vom Kaffee schmeckt am besten, wenn Sie es 20–30 Min. vor dem Servieren in den Kühlschrank stellen.

Apfelkücherl
mit Riesling-Sabayon

FÜR 4 PERSONEN | ZUBEREITUNG 45 MIN.

FÜR DIE APFELKÜCHERL
200 g Mehl
300 ml Weißwein
2 Eigelbe
4 EL braune Butter
1 Prise gemahlenen Zimt
1 Msp. Vanillemark
2 Eiweiß
1 Prise Salz
20 g Zucker
3–4 Äpfel
Öl oder Butterschmalz
  zum Frittieren
80 g Zimt-Zucker-Mischung

FÜR DIE SABAYON
½ Blatt Gelatine
120 ml Riesling oder ein anderer
  trockener Weißwein
60 g Zucker
4 Eigelbe
1 EL frischer Zitronensaft
4 EL sämig geschlagene Sahne

Für die Apfelkücherl

1. Das Mehl mit dem Weißwein glatt rühren. Eigelbe, braune Butter, Zimt und Vanillemark hineinrühren.

2. Das Eiweiß mit Salz und Zucker mit dem Handrührgerät cremig aufschlagen und vorsichtig unter die Weinmasse heben.

3. Die Äpfel schälen, und das Kerngehäuse mit einem Apfelausstecher herausstechen. Die Äpfel quer in etwa 1 cm dicke Scheiben schneiden.

4. In ciner Fritteuse oder einem flachen Topf das Fett auf 180° erhitzen. Es ist heiß genug, wenn entlang eines eingetauchten Holzlöffelstiels kleine Blasen aufsteigen. Eventuell die Temperatur mit einigen Tropfen vom Teig prüfen.

5. Die Apfelringe in den Teig tauchen, etwas abtropfen lassen und im heißen Fett goldgelb ausbacken. Auf Küchenkrepp abtropfen lassen und sofort in Zimtzucker wenden.

Für die Sabayon

1. Die Gelatine in kaltem Wasser einweichen.

2. Für das Wasserbad etwa 3 cm hoch Wasser in einen breiten Topf oder eine Pfanne einfüllen und zum Kochen bringen.

3. Den Riesling mit Zucker, Eigelben und Zitronensaft in einem Schlagkessel verrühren. Diesen auf das Wasserbad setzen und mit einem Schneebesen schlagen, bis ein feinporiger, sämiger Schaum entsteht, der maximal eine Temperatur von 75° erreichen sollte.

4. Die Gelatine ausdrücken und unter die warme Schaummasse rühren. Auf Eiswasser kalt schlagen und erst jetzt die Schlagsahne unterheben.

Anrichten
Die Kücherl auf Dessertteller legen und die Riesling-Sabayon außen herumziehen. Besonders hübsch sieht es aus, wenn mit etwas Himbeermark noch eine Saucenverzierung gemacht wird.

Mein Tipp Anstatt des Weißweins können Sie auch Bier verwenden, um einen Bierteig zu erhalten. Mit dem gleichen Teig bereite ich auch gerne Hollerkücherl zu. Der Teig reicht für ca. 12 Holunderblütendolden. Sehr gut schmecken die Kücherl auch mit warmer Sabayon, dafür lassen Sie Gelatine und Schlagsahne weg und verwenden den warmen Schaum sofort nach dem Aufschlagen.

Marinierte Beeren in der Mandelhippe
mit Holunderblüten-Joghurt-Creme

FÜR 4 PERSONEN | ZUBEREITUNG 1 STD.

FÜR DIE MANDELHIPPEN
30 g Puderzucker
30 g Mehl
1 Eiweiß
30 g flüssige Butter
1 Prise Zimtpulver
4 TL Mandelblättchen

FÜR DIE HOLUNDERBLÜTEN-JOGHURT-CREME
150 ml Milch
½ ausgekratzte Vanilleschote
60 g Zucker
3 EL fein abgezupfte Holunderblüten
200 g Sahne
5 Blatt Gelatine
300 g Naturjoghurt
etwas frischer Zitronensaft

FÜR DIE MARINIERTEN BEEREN
300 g Himbeeren
50–60 g Zucker
150 g Erdbeeren
je 1 Spritzer Orangenlikör und frischer Zitronensaft
4 Zitronenmelissespitzen

Für die Mandelhippen
1. Den Backofen auf 200° vorheizen. In einer Schüssel Puderzucker, Mehl, Eiweiß, Butter und Zimt verrühren.

2. Ein Backblech mit Dauerbackfolie belegen. Aus der Masse 4 gleich große Portionen abnehmen und in möglichst großem Abstand voneinander auf die Folie setzen. Mit einer nassen Palette oder einem Esslöffelrücken, der zwischendurch immer wieder in Wasser getaucht wird, in gleichmäßigen Kreisen von etwa 10 cm Ø aufstreichen und mit Mandelblättchen bestreuen.

3. Im Backofen in etwa 5 Min. hellbraun backen. Die Hippen möglichst heiß in 4 Kaffeetassen setzen und auskühlen lassen. Vorsichtig herausnehmen, bis zur Weiterverwendung an einem trockenen Ort aufbewahren.

Für die Holunderblüten-Joghurt-Creme
1. Die Milch mit der Vanilleschote und dem Zucker erhitzen, vom Herd nehmen und die Holunderblüten einstreuen, 30 Min. ziehen lassen und durch ein Sieb gießen. Die Sahne halbsteif schlagen.

2. Die Gelatine in kaltem Wasser einweichen, gut ausdrücken, die Milch nochmals leicht erwärmen und die Gelatine darin auflösen. Den Joghurt einrühren, die Sahne unterheben und mit etwas Zitronensaft abschmecken.

3. In Portionsförmchen füllen und zugedeckt mehrere Std. kalt stellen.

Für die marinierten Beeren
1. Die Himbeeren verlesen, ⅓ davon abnehmen und mit dem Zucker pürieren und durch ein Sieb streichen.

2. Die Erdbeeren verlesen, putzen, große Erdbeeren gegebenenfalls vierteln.

3. Alle Beeren mit dem Himbeermark vermischen und mit ein paar Tropfen Orangenlikör und Zitronensaft verfeinern. Nach Geschmack noch mit etwas Zucker nachsüßen.

Anrichten
Die Mandelhippen auf Teller setzen und mit den Beeren füllen. Die Holunderblüten-Joghurt-Creme einige Sek. in heißes Wasser tauchen, aus den Förmchen stürzen und danebensetzen. Mit Zitronenmelisse garnieren.

Lauwarmer Apfeldatschi
mit Rumsahne

FÜR 4 PERSONEN | ZUBEREITUNG 30 MIN. | GARZEIT 20 MIN.

FÜR DIE MARZIPANCREME
60 g Marzipan
1 Eiweiß
10 g weiche Butter
10 g gemahlene Haselnüsse
1 EL Rum

FÜR DIE APFELDATSCHIS
150 g ausgerollter Blätterteig, ca. 2 mm dünn
2 Äpfel, à 120 g
30 g Butter, klein gewürfelt
2 TL Zimt-Zucker-Mischung
3 EL Aprikosenkonfitüre

FÜR DIE RUMSAHNE
200 g Sahne
2 EL Puderzucker
1–2 TL Rum

Für die Marzipancreme
Marzipan mit Eiweiß, weicher Butter, gemahlenen Haselnüssen und Rum mit einem Stabmixer zu einer glatten Creme mischen.

Für die Apfeldatschis
1. Aus dem Blätterteig 4 Kreise von je 9 cm Ø ausstechen und auf ein mit Backpapier belegtes Blech setzen.

2. Die ausgestochenen Tarteböden dünn mit der Marzipancreme bestreichen, dabei einen kleinen Rand lassen. Den Backofen auf 180° vorheizen.

3. Die Äpfel schälen, entkernen, halbieren und in sehr dünne Scheiben schneiden. Die Apfelscheiben überlappend und kreisförmig auf die Marzipancreme legen. Mit Butterstückchen belegen und gleichmäßig mit etwas Zimt-Zucker-Mischung bestreuen.

4. Die Datschis auf der unteren Einschubleiste im Ofen in etwa 15–20 Min. backen, bis der Boden goldbraun und knusprig ist.

5. Die Aprikosenkonfitüre mit 1–2 EL Wasser verdünnen, in einem kleinen Topf erhitzen und mit einem Stabmixer glatt rühren. Die frisch gebackenen Apfeldatschis damit bestreichen und warm servieren.

Für die Rumsahne
Die Sahne mit dem Puderzucker zu einer dick-schaumigen Sauce aufschlagen und mit dem Rum abschmecken.

Anrichten
Die Apfeltartes auf Dessertteller setzen und mit der Rumsahne umträufeln. Ich garniere die Datschis gerne mit einem Saucenspiegel aus einer Kombination von Rumsahne und Fruchtmark. Besonders rote Saucen aus Himbeeren oder Erdbeeren wirken dabei sehr dekorativ. Indem ich in einer Reihe kleine rote Fruchtsaucenpunkte in die weiße Sauce setze und mit dem Ende eines Holzspießes durchziehe, entstehen dabei beispielsweise kleine Herzchen. Sehr gut passt auch 1 Nocke Vanilleeis dazu.

Mein Tipp Auf die gleiche Art und Weise bereite ich das ganze Jahr über aus saisonalen Fruchtsorten wie Zwetschgen, Aprikosen, Heidelbeeren und Rhabarber verschiedene Datschis zu.

Gewürze in der Dessertküche

Obwohl auch Desserts, wie fast alles, was aus der Küche kommt, leichter geworden sind, haben sie es weiterhin schwer. Sie treten erst auf, wenn wir bereits satt sind. Nachspeisen müssen keinen Hunger mehr stillen, sondern nur noch die unstillbare Sehnsucht nach dem süßen Leben befriedigen.

Deshalb müssen wir im Zeitalter des Kalorienzählens versuchen, dick machende Dessertzutaten zu vermeiden. Rahm ersetzen wir teilweise durch Quark, Zucker durch Früchte. Beeren-Terrinen werden mit Joghurt leichter, Sorbets aus purem Obst verdrängen Eiscremes. Lange zuvor waren in der österreichischen Küche die oft schweren Mehlspeisen von Ungarn bis Böhmen mutig gewürzt worden, um sie verdaulicher zu machen.

Was die alten Ungarn da alles mit Ingwer anstellten, ist erstaunlich. Das Würzen wegen der Bekömmlichkeit, inspirierte mich, Desserts auch aus Geschmacksgründen zu würzen – vielleicht kam hinzu, dass ich kein Süßer bin und in meinem Leben noch kein ganzes Stück Kuchen oder Torte gegessen habe. Ich mache mir daraus ebenso wenig wie aus Zigaretten oder Schokolade.

Zur Zeit des Garten-Architekten und Reiseschriftstellers Fürst von Pückler-Muskau (1785–1871) wurde Eis das beliebteste deutsche Dessert, nachdem der Lausitzer Konditormeister Schultz dem adligen Feinschmecker eine dreischichtige und dreifarbige Eisbombe mit Maraschino, Makronen und Schlagsahne gewidmet hatte – berühmt geworden als Fürst-Pückler-Eis.

Als Frankreichs höfische Küche aufkam, standen Desserts bereits zu Beginn des Essens auf der Tafel – als bombastische architektonische Kunstwerke. Da entfaltete sich der repräsentationsbewusste Geist der Renaissance mit allem Pomp. Das »Dolce Vita« blieb lange eine Domäne der Konditoren, die an Monumente statt an Delikatessen dachten.

Obwohl heute nach meinem Eindruck 90% der Restaurantgäste ein süßes Finale mögen, sind gute Pâtissiers immer noch rar in der prächtig aufgeblühten deutschen Gastronomie. Den Grund dafür scheint mir Frédéric Bau, Chefkonditor der französischen Schokoladenfirma Valrhona, gefunden zu haben: »Köche haben ein Gefühl für Salz, aber nur selten für Zucker. Würzen kann man über den Daumen, kleine Fehler sind leicht zu korrigieren. Der Pâtissier aber muss bei den Mengen so exakt arbeiten wie der Chemiker im Labor, sonst geht es schief.«

Rhabarber-Erdbeer-Kompott

FÜR 4 PERSONEN

600 g Rhabarber
50 g Himbeeren
75 ml Wasser
200 g Zucker
2 Scheiben Ingwer
je 2 Streifen Bio-Zitronen-
 und Orangenschale
2 Splitter Zimtrinde
1 aufgeschlitzte Vanilleschote
1 ganzer Sternanis
1–2 TL Speisestärke
150 g Erdbeeren
etwas Zucker
einige Tropfen Zitronensaft

1. Den Rhabarber waschen, Blatt- und Stielansätze entfernen. Die Rhabarberstangen quer in etwa 1 cm breite Stücke schneiden und in eine Auflaufform legen. Die Himbeeren verlesen und auf dem Rhabarber verteilen. Den Backofen auf 180° vorheizen.

2. Wasser mit Zucker, Ingwer, Zitronen- und Orangenschalen, Zimt, Vanille und Sternanis einige Min. dickflüssig einköcheln lassen. Über die Rhabarberstangen verteilen, einen Deckel aufsetzen und im Backofen in etwa 25 Min. gar ziehen lassen.

3. Aus dem Ofen nehmen, den Deckel abnehmen, etwas auskühlen lassen, die Flüssigkeit vorsichtig durch ein Sieb abgießen, die Himbeeren herausnehmen und durch das Sieb streichen, die Kerne entfernen. Alle ganzen Gewürze aus dem Rhabarber entfernen.

4. Die Speisestärke mit etwas kaltem Wasser glatt rühren. Den Rhabarbersud aufkochen, die Speisestärke einrühren, 1–2 Min. leise köcheln lassen und über den Rhabarber gießen.

5. Die Erdbeeren putzen, waschen, vierteln und anschließend unter das Rhabarberkompott mischen. Mit Zucker und Zitronensaft abschmecken.

Powidltascherl
auf Holunder-Birnen-Röster

FÜR 4 PERSONEN | FÜR 8 TASCHERL | ZUBEREITUNG 1 STD. 30 MIN.

FÜR DIE POWIDLTASCHERL
300 g Magerquark
30 g weiche Butter
30 g Zucker
Mark von 1 Vanilleschote
1 Msp. abgeriebene Bio-Zitronenschale
1 Eigelb
200 g durchgedrückte, ausgekühlte mehligkochende Kartoffeln
30 g Kartoffelstärke, gesiebt
150 g Powidl (Zwetschgenmus)

FÜR DEN HOLUNDER-BIRNEN-RÖSTER
10 g Speisestärke
200 ml Rotwein
100 g Zucker
½ Vanilleschote, halbiert
je 1 Streifen Bio-Zitronen- und Orangenschale
2 cm Zimtrinde
200 g reife Holunderbeeren, verlesen und gewaschen
1 Birne • 200 g Pflaumen
1 TL Zitronensaft

FÜR DIE ZIMTBRÖSEL
80 g frisch geriebene Semmelbrösel
80 g Butter • 2 EL Zimtzucker
Puderzucker zum Bestäuben

FÜR DEN KOCHSUD
20 g Salz • 80 g Zucker
1 ausgekratzte Vanilleschote
2 Scheiben Ingwer
½ Zimtrinde
je 2 Streifen Bio-Orangen- und Zitronenschale

Für die Powidltascherl
1. Den Quark in ein nasses Tuch geben und so viel Flüssigkeit ausdrücken, dass etwa 150 g übrig bleiben.

2. Butter, Zucker, Vanillemark und Zitronenabrieb glatt rühren. Eigelb einarbeiten und Kartoffeln und Quark unterheben. Mit der Stärke zu einem glatten Teig verkneten. Bis zum Gebrauch in Frischhaltefolie wickeln.

3. Den Teig zu golfballgroßen Kugeln rollen. 1 Lage (25–30 cm) Frischhaltefolie mit etwas Wasser benetzen, 1 Kugel in die Mitte setzen, ⅓ der Folie darüberfalten und die Kugel mit der Hand zu einem 8–10 cm großen Kreis flach drücken. Folie aufklappen, in die Kreismitte 1 TL Powidl geben und mit Hilfe der Folie den Teig zu Halbmonden zusammenklappen. Die Ränder gut verschließen. Auf diese Weise Teig und Füllung verarbeiten. Tascherl auf einem mit Klarsichtfolie belegten Tablett mit Folie bedeckt lagern.

Für den Holunder-Birnen-Röster
1. Speisestärke mit 2 EL Rotwein glatt rühren. Restlichen Rotwein und Zucker in einem kleinen Topf bei mittlerer Hitze zum Köcheln bringen.

2. Stärke darin verquirlen und bei geringer Hitze in 2 Min. sämig einköcheln. Vanille, Zitrusschalen, Zimt und Holunderbeeren einrühren.

3. Birne schälen, vierteln, entkernen und in dünne Spalten schneiden. Pflaumen waschen, halbieren, entkernen und in dünne Spalten schneiden.

4. Obst mit in das Holunderragout rühren und kurz weich dünsten. Mit Zitronensaft abschmecken, lauwarm abkühlen lassen und Gewürze entfernen.

Für die Zimtbrösel
Die Semmelbrösel in einer Pfanne bei mittlerer Hitze erwärmen. Die Butter hineinschmelzen, Zimt-Zucker einstreuen, unter Rühren mit einem flachen Holzspatel oder einem hitzebeständigem Teigschaber goldbraun rösten. Sofort aus der Pfanne in einer flachen Form ausbreiten.

Kochsud und Fertigstellung
3 l Wasser aufkochen, mit Salz und Zucker würzen, Vanille, Ingwer, Zimt, Zitronen- und Orangenschale einlegen. Die Tascherl einlegen und ca. 5 Min. gar ziehen lassen. Vorsichtig herausheben, abtropfen lassen, in den Bröseln wenden, mit Puderzucker bestäuben und mit Holunderragout servieren.

Semmelrahmstrudel
mit Rhabarber-Erdbeer-Kompott

FÜR 8 BIS 10 PORTIONEN | ZUBEREITUNG 1 STD. | BACKZEIT 45 MIN

1 GRUNDREZEPT STRUDELTEIG
s. S. 297, ersatzweise vorgefertigter Teig
Mehl zum Bestäuben

FÜR DIE FÜLLUNG
2 Äpfel
200 g Toastbrot
1 Vanilleschote
200 ml Milch
60 g weiche Butter
60 g Puderzucker
3 Eigelbe
70 g Quark
60 g saure Sahne
½ TL abgeriebene Bio-Zitronenschale
50 g Rumrosinen
3 Eiweiße
30 g Zucker
1 Prise Salz
40 g flüssige Butter zum Bestreichen des Teiges und für die Form
Puderzucker zum Bestäuben

FÜR DEN GUSS
250 ml Milch
70 g Zucker
2 Eier

RHABARBER-ERDBEER-KOMPOTT
s. S. 289

Den Strudelteig wie im Rezept beschrieben zubereiten.

Für die Füllung
1. Die Äpfel schälen, entkernen und in knapp 1 cm große Würfel schneiden. Das Toastbrot entrinden und würfeln. Die Vanilleschote längs aufschneiden, das Mark auskratzen und beiseitestellen. Die Milch mit der ausgekratzten Schote aufkochen, über die Brotwürfel gießen, zugedeckt 5 Min. stehen lassen, dann die Schote entfernen.

2. Butter mit Puderzucker schaumig rühren, dabei nach und nach die Eigelbe dazugeben. Quark mit saurer Sahne glatt verrühren und nach und nach unter die Buttermasse mischen. Vanillemark, Zitronenschale und Rumrosinen unter die Quarkmasse mischen.

3. Eiweiße mit Zucker und Salz zu einem festen, cremigen Schnee schlagen.

4. Das eingeweichte Weißbrot, die Apfelwürfel und den Eischnee vorsichtig mit einer Gummipalette unter die Masse ziehen.

5. Einen Strudelteig vorsichtig aus der Folie wickeln, mit Mehl bestäuben, auf einem großen bemehlten Tuch (ca. 50 x 50 cm) mit einem Nudelholz etwas ausrollen, anschließend vorsichtig hauchdünn ausziehen und sofort mit flüssiger Butter bestreichen.

6. Die Hälfte der Füllung darauf verteilen, durch Anheben des Tuchs einrollen, die Teigenden nach unten einschlagen und mit Hilfe des Tuchs mit der Nahtseite nach unten in einen gebutterten Bräter setzen. Den 2. Strudel auf die gleiche Weise verarbeiten. Den Backofen auf 200° vorheizen.

Für den Guss
Die Milch mit dem Zucker und den Eiern verquirlen und die Hälfte der Mischung über beide Strudel gießen.

Fertigstellung
Im vorgeheizten Ofen auf der unteren Einschubleiste 20 Min. backen, mit dem restlichen Guss übergießen und noch für weitere 25 Min. in den Ofen schieben. Vor dem Anschneiden etwa 20 Min. abkühlen lassen und mit dem Puderzucker bestäuben, lauwarm servieren.

Apfel-Birnen-Strudel

FÜR 8 BIS 10 PORTIONEN | ZUBEREITUNG 1 STD. | BACKZEIT 40 MIN.

FÜR DEN TEIG
s. S. 297

FÜR DIE FÜLLUNG
4 reife Birnen
4 Äpfel (Boskop, Braeburn oder Elstar)
Saft von 1 Zitrone
3 EL Mandelblättchen
4 EL gemahlene Haselnüsse
60 g Sahne
100 g saure Sahne
6 EL Zucker
4 EL Rum
3 EL Rosinen

ZUR FERTIGSTELLUNG
Mehl zum Bestäuben
50 g flüssige Butter zum Bestreichen
3 EL Puderzucker

Für den Teig
1. Den Strudelteig wie auf Seite 297 beschrieben zubereiten.

2. Den Teig halbieren, zu 2 Kugeln formen, diese mit dem restlichen Öl bestreichen und jeweils in Klarsichtfolie einwickeln. Bei Zimmertemperatur etwa 1 Std. ruhen lassen. Der Teig sollte nach dem Ruhen nicht mehr geknetet werden, da er sonst wieder Spannung bekommt und sich nicht dünn ausziehen lässt.

Für die Füllung
1. Birnen und Äpfel schälen, vierteln, entkernen und in Würfel schneiden. Mit dem Zitronensaft beträufeln.

2. Mandelblättchen und Haselnüsse nacheinander in einer Pfanne ohne Fettzugabe hell rösten. Die Sahne steif schlagen.

3. Apfel- und Birnenwürfel mit saurer Sahne, geschlagener Sahne, 2 EL Haselnüssen, den Mandelblättchen, Zitronensaft, Zucker, Rum und Rosinen in eine Schüssel geben und vermischen.

Fertigstellung
1. Einen Strudelteig vorsichtig aus der Folie wickeln, mit Mehl bestäuben, auf einem großen bemehlten Tuch (ca. 50 x 50 cm) mit einem Nudelholz etwas ausrollen und anschließend vorsichtig über den Handrücken hauchdünn ausziehen. Den Teig sofort mit flüssiger Butter bestreichen.

2. Den Backofen auf 200° vorheizen.

3. Die Hälfte der restlichen Haselnüsse auf die Teigplatte streuen und die Hälfte der Füllung in einem breiten Streifen auf die Längsseite des Teiges verteilen. Dabei einen 5 cm breiten Rand frei lassen. Mit Hilfe des Tuchs den Strudel aufrollen (s. S. 297), die Teigenden abschneiden oder nach unten einklappen und den Strudel mit der Naht nach unten in eine gebutterte Reine legen. Den 2. Strudel auf die gleiche Weise herstellen.

4. Beide Strudel mit flüssiger Butter bestreichen und im Backofen auf der untersten Einschubleiste in etwa 40 Min. hellbraun backen. Den Strudel etwas abkühlen lassen und vor dem Servieren mit Puderzucker bestäuben.

Mein Tipp Dazu passt hervorragend eine Riesling-Sabayon (wie bei den Apfelkücherln, Seite 283), Vanillesauce oder Rumsahne.

Strudel und Schmarrn

Bei Strudel und Schmarrn denkt man spontan ans k. u. k. Österreich, das Paradies der Mehlspeisen. Sehr zu Recht, wie ein Blick ins österreichische »Appetitlexikon« bestätigt: »Mehlspeisen sind die Pointen der Wiener Küche, eine immer überraschender, bestechender, blendender und beifallswürdiger als die anderen, Kompositionen von berückender Fülle und Lieblichkeit, gastronomische Gedichte, Wunder der Kunst.« Ja, bescheiden sind sie schon, unsere Nachbarn.

Man traut sich ja kaum zu erwähnen, dass es auf der Welt nicht nur Salzburger Nockerln und Kaiserschmarrn gibt, sondern auch in Deutschland Mehlspeisen auf den Tisch kommen: Maultaschen, Pfannkuchen und Dampfnudeln beispielsweise. Oder klangvoller: Guglhupf, Zwetschgenpavesen und Hohenloher Eierblotz. Aber über Strudel und Schmarrn lässt sich auch ohne Schmäh nun mal schöner reden.

Der vermeintlich urwienerische Strudel ist ein türkisches Besatzungskind. Er kam aus Ungarn, das die Osmanen bis 1586 besetzt hatten, in die österreichische Hauptstadt. Und zwar perfekt, denn erstens eignete sich das ungarische Mehl wegen seines hohen Kleber-Anteils für einen dünnen und elastischen Teig, zweitens hatten die ungarischen Köchinnen gelernt, ihn so dünn auszuziehen, dass sie einen darunterliegenden Liebesbrief lesen konnten. Ein Strudel lässt sich – wie außer den Türken auch schon die Araber wussten – mit fast allem füllen, aber die Wiener Süßmäuler verfielen dem säuerlichen Apfel, weil sich dieses Sündenfallobst so schön mit Zucker, Zimt und Rosinen vereint.

Beim Kaiserschmarrn gibt es drei Versionen, wie die Wiener Mehlspeise zu ihrem Namen kam. Die schnulzige: Die magersüchtige Sisi wies die Kalorienbombe vehement zurück, und ihr kaiserlicher Gemahl sagte dem Service: »Geb' er mir halt den Schmarrn!« Die folkloristische: Ein Senner (auf österreichisch Kaser) bereitete auf seiner Almhütte dem jagenden Kaiser Franz Josef I. (Sisis Mann) einen Kaserschmarrn, den der Monarch oder seine Mitjäger zum Kaiserschmarrn aufwitzelten. Die bildungsbürgerliche: Das bäuerliche Südtiroler Gericht namens Casa-Schmarrn (Hausschmarrn) wurde der höfischen Gesellschaft auf Jagdausflügen bekannt und von ihr vornehm verballhornt.

  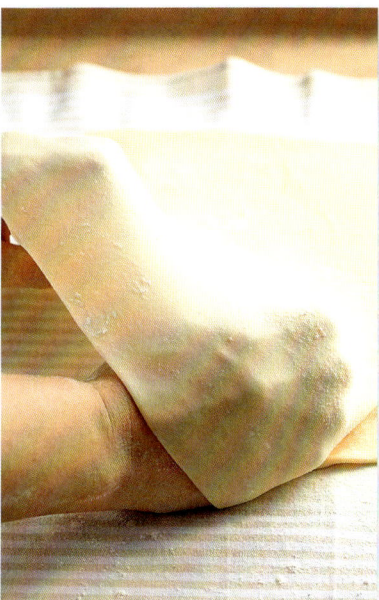

Grundrezept Strudelteig

FÜR EINEN STRUDEL

300 g Mehl
1 Prise Salz
4 EL Öl
150 g lauwarmes Wasser
1 Eigelb

1. Das Mehl in eine Schüssel sieben, Salz darüberstreuen und in die Mitte eine Mulde drücken. 3 EL Öl mit Wasser und Eigelb hineingeben und alle Zutaten zu einem glatten Teig verkneten.

2. Den Teig halbieren, zu 2 Kugeln formen, diese mit dem restlichen Öl bestreichen und jeweils in Klarsichtfolie einwickeln. Bei Zimmertemperatur etwa 1 Std. ruhen lassen. Der Teig sollte nach dem Ruhen nicht mehr geknetet werden, da er sonst wieder Spannung bekommt und sich nicht dünn ausziehen lässt.

3. Den Teig mit einem Nudelholz auf einem bemehltem sauberen Küchentuch ausrollen. Dann, über die Handrücken dünn »ausziehen«. Dafür greift man unter den Teig und zieht ihn von der Mitte nach außen, bis er hauchdünn ist.

4. Dann den Strudel entsprechend füllen, mit Hilfe des Küchentuchs zusammenrollen.

Karamellisierter Kaiserschmarrn
mit Bratapfelmus

FÜR 4 PERSONEN | ZUBEREITUNG 1 STD. | BACKZEIT 40 MIN.

FÜR DAS BRATAPFELMUS
4 Äpfel (vorzugsweise Boskop oder Braeburn)
3 TL gemahlene geschälte Mandeln
60 g Marzipanrohmasse
1 Prise Zimt
1 Msp. abgeriebene Bio-Orangenschale
1 Spritzer Rum
4 TL Rumrosinen
2 EL flüssige Butter
125 ml Apfelsaft

FÜR DEN KAISERSCHMARRN
120 g Mehl
250 ml Milch
4 Eigelbe
Mark von 1 Vanilleschote
½ TL abgeriebene Bio-Zitronenschale
1 EL Rum
5 EL warme braune Butter
4 Eiweiße
60 g Zucker
1 Prise Salz
40 g Butter
3 EL Rumrosinen

ZUM ANRICHTEN
Puderzucker

Für das Bratapfelmus

1. Den Backofen auf 175° vorheizen. Die Äpfel waschen, das Kernhaus ausstechen und in eine kleine ofenfeste Form setzen.

2. Die Mandeln in einer Pfanne ohne Fettzugabe bei geringer Hitze anrösten. Mit Marzipan, Zimt, Orangenschale, Rum und Rumrosinen vermischen.

3. Die Äpfel mit der Masse füllen, außen mit der Butter bepinseln, den Apfelsaft dazugießen und im Backofen in etwa 40 Min. weich garen.

4. Den Apfel mit der Füllung zerkleinern und mit etwas von der Schmorflüssigkeit mit einem Stabmixer fein pürieren.

Für den Kaiserschmarrn

1. Die Grillfunktion des Backofens einstellen.

2. Das Mehl mit der Milch glatt verrühren, Eigelbe, Vanillemark, Zitronenabrieb, Rum und die braune Butter untermischen.

3. Das Eiweiß mit der Hälfte des Zuckers und 1 Prise Salz zu einem cremigen, festen Schnee schlagen und unter die Eigelbmasse heben.

4. In zwei kleineren, ofenfesten Pfannen von ca. 26 cm Ø bei geringer Hitze die Hälfte der Butter aufschäumen, den Teig darin verteilen und auf der Unterseite in etwa 2 Min. hell bräunen. Währenddessen die Rumrosinen daraufstreuen und darauf achten, dass sie mit Teig bedeckt sind.

5. Im Backofen auf der untersten Einschubleiste nacheinander etwa 3 Min. backen, bis die Oberfläche goldbraun ist. Die zweite Pfanne währenddessen kurz neben dem Herd stehen lassen und anschließend im Ofen backen.

6. Beide Pfannkuchen in mundgerechte Stücke zerteilen, die übrige Butter mit dem übrigen Zucker hinzufügen und den Kaiserschmarrn damit auf dem Herd nochmals etwas nachbraten.

Anrichten
Auf vorgewärmten Tellern anrichten und mit Puderzucker bestäuben und mit dem Bratapfelmus anrichten.

Mein Tipp Für Topfenschmarrn rühre ich noch 100 g Quark in die Mehlmasse, bevor das Eiweiß untergehoben wird.

Dampfnudeln

FÜR 6–8 PERSONEN | ZUBEREITUNG 30 MIN. | GEHZEIT DES TEIGES 1 STD. 20 MIN. | BACKZEIT 45 MIN.

FÜR DEN HEFETEIG
250 ml Milch
25 g Hefe
30 g Zucker
500 g Mehl
2 Eier
1 Prise Salz
80 g weiche Butter

FÜR DIE DAMPFNUDELN
Mehl für die Arbeitsfläche
250 ml Milch
20 g Zucker
30 g Butter
30 g Butterschmalz

Für den Hefeteig

1. Die Milch lauwarm erhitzen. Die Hefe in 3 EL warmer Milch auflösen und 2 TL Zucker zufügen.

2. Das Mehl in eine Schüssel geben und eine kleine Mulde in die Mitte drücken. Die Hefemilch hineingießen und mit etwas Mehl vom Rand her verrühren. Die Schüssel mit Klarsichtfolie bedecken und zum Gehen etwa 15 Min. an einen warmen Ort stellen, bis das »Dampferl«, der Vorteig, blasig aufgegangen ist.

3. Die Eier verquirlen und mit der restlichen Milch, 1 Prise Salz und dem restlichen Zucker hineinrühren und die weiche Butter hinzufügen. In der Küchenmaschine oder mit einem Holzlöffel so lange durchkneten, bis ein glatter und elastischer Teig entstanden ist, der sich vom Schüsselrand löst. Zudecken und mindestens 45 Min. an einem warmen Ort gehen lassen, bis sich das Teigvolumen etwa verdoppelt hat.

Für die Dampfnudeln

1. Den Teig mit den Händen auf wenig Mehl kräftig durchkneten und zu 4–5 cm dicken Rollen formen. Gleich große Stücke von etwa 5 cm davon abschneiden und jedes zu einer glatten Kugel rollen.

2. Den Backofen auf 180° vorheizen.

3. In einem großen flachen Topf von etwa 30 cm Ø die Milch mit dem Zucker erwärmen, Butter und Butterschmalz darin schmelzen lassen und den Topf vom Herd nehmen. Die Teigkugeln mit der Nahtseite nach unten nebeneinander hineinsetzen und 20 Min. zugedeckt darin gehen lassen. Sobald es anfängt im Topf zu knacken – dann haben die Dampfnudeln die Milch aufgesogen – den Topf bei mittlerer Hitze auf den Herd stellen und die Dampfnudeln darin ca. 10 Min. braten.

4. Danach den geschlossenen Topf in den Backofen schieben und die Dampfnudeln darin etwa 35 Min. backen. Den Topf zwischendurch nicht öffnen, damit die Dampfnudeln schön luftig werden. Sollte die Kruste nicht dunkel genug sein, auf dem Herd noch etwas nachbacken.

Mein Tipp Dazu passen Vanillesauce, Zwetschgen- und Holunderröster besonders gut, aber auch Punschsauce, Apfel- und Birnenkompott.

Dukatenbuchteln
mit eingelegten Kirschen

FÜR 4–6 PERSONEN | ZUBEREITUNG 50 MIN. | GEHZEIT DES TEIGES 1 STD. | BACKZEIT 20 MIN.

FÜR DEN TEIG
180 ml Milch
30 g Hefe
75 g Zucker
450 g Mehl
3 Eigelbe
1 TL Mandellikör
1 EL Rum
1 Prise Salz
Mark von 1 Vanilleschote
je 1 TL abgeriebene
  Bio-Orangen- und Zitronenschale
75 g weiche Butter

ZUR FERTIGSTELLUNG
etwas Mehl zum Ausrollen
30 g Butter für die Form und zum
  Bestreichen
Puderzucker zum Bestäuben

Für den Teig

1. Die Milch auf gut 30° erwärmen, die Hefe darin auflösen und mit Mehl, Zucker, Eigelben, Mandellikör, Rum, Salz, Vanillemark, Orangen- und Zitronenabrieb zu einem Teig verkneten. Die weiche Butter hinzufügen und einige Minuten weiterkneten, bis ein geschmeidiger Teig entsteht.

2. Den Teig in der Küchenmaschine oder mit einem Holzlöffel so lange durchkneten, bis ein glatter und elastischer Teig entstanden ist, der sich vom Schüsselrand löst. Zudecken und mindestens 30 Min. an einem warmen Ort gehen lassen, bis sich das Teigvolumen etwa verdoppelt hat.

Fertigstellung

1. Den Teig aus der Schüssel nehmen, kurz durchkneten, mit etwas Mehl zu einer dicken Rolle von etwa 4 cm Ø formen, in Scheiben schneiden und diese zu Kugeln formen. In einen gebutterten Bräter oder eine Auflaufform von etwa 20 x 30 cm Größe setzen. Die Teigkugeln darin nochmals ca. 25 Min. zugedeckt an einem warmen Ort gehen lassen.

2. Den Backofen auf 180° vorheizen. Die Buchteln vorsichtig mit flüssiger Butter bepinseln. Die Dukatenbuchteln auf der untersten Einschubleiste im Backofen in etwa 20 Min. goldbraun backen. Herausnehmen, etwas abkühlen lassen und mit Puderzucker bestäuben.

FORTSETZUNG

FÜR DIE EINGELEGTEN KIRSCHEN

500 g Kirschen
1 schwach gehäufter TL Speisestärke
250 ml Kirschsaft
1 TL Puderzucker
180 ml Rotwein
70 ml Portwein
3 EL Zucker
1 kleines Stückchen Zimtrinde
1 Gewürznelke
1 Streifen Bio-Zitronenschale
1 TL Honig
2 cl Kirschwasser

Für die eingelegten Kirschen

1. Die Kirschen entstielen, waschen und entsteinen. Die Speisestärke mit etwas Kirschsaft glatt rühren.

2. In einem Topf bei geringer Hitze den Puderzucker hell karamellisieren lassen. Mit Rotwein und Portwein ablöschen und auf die Hälfte einköcheln lassen. Kirschsaft, Zucker und die Gewürze hinzufügen und einmal aufkochen lassen. Die Stärke einrühren und 2 Min. köcheln lassen. Durch ein Sieb gießen und die Kirschen hinzufügen. Erneut aufkochen lassen, vom Herd ziehen und mit Honig und Kirschwasser abschmecken. Das Ganze auf Zimmertemperatur abkühlen lassen. Sie halten sich etwa 3 Tage.

Mein Tipp Lässt man den Teig zweimal gehen, wird er feinporiger und erhält einen besseren Geschmack. Besonders knackig schmecken die Kirschen, wenn sie nicht mehr aufgekocht, sondern nur mit dem heißen Sud übergossen werden. Sie halten dann im Kühlschrank maximal 2 Tage. Zu Buchteln passen auch Zwetschgen- oder Holunderröster, Fruchtkompotte sowie Vanille-, Punsch-, Pralinen- oder Schokoladensauce.

Topfenknödel in Zimtbröseln
auf Zwetschgenröster

FÜR 4 PERSONEN | ZUBEREITUNG 1 STD.

FÜR DIE TOPFENKNÖDEL
350 g Quark
100 g entrindetes Toastbrot
25 g weiche Butter
20 g Puderzucker
1 Msp. Vanillemark
1 Msp. abgeriebene
   Bio-Zitronenschale
1 Prise Salz
1 Eigelb
1 Ei

FÜR DEN KOCHSUD
20 g Salz
80 g Zucker
1 ausgekratzte Vanilleschote
2 Scheiben Ingwer
½ Zimtrinde
je 2 Streifen Bio-Orangen-
   und Zitronenschale

Für die Topfenknödel

1. Den Quark in ein nasses Tuch geben und so viel Flüssigkeit ausdrücken, dass etwa 200 g Topfen übrig bleiben. Das entrindete Weißbrot in einem Blitzhacker zu Bröseln mixen.

2. Butter, Puderzucker, Vanillemark, Zitronenabrieb und Salz cremig rühren, Eigelb und Ei hineinrühren.

3. Quark und Weißbrotbrösel zufügen und zu einer glatten Masse verarbeiten. Zugedeckt im Kühlschrank 30 Min. ruhen lassen. Dann mit nassen Händen aus der Masse 8 gleich große Knödel formen.

Für den Kochsud

In einem Topf 3 l Wasser mit Salz und Zucker aufkochen lassen, Vanille, Ingwer, Zimt, Orangen- und Zitronenschale einlegen und die Knödel darin etwa 12 Min. knapp unter dem Siedepunkt garen. Dann die Knödel mit einer Schaumkelle herausheben, auf Küchenpapier abtropfen lassen und in den Zimtbröseln wenden.

FORTSETZUNG

FÜR DIE ZWETSCHGENRÖSTER
500 g Zwetschgen
70 g Zucker
Saft von ½ Zitrone
½ Zimtstange
½ Vanilleschote
50 ml Rotwein
30 ml roter Portwein
1 TL Speisestärke

FÜR DIE ZIMTBRÖSEL
80 g Weißbrotbrösel
80 g Butter
2 EL Zimt-Zucker-Mischung

Für die Zwetschgenröster

1. Die Zwetschgen waschen, entsteinen und vierteln. Den Backofen auf 180° vorheizen.

2. Die Zwetschgen in eine Auflaufform legen, mit Zucker, Zitronensaft, Zimtstange und Vanilleschote mischen. Rotwein und Portwein zugeben.

3. Im Backofen in 15–20 Min. nicht allzu weich garen, dabei hin und wieder umrühren. Gewürze entfernen, den Sud abgießen und dabei auffangen.

4. Die Speisestärke in wenig kaltem Wasser glatt rühren, die Flüssigkeit aufkochen, die Stärke einrühren und in ca. 2 Min. sämig einköcheln lassen. Auf die Zwetschgen gießen und diese mehrere Std. durchziehen lassen.

Für die Zimtbrösel

1. Die Weißbrotbrösel in einer Pfanne bei mittlerer Hitze einige Minuten anrösten.

2. Die Butter hineinschmelzen lassen, den Zimt-Zucker einstreuen, unter beständigem Rühren mit einem flachen Holzspatel oder einem hitzebeständigen Teigschaber goldbraun rösten.

3. Sofort aus der Pfanne in einer flachen Form ausbreiten. Nach Belieben kann statt Zimt auch Lebkuchengewürz verwendet werden.

Fertigstellung

Mit einer Schaumkelle herausheben, auf Küchenpapier abtropfen lassen und in den Zimtbröseln wenden.

Mein Tipp Für Topfen-Nougat-Knödel werden 80 g Nussnougat zu 8 gleich großen Kugeln gedreht und für mindestens 10 Min. in den Kühlschrank gestellt. Die Knödel beim Formen damit füllen und fertigstellen wie die Topfenknödel. Dazu gebe ich gerne Zwetschgenröster oder Holunder-Birnen-Röster, aber auch gerne Rhabarberkompott oder marinierte Beeren und Vanille- oder Rumsahne. Der Zwetschgenröster kann bereits am Vortag oder einige Stunden vor den Topfenknödeln vorbereitet werden.

Schokoladencreme
mit Orangenragout

FÜR 4 PERSONEN | ZUBEREITUNG 50 MIN. | KÜHLZEIT 2 STD.

FÜR DIE SCHOKOLADENCREME
100 g gute Zartbitterschokolade (mind. 60% Kakaoanteil)
200 g Sahne
1 Msp. abgeriebene Bio-Orangenschale

FÜR DAS ORANGENRAGOUT
3 kernlose Orangen
500 ml frisch gepresster Orangensaft
45 g Zucker
½ ausgekratzte Vanilleschote
1 Splitter Zimtrinde
2 Streifen Bio-Orangenschale
1 EL Speisestärke (ca. 10 g)
1 TL Orangenlikör (Grand Marnier)

ZUM ANRICHTEN
1 EL ungesüßtes Kakaopulver zum Bestäuben

Für die Schokoladencreme

1. Zartbitterschokolade in kleine Stücke schneiden. Die Schokostücke in einem Schlagkessel über einem heißen Wasserbad schmelzen und dabei gelegentlich umrühren.

2. Die Sahne fast steif schlagen.

3. Die geschmolzene Schokolade vom Wasserbad nehmen. ¼ der Sahne und den Orangenabrieb mit einem Schneebesen unterziehen. Die restliche Sahne nach und nach unterheben, sodass eine halbfeste, glatte Mousse entsteht. Falls die Masse anfängt grießelig zu werden, die Schüssel wieder auf das Wasserbad setzen und die Creme darauf unter Rühren leicht erwärmen.

4. Edelstahlringe von 7–8 cm Ø auf eine mit Backpapier belegte Platte setzen. Die fertige Mousse in die Ringe füllen und im Kühlschrank in 2 Std. fest werden lassen.

Für das Orangenragout

1. Von den Orangen mit einem scharfen Messer Schale und sämtliche weiße Fäden wegschneiden. Die Filets zwischen den Trennhäuten herausschneiden, dabei den abtropfenden Saft für die Sauce auffangen.

2. Etwa 350 ml des Orangensaftes mit dem Zucker, Vanillemark und Zimt auf etwa 200 ml einköcheln lassen. Gegen Ende des Einkochvorgangs die Orangenschalen einlegen.

3. Die Speisestärke mit ein wenig von dem beiseitegestellten Saft glatt rühren. Den übrigen frischen Orangensaft zum eingekochten Saft geben, aufkochen lassen und mit der angerührten Speisestärke sämig binden. Vom Herd nehmen, durch ein Sieb passieren, die Orangenfilets dazugeben und mit etwas Orangenlikör verfeinern.

Anrichten
Die Creme ca. 30 Min. vor dem Anrichten aus dem Kühlschrank nehmen, mit Kakao bestäuben und auf Tellern platzieren. Mit einem kleinen Messer entlang der Edelstahlringe schneiden und die Ringe vorsichtig abziehen. Jeweils etwas Orangenragout daneben anrichten.

Lebkuchencreme

mit Mandarinen

FÜR 4 PERSONEN | ZUBEREITUNG 50 MIN.

FÜR DIE LEBKUCHENCREME
20 g Zitronat
30 g Orangeat
2 EL Rum
2½ Blatt Gelatine
3 Eigelbe
½–1 TL Lebkuchengewürz
80 g Zucker
300 g Sahne
2 EL dunkle Schokospäne

FÜR DIE MANDARINEN
4 Mandarinen
Saft von 8 Mandarinen
1 TL Puderzucker
1 Msp. Vanillemark
2 Streifen Bio-Mandarinenschale
2 EL Zucker
1 TL Stärke

Für die Lebkuchencreme

1. Zitronat und Orangeat mit etwas Rum befeuchten. Mit einem großen Küchenmesser möglichst fein hacken und dem übrigen Rum vermischen.

2. Die Gelatine in kaltem Wasser einweichen. Eigelbe mit Lebkuchengewürz und Zucker hellschaumig aufschlagen. Zitronat und Orangeat mit dem Rum erwärmen. Die Gelatine gut ausdrücken, darin auflösen und unter die Eigelbmasse rühren.

3. Die Sahne nicht zu steif schlagen. ⅓ davon in die Eigelbmasse rühren, den Rest zusammen mit den Schokospänen unterheben.

4. In Förmchen füllen und mehrere Std. im Kühlschrank durchziehen lassen.

Für die Mandarinen

1. Die Mandarinen mit einem scharfen Messer so schälen, dass auch das Weiße entfernt wird und in Scheiben schneiden. Den Saft, der beim Filetieren heraustritt, zum Saft der 8 Mandarinen hinzufügen.

2. In einem kleinen Topf den Puderzucker hell karamellisieren. Mit dem Mandarinensaft ablöschen, Vanillemark und die Mandarinenschale mit dem Zucker zufügen und bei geringer Hitze um ⅓ reduzieren.

3. Die Speisestärke in etwas kaltem Wasser glatt rühren, in den Mandarinensaft einrühren und noch 1–2 Min. darin köcheln lassen. Vom Herd nehmen, unter gelegentlichem Rühren auskühlen lassen und durch ein Sieb gießen. Die Mandarinenscheiben einlegen.

Anrichten

Die Lebkuchencreme einige Sek. in heißes Wasser tauchen und auf Teller stürzen. Die Mandarinenscheiben mit der Sauce daneben anrichten.

Sachersoufflé

mit Vanillesahne

6 BIS 8 FÖRMCHEN | ZUBEREITUNG 35 MIN. | BACKZEIT 20 MIN.

FÜR DAS SOUFFLÉ

50 g dunkle Kuvertüre
3 Eigelbe
80 g Zucker
3 Eiweiße
1 Prise Salz
50 g geriebene Haselnüsse
weiche Butter und Zucker
  für die Förmchen

FÜR DIE VANILLESAHNE

150 g Sahne
1 EL Zucker
Mark einer halben Vanilleschote
1 TL Rum

Für das Soufflé

1. In ein tiefes Blech 2 cm hoch heißes Wasser füllen und in die mittlere Einschubleiste des Backofens schieben. Den Ofen auf 220° vorheizen.

2. Die Schokolade in einer kleinen Schüssel über einem heißen Wasserbad auflösen.

3. Eigelbe mit der Hälfte des Zucker hellschaumig aufschlagen. Das Eiweiß mit der Prise Salz und dem übrigen Zucker zu einem festen, cremigen Schnee schlagen.

4. Die warme Schokolade mit den Haselnüssen unter die Eigelbmasse rühren. ⅓ des Eiweißes mit einem feinen Schneebesen untermischen, den Rest anschließend unterheben.

5. Auflaufförmchen mit der Butter auspinseln und mit Zucker ausstreuen. Die Soufflémasse ¾ hoch in die Förmchen einfüllen und in das Wasserbad im Ofen stellen.

6. Im Backofen etwa 20 Min. backen, dabei die Ofentür nicht öffnen.

Für die Vanillesahne

1. Die Sahne mit 1 EL Zucker und dem Vanillemark zu einer sämigen Sauce schlagen und 1 TL Rum hineinrühren.

2. Die Vanillesahne auf kleine Dessertteller verteilen und die Sachersoufflés darauf stürzen.

Glühweinguglhupf

FÜR 1 GUGLHUPFFORM (2 L) | ZUBEREITUNG 35 MIN. | BACKZEIT CA. 1 STD.

FÜR DEN GUGLHUPF
125 ml Rotwein
1 TL zerbröselte Zimtrinde
je 1 Streifen Bio-Zitronen- und Orangenschale
220 g Zucker
100 g dunkle Kuvertüre
flüssige Butter zum Bestreichen der Form
Mehl für die Form
250 g weiche Butter
5 Eigelbe
250 g Mehl
1 TL Backpulver
1 Prise gemahlener Zimt
5 Eiweiße
1 Prise Salz
Puderzucker zum Bestäuben

Für den Guglhupf

1. Den Rotwein mit der Zimtrinde, der Zitronen- und Orangenschale und 1 EL Zucker erhitzen – nicht kochen! Auskühlen lassen und durch ein Sieb gießen. Die dunkle Kuvertüre fein reiben.

2. Den Backofen auf 175° vorheizen. Die Guglhupfform mit Butter bestreichen und mit Mehl bestäuben.

3. Die weiche Butter mit 100 g Zucker schaumig schlagen, Eigelbe nach und nach dazugeben und hellschaumig aufschlagen. Das Mehl mit dem Backpulver sieben und mit Schokolade und Zimt vermischen.

4. Das Eiweiß mit dem restlichen Zucker und Salz zu einem cremigen, festen Schnee aufschlagen. Die Hälfte der Mehlmischung mit dem Rotwein in die Buttermasse rühren. Anschließend die übrige Mehlmischung mit dem Eischnee unterheben.

5. In die Guglhupfform füllen und im Backofen in 50–60 Min. backen. 5–10 Min. abkühlen lassen, stürzen und auskühlen lassen. Dann mit etwas Puderzucker bestäuben.

Mein Tipp Der Glühwein sollte unbedingt auskühlen, bevor er in die Kuchenmasse gerührt wird, damit der Kuchen beim Backen schön aufgeht.

Obazda mit Birnen
und Lauchzwiebeln

FÜR 4 PERSONEN | ZUBEREITUNG 25 MIN.

FÜR DEN OBAZDA
½ reife, aber feste Birne
5 kleinere Lauchzwiebeln
250 g reifen Camembert, zimmerwarm
250 g Frischkäse
3–4 EL Sahne
2 cl Williamsbrand
Salz
1 Prise mildes Chilipulver
1 Prise frisch gemahlener Kümmel
1 EL warme braune Butter zum Abschmecken

FÜR DIE BIRNEN
1 reife, aber feste, rotschalige Birne
1 TL Puderzucker
1 EL Butter
1 Prise milde Chiliflocken

ZUM ANRICHTEN
1 TL Korianderkörner

Für den Obazda
1. Birne schälen, entkernen und in ½ cm große Würfel schneiden. Lauchzwiebeln putzen, waschen und in dünne Scheiben schneiden. 1 EL Lauchzwiebelringe für die Garnitur beiseitelegen.

2. Den Camembert klein schneiden. Zusammen mit dem Frischkäse, Sahne und Williamsbrand cremig verrühren.

3. Birnenwürfel und Lauchzwiebeln unterrühren und mit Salz, Chili, Kümmel und etwas brauner Butter würzig abschmecken.

Für die Birnen
1. Die Birne waschen, vierteln, das Kernhaus entfernen und die Fruchtstückchen in schmale Spalten schneiden.

2. Den Puderzucker bei mittlerer Hitze in einer Pfanne hell karamellisieren.

3. Die Birnen darin auf jeder Seite etwa 1 Min. anbraten, die Butter hineinschmelzen lassen und mit Chiliflocken bestreuen.

Anrichten
1. Die Korianderkörner in einer Pfanne ohne Fett etwas anrösten, bis sie zu duften beginnen und in eine Gewürzmühle füllen.

2. Den Obazda mit Hilfe von Ringformen auf Tellern anrichten, die Birnenspalten daneben anlegen und mit der Gewürzbutter beträufeln. Mit einigen zurückbehaltenen Lauchzwiebelringen garnieren. Etwas Koriander aus der Mühle nicht zu fein darübermahlen.

Bergkäse im knusprigen Bauernbrot
mit kleinem Salat

FÜR 8 STÜCK | ZUBEREITUNG 30 MIN.

FÜR DEN BERGKÄSE
½ dunkles Mini-Kastenbrot, ersatzweise Bauernbrot
1 EL weiche Butter
8 St. Allgäuer Bergkäse, ca. 7 mm Dicke und ca. 5 x 7 cm Seitenlänge

FÜR DIE SCHNITTLAUCHSAUCE
100 g Crème fraîche
2 EL Milch (je nach Konsistenz der Crème fraîche)
1 TL scharfer Senf
1 EL Zitronensaft
1 Prise Zucker
Salz
1 Prise mildes Chilipulver
2 EL Schnittlauchröllchen

FÜR DEN SALAT
80 g kleine gemischte Salat- und Kräuterblättchen (z. B. Portulak, Feldsalat, Kopfsalatherzen, Trevisano, Castell franco, Kerbel, hellgrüne Blättchen vom Staudensellerie)
3 TL Zitronensaft
1 Msp. scharfer Senf
1 Msp. abgeriebene Bio-Zitronenschale
2–3 EL Olivenöl
Salz • schwarzer Pfeffer
1 Prise Zucker

Für den Bergkäse
1. Das Brot luftdicht in Alufolie wickeln und 2 Tage bei Raumtemperatur liegen lassen.

2. Das Brot anschließend auf ca. 15 cm Länge zuschneiden und davon längs 8 dünne Scheiben von ca. 2 mm abschneiden. Die Scheiben hauchdünn mit Butter bestreichen. Die Käsestücke jeweils auf eine Hälfte der Brotscheiben legen und die zweite Hälfte darüberklappen. In einer heißen Pfanne im Öl auf beiden Seiten rasch bräunen, auf Küchenpapier abtropfen lassen.

Für die Schnittlauchsauce
Crème fraîche mit Milch und Senf verrühren. Mit Zitronensaft, Zucker, Salz und Chili abschmecken und zum Schluss den Schnittlauch dazugeben.

Für den Salat
1. Die Salatblättchen verlesen, waschen und abtropfen lassen.

2. Zitronensaft, Senf, Zitronenabrieb und Olivenöl vermischen und mit Salz, Pfeffer und Zucker würzen. Die Salatblättchen damit marinieren.

Anrichten
Das gefüllte Bauernbrot auf lauwarme Teller legen, den Salat danebensetzen und die Schnittlauchsauce außen herumträufeln.

Käsetarteletts

mit eingelegten Kirschen

FÜR 8 PERSONEN | ZUBEREITUNG 1 STD. | KÜHLZEIT 1 STD.

FÜR DEN TEIG
200 g Mehl
100 g kalte Butter in Flocken
1 gestr. TL Salz
1 Ei • 1 Eigelb
1 EL Weinessig
1 EL kaltes Wasser
Butter für die Förmchen
Mehl zum Ausrollen
Eiweiß zum Einstreichen des Bodens

FÜR DIE KÄSEFÜLLE
80 g halbfester, würziger Schnittkäse, z.B. Bergader Almkäse würzig
80 g kräftiger Blauschimmelkäse
100 ml Milch
100 g Sahne
1 Ei
1 Eigelb
Salz • schwarzer Pfeffer
1 Prise mildes Chili
1 Prise Kümmel
frisch geriebene Muskatnuss

FÜR DIE KIRSCHEN
125 g Zucker
60 ml Wasser
20 g Speisestärke
125 ml Rotwein
125 ml roter Portwein
3 EL Cassislikör
50 ml Orangensaft
1 EL Zitronensaft
1 Splitter Zimtrinde
5 schwarze Pfefferkörner
½ ausgekratzte Vanilleschote
1 Scheibe Ingwer
1 kleines Stück Bio-Zitronenschale
200 g Kirschen

Für den Teig
1. Alle Zutaten rasch zu einem glatten Teig verkneten, zu einem flachen Ziegel formen, in Klarsichtfolie wickeln und im Kühlschrank mindestens 30 Min. durchkühlen lassen.

2. Den Backofen auf 200° vorheizen. 8 kleine Tarteförmchen mit Butter auspinseln.

3. Den Teig auf einer Arbeitsfläche mit etwas Mehl dünn ausrollen. Die Tarteförmchen damit vollständig auslegen. Den Teig mit einer Gabel mehrmals einstechen und für 30 Min. in den Kühlschrank stellen.

4. Zum Blindbacken die Förmchen mit Backpapier auslegen und mit getrockneten Hülsenfrüchten auffüllen. Dann im Backofen 10 Min. blind backen, Backpapier samt Hülsenfrüchte entfernen und weitere 15 Min. backen. Die Böden mit Eiweiß einpinseln und 1–2 Min. weiterbacken.

Für die Käsefülle
1. Den Bergkäse grob reiben oder klein würfeln; den Blauschimmelkäse zerbröckeln. Beide Käsesorten gleichmäßig in den Formen verteilen.

2. Milch, Sahne, Ei und Eigelb mit einem Stabmixer verrühren, mit 1 kleinen Prise Salz, Pfeffer, Chili, Kümmel und Muskatnuss würzen.

3. Das Ganze nochmals kräftig mit einem Stabmixer aufschäumen, auf dem Käse verteilen und auf der untersten Einschubleiste im vorgeheizten Backofen in etwa 30 Min. goldbraun backen und lauwarm abkühlen lassen.

Für die Kirschen
1. Zucker mit Wasser in einen kleinen Topf geben und bei mittlerer Hitze zu einem hellen Karamell kochen.

2. Stärke mit ein wenig Rotwein glatt rühren. Den restlichen Rotwein, Portwein, Cassislikör, Orangensaft und Zitronensaft zum Karamell geben und den Karamell darin auflösen.

3. Die angerührte Stärke vorsichtig in den Fond einrühren und etwa 1–2 Min. köcheln lassen. Die Gewürze dazugeben und 5 bis 10 Min. ziehen lassen.

4. Währenddessen die Kirschen waschen, halbieren und entsteinen. Den Fond durch ein Sieb gießen, mit den Kirschen mischen und auskühlen lassen.

Anrichten
Je ein Tartelett mit den Kirschen auf Tellern anrichten.

Abgschmolzener Almkäse
mit kleinen Kartoffeln

FÜR 4 PERSONEN | ZUBEREITUNG 50 MIN.

FÜR DIE KARTOFFELN
400 g kleine festkochende Kartoffeln
Salz
½ TL Kümmel ganz
1 EL braune Butter
Salz • schwarzer Pfeffer
1 Msp. getrockneter Majoran
1 Prise gemahlener Kümmel
1 EL Butter
1 EL frisch geschnittene Petersilie

FÜR DEN ALMKÄSE
70 ml Gemüsebrühe
½ Knoblauchzehe in Scheiben
1 Scheibe Ingwer
1 kleine getrocknete Chilischote
250 g reifer Taleggio
150 g Limburger
150 g würziger Almkäse
  (halbfester würziger Schnittkäse)
Salz
1 Prise gemahlener Kümmel
1 Prise mildes Chilipulver

Für die Kartoffeln
1. Die Kartoffeln in Salz-Kümmel-Wasser weich kochen. Dann abkühlen lassen und je nach Größe vierteln oder halbieren.

2. Die Kartoffelstücke in einer Pfanne in 1–2 EL brauner Butter anbraten und mit Salz, Pfeffer, Majoran und 1 Prise gemahlenem Kümmel würzen. Zum Schluss 1 EL Butter mit der Petersilie dazugeben.

Für den Almkäse
1. Die Brühe mit Knoblauch, Ingwer und Chili aufkochen und lauwarm auskühlen lassen, anschließend durch ein Sieb gießen.

2. Alle Käsesorten sorgfältig entrinden, die Rinde nicht weiter verwenden. Ca. 200 g Käseteig vom Taleggio und jeweils etwa 100 g von Limburger und Almkäse in kleine Würfel schneiden. In eine Edelstahlschüssel geben und mithilfe eines Teigschabers mit der Brühe vermischen.

3. In einem mittelgroßen Topf 2 cm hoch Wasser einfüllen und aufkochen lassen. Den Topf vom Herd nehmen, die Schüssel mit dem Käsegemisch darauf stellen und unter Rühren in 15–20 Min. ganz langsam schmelzen lassen, bis eine glatte, glänzende Käsecreme entsteht. Die Käsemasse darf max. Körpertemperatur erreichen, damit sie nicht gerinnt. Den Wassertopf dazu zwischendurch immer wieder zum Erhitzen ohne Käse auf die Herdplatte stellen. Während der Käse daraufsteht, sollte das Wasser jedoch nie kochen.

4. Die Käsemasse mit einem Stabmixer pürieren und mit etwas Salz, Kümmel und gegebenenfalls noch 1 Prise Chili würzen. Die Käsemasse bei Zimmertemperatur stehen lassen.

Anrichten
Mit einem Löffel Nocken aus der Masse ausstechen und mit den Kartoffeln auf warmen Tellern anrichten.

Käse

Nach dem Hauptgang wird in guten Lokalen gefragt, ob der Gast etwas Käse wünsche. Bejaht er, wird in Spitzenrestaurants ein Käsewagen an den Tisch gerollt oder ein Tablett herbeigetragen, auf dem Käse aus Kuh-, Ziegen- oder Schafsmilch liegen, cremige bis harte, sanfte bis scharfe, unterschiedliche Alters- und Reifegrade. Man könnte allein aus Frankreich Hunderte von Käsesorten anbieten, zu denen in deutschen Restaurants noch die Produkte aus der Schweiz, Italien und aus unseren Regionen kommen.

Klar, dass nicht jeder Gast sofort weiß, was er möchte und sich manches erklären lässt. Ebenso selbstverständlich ist nicht vorhersehbar, welche Käse die Gäste heute mögen, und folglich bietet jedes Restaurant von Rang eine eindrucksvolle Auswahl an.

Das hat zwei unangenehme Nachteile. Zum einen muss der Gast oft lange warten, bis der Käsewagen endlich an seinem Tisch vorfährt. Zum anderen bleibt dem Gastronomen viel Käse übrig – nicht selten zwei Drittel dessen, was er eingekauft hat. Denn nicht jeder Gast denkt wie der berühmte französische Feinschmecker Brillat-Savarin: »Eine Mahlzeit ohne Käse ist wie eine schöne Frau ohne Augen.«

Beide Probleme brachten uns Köche auf die Idee, im Menü oder à la carte einen oder mehrere Käse wie normale Gänge in einer fantasievollen Zubereitung anzubieten, beispielsweise überbacken, mit Fruchtkompott, im Speckmantel oder zu warmen Kartöffelchen.

Ich entwickelte dabei ein Faible für deftige Käse. Erstens war der Vacherin schon immer mein Favorit, zweitens wurden mir von guten kleinen Produzenten interessante Alm- und Bergkäse angeboten, als ich mich für bayerische Küche mit regionalen Produkten stark machte, und drittens kamen die Gäste ja zu mir, weil sie es nicht noch feiner als in anderen Restaurants, sondern herzhaft und delikat-deftig haben wollten.

Käse ist zwar Volksnahrungsmittel seit es Viehzucht gibt, salonfähig wurde er aber erst, als der kunstsinnige Herzog Charles von Orléans 1407 seinen Herzdamen bei Hofe als Geschenk verpackten Käse verehrte. In dessen Leben war übrigens am Anfang im sprichwörtlichen Sinne alles Käse: Mit 15 war er schon Vollwaise, Vater einer Tochter, Witwer und Vormund seiner jüngeren Brüder ...

Bergkäse

Blauschimmelkäse

Camembert

Limburger

Klassischer Weichkäse

Taleggio

Braune Butter

Gewünschte Buttermenge in einem kleinen Topf bei mittlerer Temperatur langsam erhitzen, bis sie nach ca. 8 Min. goldbraun ist und ein nussiges Aroma hat. Den Topf vom Herd nehmen und die Butter durch ein mit Küchenpapier ausgelegtes Sieb gießen. Die braune Butter kann auf Vorrat zubereitet werden und hält sich zugedeckt mehrere Wochen im Kühlschrank. Gekühlt verfestigt sich ihre Konsistenz. Aus 250 g Butter erhält man ca. 200 g braune Butter.

Bechamelsauce

ZUBEREITUNG 20 MIN.

20 g Mehl • 20 g Butter
1 Lorbeerblatt
5 schwarze Pfefferkörner
125 ml kalte Milch
125 ml kalte Geflügelbrühe
Salz • mildes Chilipulver
frisch geriebene Muskatnuss

Das Mehl in einem Topf in der Butter mit dem Lorbeerblatt und den Pfefferkörnern bei geringer Hitze sanft andünsten. Milch und Brühe nach und nach hineinrühren und unter weiterem Rühren bei geringer Hitze 5–10 Min. sanft köcheln lassen. Mit Salz, Chili und Muskat abschmecken; die Sauce durch ein feines Sieb abgießen und mit Klarsichtfolie bedecken.

Nusskartoffeln

FÜR 4 PERSONEN | ZUBEREITUNG 45 MIN.

400 g kleine festkochende Kartoffeln (Sieglinde oder Nicola)
Salz • 1 Lorbeerblatt
1 kleine getrocknete Chilischote
4 EL braune Butter • mildes Chilisalz

1. Die Kartoffeln mit einem Tourniermesser nussgroß in Form schneiden.

2. In Wasser mit wenig Salz, Lorbeerblatt und Chili weich kochen und abtropfen lassen. Bei mittlerer Hitze in der braunen Butter wenden und mit Chilisalz würzen.

Wirsinggemüse

FÜR 4 PERSONEN | ZUBEREITUNG 25 MIN.

1 Wirsingkopf
Salz • 50 ml Geflügelbrühe
60 g kleine getrocknete Aprikosen
¼ ausgekratzte Vanilleschote
1 Scheibe Ingwer
etwas frisch geriebener Zimt
frisch geriebene Muskatnuss
mildes Chilisalz
1 EL braune Butter

1. Den Wirsing putzen, in einzelne Blätter teilen, die Blattrippen entfernen und die Blätter in etwa 2 cm große Rauten schneiden. Kurz in kochendes Salzwasser geben, kalt abschrecken und abtropfen lassen.

2. Den Wirsing in einer Pfanne bei mittlerer Hitze mit etwas Brühe erwärmen. Aprikosen, Vanille und Ingwer zugeben und einige Min. darin ziehen lassen. Mit Zimt, Muskat und Chili würzen und brauner Butter verfeinern.

Bayerisches Küchen-Wörterbuch

a bisserl: ist eben ein bisschen; kann man nicht sooo genau bemessen, hat etwas mit Geschmack und Gefühl zu tun.
abgschmolzen: eine Speise durch Fettzugabe in früherer Zeit nahrhafter, heute schmackhafter zu machen.

Beuscherl: eigentlich die oberen Organe eines Tiers, wie Herz, Lunge, Milz und Leber; im Bayerischen versteht man darunter ein Gericht, bei dem die Hauptzutat Lunge ist.
Böfflamott: ein Mitbringsel Napoleons zu Beginn des 19. Jahrhunderts; es beschreibt eine Art Sauerbraten, der mit Rind »Boeuf« zubereitet wurde und damals »à la mode« war. Einer der (!) Klassiker.
Breze: Brezel; typisch bayerisches Laugengebäck, das durch seine Form Weltberühmtheit erlangte.
Brotkrustel: Croûtons
Buchteln (Dukatenbuchtel): eine der berühmten Mehlspeisen aus Hefeteig der böhmisch-österreichischen Küche; in Bayern als »Rohrnudel« bekannt.

Dampfnudel: Ebenfalls ein süßer Teigknödel aus Hefe, Mehl, Milch und Butter, der im Dampf gegart wird; dadurch bleibt sie weiß, im Unterschied zur Buchtel (Rohrnudel).
Datschi: ein dünner, auf einem Blech gebackener Fladenkuchen, zumeist aus Hefeteig, der dann mit Obst belegt wird.
doppelgriffiges Mehl: eigentlich nicht typisch bayerisch, aber hier wichtig auf dem Markt: eine Mehlsorte, die etwas gröber gemahlen ist als herkömmliches Mehl. Den leichten Grießcharakter des Mehls finde ich zum Panieren besonders gut.

Gangerl: ein kleiner Gang. Ist mir sympathischer auf der Karte als das klassische Zwischengericht.
Gockel: Masthähnchen, aber ein größeres, als ein – Hendl.
Gröstl: ursprünglich eine Art Resteverwertung aus Kartoffeln und Fleisch, das in der Pfanne zubereitet wird. Der allseits bekannte »Bauernschmaus« gehört auch in diese Kategorie.

Haxe: hochdeutsch »die Hachse«, also das Unterbein von Kalb oder Schwein.
Hendl: heißen die Mast-Hähnchen.

Kavalierspitz: das spitz zulaufende Schulterstück vom Kalb.
Knödel: auch bekannt als Kloß oder Klops. Bei uns in Bayern heißen die kleinen dann Nockerl.
Kren: bayerische und österreichische Bezeichnung für Meerrettich

Nockerl: kleine Knödel. Am besten sticht man sie aus der Teigmasse mit Esslöffeln ab, so erhalten sie die gängige »Nockerl«-Größe.

Obazda: pikanter Brotaufstrich aus einem gewürzten und zermusten Camembert. „Batz" bedeutet im Bayerischen Vermengtes.

Pflanzerl: auch als Bulette, Frikadelle oder sogar Hamburger bekanntes Fleischküchlein; aus dem gewürzten Fleischteig wird das Pflanzerl mit feuchten Händen geformt und in Fett heiß ausgebraten.
Powidl: nicht bayerisch, sondern böhmisch. Es bezeichnet ein Zwetschgenmus, das aus gedörrten Früchten hergestellt wird. In Deutschland wird es als Synonym für herkömmliches Pflaumenmus verwendet.

Radi: Rettich, im Bayerischen ist damit der weiße Meerrettich gemeint.
Radel, Wurstradl: dünn aufgeschnittene Wurstscheibchen – da klingt Radel doch einfach besser.
Rahm: süße Sahne, Schlagsahne, mit einem Fettgehalt von ca. 30%.
Röster: bezeichnet eine Süßspeise der böhmisch-österreichischen Küche, die aus Früchten hergestellt und traditionell zu Mehlspeisen serviert wird. Im Gegensatz zu Kompotten wird bei einem Röster fast kein Wasser dazugegeben.

Schlutzkrapfen: ist eine Nudelspezialität, die es von Südtirol über die Alpen nach Bayern geschafft habt. Darunter sind gefüllte Nudeln zu verstehen, ein bisserl ähnlich der Ravioli oder der schwäbischen Maultasche, die zumeist mit Käse bestreut serviert werden.
Schmarrn: laut Duden »Schmarren«, bezeichnet einen mit Gabeln zerzupften Pfannkuchen. Der Legende nach beurteilte der österreichische Kaiser Franz Joseph ein aus der Form geratenes Omelett, das die gertenschlanke Sisi verweigerte, indem er den Koch aufforderte »Gib Er mir halt den Schmarrn«. Es gibt aber noch viele andere Interpretationen zur Namensgebung, s. S. 296.

Semmel: Brötchen, Kipf, Weck, Schrippe – auf alle Fälle aus Weißmehl und kleiner als ein Brotlaib.

Strudel: der Back-Klassiker der österreichischen, aber auch bayerischen Küche, mit jahrhundertealter Tradition: Bereits um 1700 waren Rezepte dazu bekannt und schriftlich niedergelegt. Erst im 18. Jahrhundert aber entwickelte sich der Strudel zu dem, was man heute kennt: der Teig wurde kräftig bearbeitet durch Walken und Schlagen, musste dann länger ruhen und wurde durch extremes Auswalzen (»Ausziehen«) zu einer dünnen Teigplatte geformt. Anschließend wurde er gefüllt – mit was auch immer – und mit Hilfe des »Strudeltuchs« zusammengerollt.

Suren, gsurt: so wurde früher das Pökeln oder Säuern bezeichnet; heute versteht man darunter den Garvorgang mit Säurebeigabe.

Tafelspitz: ein klassisches Gericht aus der österreichisch-bayerischen Küche. Das Fleischstück wird aus dem sog. Bug, genauer der Spitze des Bugs, geschnitten. Es bezeichnet gekochtes Fleisch, das dünn aufgeschnitten mit der Kochbrühe oder einer würzigen Sauce (zumeist mit Meerrettich) als »Tellerfleisch« serviert wird.

Topfen: Quark; ein regionaler Begriff, der im Süden Bayerns und in Österreich geläufig ist.

Vogerlsalat: Feldsalat, Rapunzelsalat

Wiesn: die Theresienwiese in München, auf der jährlich das Oktoberfest stattfindet, eben auf der »Wiesn«.

Wurzelfleisch: zumeist Schweinefleisch, das in einem Sud mariniert oder gegart wird, dem Wurzelgemüse zugefügt wurde. Das Wurzelgemüse wird dann mitserviert.

Rezepteregister

A

Almkäse, abgschmolzener, mit kleinen Kartoffeln 323
Apfel-Birnen-Strudel 295
Apfeldatschi, lauwarmer, mit Rumsahne 287
Apfelkücherl mit Riesling-Sabayon 283

B

Backhendl, Gewürz-, auf Spargelsalat 25
Bandnudeln, grüne, mit Kalbsleber-Birnen-Ragout 207
Bärlauch-Kräuter-Suppe 65
Bayerische Creme, Schuhbecks, mit marinierten Erdbeeren 275
Bayerische Festtagssuppe, mit Safran-Grießnockerl, Brätstrudel und Kalbsleberpflanzerl 70
Beeren, marinierte, in der Mandelhippe mit Holunderblüten-Joghurtcreme 285
Bergkäse im knusprigen Bauernbrot mit kleinem Salat 319
Blutwurst, soufflierte, gegrillte, mit Wachtel 269
Blut- und Leberwürstel auf Bayerisch Kraut 127
Blutwurstradel, gebackene, auf Endivien-Apfel-Salat 129
Böfflamott mit rosa gebratenem Rinderfilet und kleinem Gemüse 215
Braune Sauce – Küchenpraxis 188
Brotsuppe, abgschmolzene, mit gewürfelter Kalbsleber 83

C / D

Christstollen, geeister, mit Rotweinbirnen 279
Dampfnudeln 301
Dorade in der Salzkruste mit Limettenöl 167
Dukatenbuchteln mit eingelegten Kirschen 303

E

Ente, gebratene, mit Gewürzblaukraut und Brezenknödeln 257
Entenbrust, rosa gebratene, mit Grünkohl-Schwarzwurzel-Gemüse 261
Entenkeulen, konfierte, gepökelte, mit Vanillegemüse 263
Entenleber, glasierte, auf Blaukrautsalat, mit karamellisierten Apfelspalten 39

F

Fasanenbrust im Brotmantel mit Champagnerkraut
   und Maronen 271
Festtagssuppe, bayerische, mit Safran-Grießnockerl,
   Brätstrudel und Kalbsleberpflanzerl 70
Fischeintopf, Schuhbecks, mit a bisserl Curry 91
Fischfond – Küchenpraxis 176
Fischpflanzerl mit Curry auf Schmorgurken 147
Fitness-Salat, FCB, mit Fischpflanzerl 23
Flusskrebse im Tomaten-Estragon-Gelee 43
Flusskrebse mit Estragonbuchteln auf Rahmkraut 101
Forellenstrudel, Gewürz-, auf Schnittlauchsauce und
   Endivien-Protulak-Salat 151

G

Ganserl-Leberknödel, gefüllte, auf Birnenblaukraut 115
Geeister Christstollen mit Rotweinbirnen 279
Geeister Kaiserschmarrn 277
Geeistes vom Kaffee 281
Gewürzbackhendl auf Spargelsalat 25
Gewürzforellenstrudel auf Schnittlauchsauce und
   Endivien-Protulak-Salat 151
GlühweinGuglhupf 315
Gurken-Ingwer-Suppe, geeiste, mit Brotkrusteln 59

H

Hecht und Saibling, soufflierter, auf Schalottenspinat
   und Zitronensauce 153
Heilbutt, weißer, auf rotem Zwiebelkraut mit geräucherter
   Selleriesauce 175
Herrengröstel 191
Hirschstrudel, gebratener, mit Rosenkohlblättern und
   Sellerie-Vanille-Püree 251
Huchenfilet auf Roter Bete mit mariniertem Blattspinat und
   Meerrettichsauce 137

K

Kabeljau, gedämpfter, mit Wurzelgemüse und
   Senfkörnersauce 169
Kaffee, geeistes vom 281
Kaiserschmarrn, geeister 277
Kaiserschmarrn, karamellisierter, mit Bratapfelmus 299
Käsetarteletts mit eingelegten Kirschen 321
Kalbfleischpflanzerl auf Kartoffel-Kräuter-Salat 111
Kalbsbackerl, geschmorte, mit Kräuterspätzle 201
Kalbsbeuscherl mit Semmelknödel 208

Kalbsbrust, gefüllte, mit Brezenfülle 199
Kalbsfilet in der Brotkruste mit winterlichem Gemüse 187
Kalbshaxe, im Ganzen geschmort 205
Kalbskopf, gebackener, mit Blumenkohl-Remoulade
   und Kräutersalat 33
Kalbskopf zubereiten 34
Kalbsrahmbraten mit gepökelter Kalbszunge und Pilzen 197
Kalbsrücken mit Granatapfel-Kapern-Rosinen-Vinaigrette 31
Kalbstafelspitz, geschmorter, mit abgschmolzenem
   Kartoffelpüree 193
Kalbsvögerl, geschmorte 185
Kalbszunge, lauwarme, auf Radi-Radieschen-Salat
   mit Kartoffelwürfel 27
Kaninchenroulade auf Steinpilzen 253
Karpfen, gsurter, auf lauwarmem Gemüsesalat 157
Karpfengulasch 159
Kartoffel-Buttermilch-Suppe, geeiste, mit Liebstöckel 61
Kartoffel-Knoblauch-Gröstel mit Kalbssauce 109
Kartoffelkäs 19
Kartoffelsuppe mit gebratenen Pfifferlingen 85
Kastaniensuppe mit Portwein und Schokolade 87
Kavalierspitz vom Kalb mit Liebstöckel-Pesto 195
Knoblauch-Mandel-Suppe mit Safran 79
Kohlrabisuppe mit Saibling 93
Kopfsalatsuppe mit Erbsen und Minze 69

L

Lachs-Zander-Strudel, gebratener, mit Honig-Senf-Dill-Sauce
   und Portulaksalat 141
Lachs, Alpen-, auf Kopfsalatsauce mit Spargel 145
Lachsforelle, süßsauer marinierte, mit Muskatkartoffeln 21
Lamm, Zweierlei vom, mit Nusskartoffeln 235
Lammkeule, rosa gebratene, mit Paprika-Kürbis-Gemüse 233
Lammlaiberl auf Safran-Knoblauch-Butter mit Peperoni-
   Fenchel-Gemüse 237
Lebkuchencreme mit Mandarinen 311
Linsensuppe mit Räucheraal 97
Lotte mit Kümmel gebraten auf Kartoffel-Majoran-Sauce 163

M

Meerrettichsuppe mit Wurzelgemüse und Rostbratwürsteln 81
Möhren-Ingwer-Suppe mit karamellisiertem Apfel 63
Münchner Schnitzel mit Pfifferlingen 181

N

Nudelgangerl, getrüffeltes, aus dem Parmesanlaib 117

O

Obazda mit Birnen und Lauchzwiebeln 317
Ochsenbrust in der Senfkruste auf Kürbis-Linsen-Salat 37
Ochsenschwanz, gefüllter, mit Semmelknödel 213

P / Q

Powidltascherl auf Holunder-Birnen-Röster 291
Quark: Topfenknödel in Zimtbrösel auf
  Zwetschgenröster 305

R

Rahmsülze von heimischen Räucherfischen mit
  Gurken-Ingwer-Salat 51
Rahmsuppe von bayerischen Flusskrebsen 95
Rahmsuppe von Blattspinat mit gerösteten Kokosflocken 67
Reh: Rostbraten vom Reh mit Steinpilzen 247
Rehragout mit Walnüssen, Trauben und Speck 245
Rehrücken im Riesenchampignon auf Wirsing mit
  Aprikosen 243
Rehschulter, am Blatt gebraten, mit Aprikosen 241
Renke, gedämpfte, mit Kartoffelremoulade und
  Vogerlsalat 155
Rhabarber-Erdbeer-Kompott – Küchenpraxis 289
Rinderfiletsteaks mit Tomaten und Estragon 225
Rindsgulasch mit Kartoffelnudeln 211
Roastbeef mit Bratkartoffeln und Paprikaremoulade 221
Rostbraten vom Reh mit Steinpilzen 247
Rostbraten, Sellerie-, mit Dillbohnen 219
Rostbratwürstel, süßsauer marinierte 77
Rotbarbe auf Artischockenspinat mit Curryfond 171
Rote-Bete-Chili-Suppe, gelierte, mit Meerrettichschaum 75
Rote-Bete-Ravioli mit Mohnbutter 119
Rouladen: Geschmorte Kalbsvögerl 185

S

Sachersoufflé mit Vanillesauce 313
Saibling, Allerhand vom 49
Saibling, kross gebratener, auf Petersilien-Kohlrabi 149
Saltimbocca vom Hirsch mit Kräuter-Orangen-Salat 249
Sauce: Braune Sauce 188, Wildsauce 189
Schlutzkrapfen 121
Schnecken und Kaninchen in Knoblauch-Kräuter-Sauce 107
Schnitzel vom Kalbshirn auf Rahmspinat mit
  gerösteten Steinpilzen 113
Schnitzel, Münchner, mit Pfifferlingen 181
Schnitzel, Wiener, mit lauwarmem Kartoffel-Feld-Salat 183

Schokoladencreme mit Orangenragout 309
Schweine-Krustenbraten 227
Semmelrahmstrudel mit Rhabarber-Erdbeer-Kompott 293
Seeteufel: Lotte mit Kümmel gebraten auf Kartoffel-
  Majoran-Sauce 163
Seezungenfilets mit Safran-Kardamom-Butter, Tomaten
  und Lauchzwiebeln 173
Sellerie-Rostbraten mit Dillbohnen 219
Spanferkelbrust, gesurte, auf Zwiebel-Safran-Kraut 229
Spargel, weißer und grüner, mit Morcheln und Sherry 103
Stubenküken, gefülltes, mit Kopfsalat und Pfifferlingen –
  Küchenpraxis 266
Sülze vom bayerischen Gockel mit Schnittlauchsauce 55
Szegediner Gulasch mit Wachtelspiegelei 231

T

Tafelspitzsupperl 72
Tafelspitzsülze mit Radieserl-Vinaigrette 45
Topfenknödel in Zimtbrösel auf Zwetschgenröster 305

V / W

Venusmuscheln im Anissud 161
Waldpilze, Salat von, mit Rehfilet und Entenleberdip 41
Waller, lauwarm geräucherter, auf eingelegtem Kürbis
  mit Brezenchips 133
Waller in der Senfkruste mit Meerrettich-Birnen-Wirsing 135
Weihnachtsgans, gefüllte 265
Weißwurstradel, gebackene, auf Linsengemüse 125
Wiener Schnitzel mit lauwarmem Kartoffel-Feld-Salat 183
Wiesn-Steak vom Rinderrücken 223
Wild-Consommé 89
Wildkrautwickerl mit Kartoffel-Birnen-Gemüse 255
Wildsauce – Küchenpraxis 189
Wolfsbarsch und Jakobsmuscheln auf Lauchgemüse mit
  kandierten Tomaten 165
Wurzelfleisch, bayerisches, mit Meerrettichsauce, Vogerlsalat
  und Walnüssen 29

Z

Zander, kross gebratener, auf Fenchel-Birnen-Gemüse 139
Zandernockerl – Küchenpraxis 142
Zucchiniblüte, gefüllte, mit Brezenknödel auf
  Kräuterpilzen 105

Küchenpraxisregister

Farcezubereitung, Zandernockerl 142
Fischfond zubereiten 176
Gewürze in der Dessertküche, Rhabarber-Erdbeer-Kompott 288
Innereien – Beargwöhnte Köstlichkeiten 208
Käse 324
Kalbskopf zubereiten 34
Saucenkochen – Braune Sauce 188, Wildsauce 189
Strudel, Grundrezept Strudelteig 296
Stubenküken, gefülltes, mit Kopfsalat und Pfifferlingen 266
Sülze zubereiten 46
Tafelspitzsupperl 72
Würstel aller Art 122
Zandernockerl (Farcezubereitung) 142

Produkteregister

Apfel
Apfel-Birnen-Strudel 295
Apfeldatschi, lauwarmer, mit Rumsahne 287
Apfelkücherl mit Riesling-Sabayon 283
Blutwurstradel, gebackene, auf Endivien-Apfel-Salat 129
Entenleber, glasierte, auf Blaukrautsalat, mit karamellisierten Apfelspalten 39
Kaiserschmarrn, karamellisierter, mit Bratapfelmus 299

Birnen
Apfel-Birnen-Strudel 295
Bandnudeln, grüne, mit Kalbsleber-Birnen-Ragout 207
Ganserl-Leberknödel, gefüllte, auf Birnenblaukraut 115
Geeister Christstollen mit Rotweinbirnen 279
Obazda mit Birnen und Lauchzwiebeln 317
Powidltascherl auf Holunder-Birnen-Röster 291
Waller in der Senfkruste mit Meerrettich-Birnen-Wirsing 135
Wildkrautwickerl mit Kartoffel-Birnen-Gemüse 255

Erdbeeren
Bayerische Creme, Schuhbecks, mit marinierten Erdbeeren 275
Rhabarber-Erdbeer-Kompott – Küchenpraxis 289
Semmelrahmstrudel mit Rhabarber-Erdbeer-Kompott 293

Fisch & Früchte aus dem Meer
Dorade in der Salzkruste mit Limettenöl 167
Fischfond – Küchenpraxis 176
Heilbutt, weißer, auf rotem Zwiebelkraut mit geräucherter Selleriesauce 175
Kabeljau, gedämpfter, mit Wurzelgemüse und Senfkörnersauce 169
Lotte (Seeteufel) mit Kümmel gebraten auf Kartoffel-Majoran-Sauce 163
Rotbarbe auf Artischockenspinat mit Curryfond 171
Seezungenfilets mit Safran-Kardamom-Butter, Tomaten und Lauchzwiebeln 173
Venusmuscheln im Anissud 161
Wolfsbarsch und Jakobsmuscheln auf Lauchgemüse mit kandierten Tomaten 165

Fisch & Früchte aus Süßwasser
Fisch
Fischeintopf, Schuhbecks, mit a bisserl Curry 91
Fischpflanzerl mit Curry auf Schmorgurken 147
Fitness-Salat, FCB), mit Fischpflanzerl 23
Gewürzforellenstrudel auf Schnittlauchsauce und Endivien-Protulak-Salat 151
Hecht und Saibling, souffliierter, auf Schalottenspinat und Zitronensauce 153
Huchenfilet auf Roter Bete mit mariniertem Blattspinat und Meerrettichsauce 137
Karpfen, gsurter, auf lauwarmem Gemüsesalat 157
Karpfengulasch 159
Kohlrabisuppe mit Saibling 93
Lachs-Zander-Strudel, gebratener, mit Honig-Senf-Dill-Sauce und Portulaksalat 141
Lachs, Alpen-, auf Kopfsalatsauce mit Spargel 145
Lachsforelle, süßsauer marinierte, mit Muskatkartoffeln 21
Linsensuppe mit Räucheraal 97
Rahmsülze von heimischen Räucherfischen mit Gurken-Ingwer-Salat 51
Renke, gedämpfte, mit Kartoffelremoulade und Vogerlsalat 155
Saibling, Allerhand vom 49
Saibling, kross gebratener, auf Petersilien-Kohlrabi 149
Waller, lauwarm geräucherter, auf eingelegtem Kürbis mit Brezenchips 133
Waller in der Senfkruste mit Meerrettich-Birnen-Wirsing 135
Zander, kross gebratener, auf Fenchel-Birnen-Gemüse 139

Krebse
Flusskrebse im Tomaten-Estragon-Gelee 43
Flusskrebse mit Estragonbuchteln auf Rahmkraut 101
Rahmsuppe von bayerischen Flusskrebsen 95

Geflügel
Ente
Ente, gebratene, mit Gewürzblaukraut und
 Brezenknödeln 257
Entenbrust, rosa gebratene, mit Grünkohl-
 Schwarzwurzel-Gemüse 261
Entenkeulen, konfierte, gepökelte, mit Vanillegemüse 263
Entenleber, glasierte, auf Blaukrautsalat, mit
 karamellisierten Apfelspalten 39
Waldpilze, Salat von, mit Rehfilet und Entenleberdip 41
Gans
Ganserl-Leberknödel, gefüllte, auf Birnenblaukraut 115
Weihnachtsgans, gefüllte 265
Huhn
Gewürzbackhendl auf Spargelsalat 25
Sülze vom bayerischen Gockel mit Schnittlauchsauce 55
Weiteres
Fasanenbrust im Brotmantel mit Champagnerkraut
 und Maronen 271
Stubenküken, gefülltes, mit Kopfsalat und Pfifferlingen –
 Küchenpraxis 266
Wachtel: Blutwurst, soufflierte, gegrillte, mit Wachtel 269

Gurke
Fischpflanzerl mit Curry auf Schmorgurken 147
Gurken-Ingwer-Suppe, geeiste, mit Brotkrusteln 59
Rahmsülze von heimischen Räucherfischen mit
 Gurken-Ingwer-Salat 51

Kalb
Bandnudeln, grüne, mit Kalbsleber-Birnen-Ragout 207
Brotsuppe, abgschmolzene, mit gewürfelter Kalbsleber 83
Festtagssuppe, bayerische, mit Safran-Grießnockerl,
 Brätstrudel und Kalbsleberpflanzerl 70
Geschmorte Kalbsvögerl 185
Herrengröstel 191
Kalbfleischpflanzerl auf Kartoffel-Kräuter-Salat 111
Kalbsbackerl, geschmorte, mit Kräuterspätzle 201
Kalbsbeuscherl mit Semmelknödel 208
Kalbsbrust, gefüllte, mit Brezenfülle 199
Kalbsfilet in der Brotkruste mit winterlichem Gemüse 187
Kalbshaxe, im Ganzen geschmort 205
Kalbskopf, gebackener, mit Blumenkohl-Remoulade und
 Kräutersalat 33
Kalbsrahmbraten mit gepökelter Kalbszunge und Pilzen 197
Kalbsrücken mit Granatapfel-Kapern-Rosinen-Vinaigrette 31

Kalbstafelspitz, geschmorter, mit abgschmolzenem
 Kartoffelpüree 193
Kalbszunge, lauwarme, auf Radi-Radieschen-Salat mit
 Kartoffelwürfel 27
Kavalierspitz vom Kalb mit Liebstöckel-Pesto 195
Münchner Schnitzel mit Pfifferlingen 181
Schnitzel vom Kalbshirn auf Rahmspinat mit
 gerösteten Steinpilzen 113
Wiener Schnitzel mit lauwarmem Kartoffel-Feld-Salat 183

Kartoffel
Almkäse, abgschmolzener, mit kleinen Kartoffeln 323
Hirschstrudel, gebratener, mit Rosenkohlblättern und Sellerie-
 Vanille-Püree 251
Kalbfleischpflanzerl auf Kartoffel-Kräuter-Salat 111
Kalbstafelspitz, geschmorter, mit abgschmolzenem
 Kartoffelpüree 193
Kartoffel-Buttermilch-Suppe, geeiste, mit Liebstöckel 61
Kartoffel-Knoblauch-Gröstel mit Kalbssauce 109
Kartoffelkäs 19
Kartoffelsuppe mit gebratenen Pfifferlingen 85
Lamm, Zweierlei vom, mit Nusskartoffeln 235
Lotte mit Kümmel gebraten auf Kartoffel-Majoran-Sauce 163
Renke, gedämpfte, mit Kartoffelremoulade und Vogerlsalat 155
Rindsgulasch mit Kartoffelnudeln 211
Roastbeef mit Bratkartoffeln und Paprikaremoulade 221
Wiener Schnitzel mit lauwarmem Kartoffel-Feld-Salat 183
Wildkrautwickerl mit Kartoffel-Birnen-Gemüse 255

Knödel
Ente, gebratene, mit Gewürzblaukraut und
 Brezenknödeln 257
Kalbsbeuscherl mit Semmelknödel 208
Ochsenschwanz, gefüllter, mit Semmelknödel 213
Zucchiniblüte, gefüllte, mit Brezenknödel auf
 Kräuterpilzen 105

Kraut – Blaukraut, Weißkraut
Blut- und Leberwürstel auf Bayerisch Kraut 127
Ente, gebratene, mit Gewürzblaukraut und Brezenknödeln 257
Entenleber, glasierte, auf Blaukrautsalat, mit
 karamellisierten Apfelspalten 39
Fasanenbrust im Brotmantel mit Champagnerkraut
 und Maronen 271
Flusskrebse mit Estragonbuchteln auf Rahmkraut 101
Ganserl-Leberknödel, gefüllte, auf Birnenblaukraut 115

Heilbutt, weißer, auf rotem Zwiebelkraut mit geräucherter
    Selleriesauce 175
Spanferkelbrust, gesurte, auf Zwiebel-Safran-Kraut 229

Lamm
Lamm, Zweierlei vom, mit Nusskartoffeln 235
Lammkeule, rosa gebratene, mit Paprika-Kürbis-Gemüse 233
Lammlaiberl auf Safran-Knoblauch-Butter mit Peperoni-
    Fenchel-Gemüse 237

Meerrettich
Huchenfilet auf Roter Bete mit mariniertem Blattspinat
    und Meerrettichsauce 137
Meerrettichsuppe mit Wurzelgemüse und Rostbratwürsteln 81
Rote-Bete-Chili-Suppe, gelierte, mit Meerrettichschaum 75
Waller in der Senfkruste mit Meerrettich-Birnen-Wirsing 135
Wurzelfleisch, bayerisches, mit Meerrettichsauce,
    Vogerlsalat und Walnüssen 29

Pilze
Kalbsrahmbraten mit gepökelter Kalbszunge und Pilzen 197
Kaninchenroulade auf Steinpilzen 253
Kartoffelsuppe mit gebratenen Pfifferlingen 85
Münchner Schnitzel mit Pfifferlingen 181
Nudelgangerl, getrüffeltes, aus dem Parmesanlaib 117
Rostbraten vom Reh mit Steinpilzen 247
Schnitzel vom Kalbshirn auf Rahmspinat mit gerösteten
    Steinpilzen 113
Spargel, weißer und grüner, mit Morcheln und Sherry 103
Stubenküken, gefülltes, mit Kopfsalat und Pfifferlingen –
    Küchenpraxis 266
Waldpilze, Salat von, mit Rehfilet und Entenleberdip 41
Zucchiniblüte, gefüllte, mit Brezenknödel auf Kräuterpilzen 105

Radieschen
Kalbszunge, lauwarme, auf Radi-Radieschen-Salat mit
    Kartoffelwürfel 27
Tafelspitzsülze mit Radieserl-Vinaigrette 45

Ochse und Rind
Ochse
Ochsenbrust in der Senfkruste auf Kürbis-Linsen-Salat 37
Ochsenschwanz, gefüllter, mit Semmelknödel 213
Rind
Bôfflamott mit rosa gebratenem Rinderfilet und
    kleinem Gemüse 215

Rinderfiletsteaks mit Tomaten und Estragon 225
Rindsgulasch mit Kartoffelnudeln 211
Roastbeef mit Bratkartoffeln und Paprikaremoulade 221
Sellerie-Rostbraten mit Dillbohnen 219
Tafelspitzsülze mit Radieserl-Vinaigrette 45
Wiesn-Steak vom Rinderrücken 223

Rote Bete
Huchenfilet auf Roter Bete mit mariniertem Blattspinat und
    Meerrettichsauce 137
Rote-Bete-Chili-Suppe, gelierte, mit Meerrettichschaum 75
Rote-Bete-Ravioli mit Mohnbutter 119

Schwein
Schweine-Krustenbraten 227
Spanferkelbrust, gesurte, auf Zwiebel-Safran-Kraut 229
Szegediner Gulasch mit Wachtelspiegelei 231
Wurzelfleisch, bayerisches, mit Meerrettichsauce,
    Vogerlsalat und Walnüssen 29

Wild
Hirsch
Hirschstrudel, gebratener, mit Rosenkohlblättern und
    Sellerie-Vanille-Püree 251
Saltimbocca vom Hirsch mit Kräuter-Orangen-Salat 249
Wild-Consommé 89
Kaninchen
Kaninchenroulade auf Steinpilzen 253
Schnecken und Kaninchen in Knoblauch-Kräuter-Sauce 107
Reh
Rehragout mit Walnüssen, Trauben und Speck 245
Rehrücken im Riesenchampignon auf Wirsing und
    Aprikosen 243
Rehschulter, am Blatt gebraten, mit Aprikosen 241
Rostbraten vom Reh mit Steinpilzen 247
Waldpilze, Salat von, mit Rehfilet und Entenleberdip 41
Wildkrautwickerl mit Kartoffel-Birnen-Gemüse 255

Würstel
Blutwurst, soufflierte, gegrillte, mit Wachtel 269
Blut- und Leberwürstel auf Bayerisch Kraut 127
Blutwurstradel, gebackene, auf Endivien-Apfel-Salat 129
Küchenpraxis – Würstel 122
Meerrettichsuppe mit Wurzelgemüse und Rostbratwürsteln 81
Rostbratwürstel, süßsauer marinierte 77
Weißwurstradel, gebackene, auf Linsengemüse 125

Impressum

Der Autor
Alfons Schuhbeck, 1949 in Traunstein/Oberbayern geboren, absolvierte seine Lehr- und Wanderjahre in Salzburg, Genf, Paris, London und München. Zu den Stationen nach der Hotelfachschule gehören renommierte Adressen wie Feinkost Käfer, Alois Dallmayr und das Restaurant Aubergine von Eckart Witzigmann.

1980 übernahm er das elterliche Kurhausstüberl in Waging am See und wurde 1983 für seine Kochkunst mit einem Michelin-Stern ausgezeichnet, den er seither hält. Der Gourmetführer Gault Millau ehrte Schuhbeck 1989 als »Koch des Jahres«.

Seit 2003 kocht Alfons Schuhbeck am Münchner Platzl. Neben dem Restaurant »in den Südtiroler Stuben« betreibt er im Herzen Münchens einen Eissalon, einen Schokoladenladen, den Partyservice, die Orlando Bar, eine vom Gault Millau zur »Kochschule 2008« ausgezeichnete Kochschule und einen Gewürzladen.

Schuhbecks • Am Platzl 6 + 8
80331 München • Tel.: 089/21 66 900
www.schuhbeck.de

Der Texter
Manfred Kohnke ist seit 1983 Chefredakteur des deutschen Restaurantführers *Gault Millau;* zwischen 1982 bis 1987 war er es auch für die Schweizer Ausgabe. Als Autor schrieb er mehrere kulinarische Bücher, als Journalist war er Chefredakteur des *Rheinischen Merkur* und bei *Vif – Das GourmetJournal;* außerdem war er Ressortleiter beim *Spiegel,* der *Wirtschaftswoche* und *Capital.* Seine Liebe gilt der Kulinarik, in all ihren Facetten.

Der Fotograf
Klaus-Maria Einwanger setzt in seiner *food art factory* im Süden von München Food-Themen emotional um und schafft eine Atmosphäre, die Lust auf mehr macht. Seine Food-Aufnahmen entstanden im Studio Rosenheim. Das wunderbare Foodstyling übernahmen dabei die Küchenmeisterinnen Monika Schuster und Anka Köhler. Rund um Ausstattung, Styling und Requisite bewies Alexandra Holzer Ideenreichtum und ein kreatives Händchen, assistiert hat Michael Fuhr.

Projektleitung: Stephanie Wenzel
Texte: Manfred Kohnke, München
Lektorat: Anna Cavelius, Schondorf
Korrektorat: Micha Gallé, München
Bildnachweis: Alle Bilder: Klaus-Maria Einwanger, Rosenheim
Bis auf Reportagebilder:
Wolfgang M. Weber München, S. 9, 10, 13;
Gnoni-Press, München, S. 12, 15;
Horst Moser, München, S. 14
Umschlag und Gestaltung:
independent Medien-Design,
Horst Moser, München
Herstellung: Petra Roth, Renate Hutt
Satz: Maren Gehrmann, Germering
Repro: Longo AG, Bozen
Druck: Firmengruppe APPL,
aprinta druck, Wemding
Bindung: Firmengruppe APPL,
m.appl GmbH, Wemding
Papier: Gedruckt auf EuroBulk 135g/qm mit garantiert 1,1-fachem Volumen. EuroBulk gibt es exklusiv bei der Papier Union. Qualität made by sappi

ISBN 978-3-8338-2126-4
1. Auflage 2010

Syndication: www.jalag-syndication.de

GRÄFE UND UNZER
Ein Unternehmen der
GANSKE VERLAGSGRUPPE

Unsere Garantie

Alle Informationen in diesem Ratgeber sind sorgfältig und gewissenhaft geprüft. Sollte dennoch einmal ein Fehler enthalten sein, schicken Sie uns das Buch mit dem entsprechenden Hinweis an unseren Leserservice zurück. Wir tauschen Ihnen den GU-Ratgeber gegen einen anderen zum gleichen oder ähnlichen Thema um.

Liebe Leserin und lieber Leser,

wir freuen uns, dass Sie sich für ein GU-Buch entschieden haben. Mit Ihrem Kauf setzen Sie auf die Qualität, Kompetenz und Aktualität unserer Ratgeber. Dafür sagen wir Danke! Wir wollen als führender Ratgeberverlag noch besser werden. Daher ist uns Ihre Meinung wichtig. Bitte senden Sie uns Ihre Anregungen, Ihre Kritik oder Ihr Lob zu unseren Büchern. Haben Sie Fragen oder benötigen Sie weiteren Rat zum Thema? Wir freuen uns auf Ihre Nachricht!

Wir sind für Sie da!
Montag–Donnerstag: 8.00–18.00 Uhr;
Freitag: 8.00–16.00 Uhr
Tel.: 0180-5 00 50 54*
Fax: 0180-5 01 20 54*
E-Mail:
leserservice@graefe-und-unzer.de

*(0,14 €/Min. aus dem dt. Festnetz/ Mobilfunkpreise maximal 0,42 €/Min.)

P.S.: Wollen Sie noch mehr Aktuelles von GU wissen, dann abonnieren Sie doch unseren kostenlosen GU-Online-Newsletter und/oder unsere kostenlosen Kundenmagazine.

GRÄFE UND UNZER VERLAG
Leserservice
Postfach 86 03 13
81630 München